U0097805
金星出版
命理生活新智慧・叢書
VENUS PUBLISHING CO.

VENUS PUBLISHING CO.
金星出版
命理生活新智慧・叢書

命理生活新智慧・叢書　57-1

對你有影響的

《修訂一版》

金星出版社 http://www.venusco555.com
E-mail: venusco555@163.com
venusco@pchome.com.tw
法 雲 居 士 http://www.fayin777.com
E-mail: fayin777@163.com
fatevenus@yahoo.com.tw

法雲居士⊙著

國家圖書館出版品預行編目資料

對你有影響的殺、破、狼《上冊》／
法雲居士著，
--臺北市：金星出版：紅螞蟻總經銷，
2011年10月 修訂一版；冊；公分—
（命理生活新智慧叢書；57-1）

ISBN: 978-986-6441-54-7（平裝）

1.紫微斗數

293.11 100015841

對你有影響的殺、破、狼《上冊》《修訂一版》

作　　者：法雲居士
發 行 人：袁光明
社　　長：袁光明
編　　輯：王璟琪
總 經 理：袁玉成
地　　址：台北市南京東路三段201號3樓
電　　話：886-2-25630620，886-2-23626655
傳　　真：886-2365-2425
郵政劃撥：18912942金星出版社帳戶
總 經 銷：紅螞蟻圖書有限公司
地　　址：台北市內湖區舊宗路二段121巷19號
電　　話：(02)27953656(代表號)
網　　址：http://www.venusco555.com
E-mail：venusco555@163.com
　　　　venusco@pchome.com.tw
法雲居士網址：http://www.fayin777.com
E-mail：fayin777@163.com
　　　　fatevenus@yahoo.com.tw

版　　次：2011年10月 修訂一版　2022年9月 加印
登 記 證：行政院新聞局局版北市業字第653號
法律顧問：郭啟疆律師
定　　價：550元

行政院新聞局局版北字業字第653號
(本書遇有缺頁、破損倒裝請寄回更換)

ISBN：978-986-6441-54-7（平裝）

（因掛號郵資漲價，凡郵購五冊以上，九折優惠。本社負擔掛號寄書郵資。單冊及二、三、四冊郵購，恕無折扣，敬請諒察！）

序

這本『殺、破、狼』是一冊書中的第五本書，其他還有『權祿科』、『十干化忌』、『羊陀火鈴』、『天空、地劫』、『府相同梁』、『昌曲左右』、『紫廉武』、『日月機巨』。也許後面還會增加書目。

這本有關於『殺、破、狼』的書，是我一直想寫的書。因為長期以來，我看到許多坊間許多有關紫微命理的書上談到『殺破狼』，或在媒體、報紙、電視上談及『殺、破、狼』時，都有許多謬誤或偏見，有時候甚至到達離譜的境界。因此我想藉此書來分析給大家看，讓大家瞭解每一顆星都有其善的一面和惡的一面，善在哪裡？惡在哪裡？才不會人云亦云，繼續跟隨錯的腳步走下去！

『殺、破、狼』這三顆星是在每個人的命盤中都有，就表示在每個人先天

的性格思想及命運中都帶有這三顆星的氣質內含和活動軌跡，只是含量多少及運動快慢而已。例如說：同梁坐命的人，是性情溫和、動作慢的。有些是內心急、外表動作慢。其命盤中的『殺、破、狼』格局會出現在『父、子、僕』一組三合宮位上，你會奇怪，這下子，『殺、破、狼』和他總沒關吧？因為是和他的父母、子女、朋友有關，相應的事物應會印證到父母、子女、朋友身上去了吧！

其實不然，每張命盤的內容資料其實都是由此命盤的擁有者來看待自己周圍環境中的人、事、物的內心狀態，因此還是和自己有關的。仍是由自己腦中思想為出發點，由自己的腦子做一個磁場發射磁波效應，觸及周圍環境中的一切事物，再回傳至自己腦中的效應資料，再產生你自己來如何應對周遭事物、人情的行為法則。

因此，像同梁坐命的人，當『父、子、僕』三合宮位上有『殺、破、狼』格局時（父母宮是武殺，子女宮是廉貪，僕役宮是紫破），而這一組『殺、

破、狼』格局中有二組都在平陷之位，只有僕役宮是紫破，代表同梁坐命的人，性格雖溫和，但和父母、長輩、子女、晚輩及朋友、平輩，其實都思想不一樣，會有『眾人皆醉我獨醒』，以及『其實沒人會懂得我的心』的慨嘆。這也表示說同梁坐命的人，其腦波磁場和鄰近周圍的人腦波磁場總是不搭調，雖然他們是溫和的，是容忍度高的，朋友也很多，但雞同鴨講的時候也很多。父母、子女、朋友也搞不清楚他們腦子中在想什麼？

由此可見，『殺、破、狼』不但在『命、財、官』或『夫、遷、福』中出現，會對人有影響。就是出現在『父、子、僕』或『兄、疾、田』等宮位中，一樣的對人影響很大。

『殺、破、狼』還代表人生的打拚能力，與命運的起伏方式。『殺、破、狼』的強度、旺弱，會規格化了人生的富貴大小和獲得富貴的進度快慢。間而影響到人的聰明才智，及傳承後代的影響。所以嚴格的說起來，『命、財、官』是人生命中的骨架，而『殺、破、狼』這三顆星是人生命中流動的血液，會組成肉的部份的元素。因此，在人的命運中，『殺、破、狼』不強的人，其人生是乏善可陳的，也會幻想多、希望大、好高騖遠，人生的舖排難償所願了！

這一本『殺、破、狼』的書，不但會把『殺、破、狼』三星各自的善惡吉凶說分明，而且會把『殺、破、狼』各種的組合形式分析給大家看。更會把『殺、破、狼』在命運中的節奏感部份向大家報告清楚，讓大家明白『殺、破、狼』在自己命運中到底呈現的是什麼樣的影響變化，好讓大家更能掌握自己的命運架構及流程。在此與大家共勉。

法雲居士　謹識

殺、破、狼
《上冊》

命理生活叢書57-1 修訂一版

目錄

殺、破、狼《上冊》

下冊目錄

第九章　『殺、破、狼』在大運、流年、流月行運時對人的影響

第一章　殺、破、狼的善惡吉凶

第一節　七殺的善惡吉凶

七殺星，五行屬金，是火金，也是庚金。在南斗星中是第六顆星，亦為將星。在數主肅殺、專司權柄、司生死，亦為成敗之孤辰，孤剋刑殺之宿。

七殺星善的一面

七殺是強勢星曜，七殺善的一面就是有權威、埋頭苦幹、喜打

拚、喜歡追求實質的慾望，在事業上肯努力不懈，具有開創格局。好動、喜歡獨當一面，不喜束縛，也不喜別人管，自己有自己的主張，自尊心強，不服輸，勇於擔當責任、有吃苦耐勞、堅忍不拔的精神。

七殺居廟、居旺時，也會聰明，又有魄力，但其人的聰明是用於做事方面，某些人，有時也會性格悶一些、慢一些、外表看起來笨一些，尤其是命坐辰、戌宮的七殺坐命者，或是紫殺、武殺、廉殺這些雙星坐命的人，會給人這種感覺。但他們仍然會有合乎自己需要的聰明。

有的人把七殺當做財星，因為它會勤勞的付出勞力來打拚，所以會得到一定的財（不見得是大財）。這倒不是他本身具有的財，而是向外爭戰所得的財，而且七殺原本的性質是殺星，一定是有消耗才能掠奪財，是故它是不能算做『財星』的。再加上，殺星原本就有刑剋財的本質，是故更不能稱其為『財星』了。

七殺有好爭奪的本性，善於競爭，會不畏艱難，非達到目的不可，異常頑固不化，通常腦筋很直，不肯變通。七殺是大殺將，是向外爭戰得財的，他外面的環境就是一個大財庫，所以七殺坐命者的遷移宮中必有一顆『天府星』。也因此七殺坐命者所生活的空間也必是在一個富裕、富庶的環境之中。倘若這個環境不好、窮困，則此七殺坐命者易早夭、不存在了。所以大多數的七殺坐命者皆主富，有一定的富裕環境才養得起他們，也才會生出他們出來。我經常說：『**無論何種命格，都是因應時間、空間的需要而誕生的。**』因此一個小孩誕生之後，考察其八字中帶財的多寡，以及其父母宮的好壞和『命、財、官、遷』等問題，其實你也可立即檢視你目前的狀況是好、是壞？大致上家中生出七殺坐命的小孩，都會給家中帶來富裕的生活。因為代表其生活環境的遷移宮就是天府，沒有富裕的環境，他就無法生存，也不會來到此種環境之中，是故會有這種現象。再加上七殺坐命者的小孩十分耗財，養起來會花很多錢，從小身體不好、會不好養，因此他會帶財來，因應自己的生活之需。

倘若命格中沖剋太多，父母宮又不好的人，有羊陀火鈴或加空劫，會刑剋父母或父母早逝。例如七殺坐命辰、戌宮的人，其父母宮是天機居平，或紫殺坐命亥宮，父母宮是空宮，有同陰居平陷相照，或是廉殺坐命丑宮，父母宮是空宮，有天機、太陰居平相照，及武殺坐命酉宮，父母宮是太陽居陷的人，會幼年家庭較窮，父母宮再有煞星，則父母早逝或分離，其人給家庭中帶來的財就十分有限了，他只是給自己帶來一個可生存、存活的空間而已了。

人在走七殺運時，會奮勇打拚，也會目不側視，勇往直前，為一個目標前進。在七殺運時，其人特別愛賺錢，就會在錢財上獲得較多。但有時候，七殺運只是身體力行上的一種投資，當時收到的結果並不一定多，有時候是當時的努力稍後才得到結果。像『廉殺運』的努力就不一定有好的結果。這是因為『廉殺運』是頭腦智謀不足，努力的不一定是地方的結果。

無論如何，七殺運都是一種讓你自然而然忙碌起來，打拚、奮鬥下去的一種原動力，也是開創嶄新局面的原動力，但要小心它仍是有耗損傷剋存在的。

七殺星惡的一面

七殺是殺星，也是煞星，是刑剋很重的星。前面說過，他的出生會因應自己生存的需要，而給家中帶財來。但家中的父母、兄弟姐妹也要命格強勢或財多一點，否則就容易被刑剋到。倘若父母的命格輕，易早逝，兄弟姐妹命格不強，也容易被擠壓，家庭中的經濟資源容易被他佔盡。這是先天性的命格使然，別人是無法改善的。所幸大多數的七殺坐命者，其父母運、兄弟運、配偶運都很好，家庭生活祥和，因此不太會有人抗議。

七殺是戰星、戰將，要外出爭戰才有戰功，故會勞碌奔波，要離鄉才有發展。常居於出生地或常待在家中，則為無用之戰將，亦會多生是非、財富不進。七殺亦為白手成家、獨立奮鬥之命格，不太會找別人幫忙，也因為其人會性格暴躁、倔強、不服輸、好爭，容易有精神空虛、孤剋現象。喜怒會形於色，易給人反覆無常的感覺。

七殺運仍具有傷剋性質，很多人會在『七殺運』中虧損、耗財，因為虧損耗財而不得不再打拚。有些人在七殺運中公司倒閉了，婚姻觸礁、感情破裂分手、或遇傷災、開刀事件，或被人倒債、倒會，情況淒慘，這要看你命盤中的七殺的格局形式是什麼樣式而定，也要看七殺對宮是否有煞星刑財而定了。

七殺主傷災、血光、禍端、戰鬥、掌權、殺伐、傷殘、開刀、打架、軍警、特務、兵工廠、恐怖事件或事物、開創格局及生意人，或爬蟲類的動物。就像巴勒斯坦的領導人阿拉法特，兩眼大而凸出，頭上喜歡纏著黑白花紋的頭巾，外表像個大蜥蜴，又是做特務、恐怖組織出身，命宮中肯定有七殺，他是武殺坐命的人。

七殺入人之身宮時，易為奴僕、婢女、聽人使喚之流的工作。尤其身宮為福德宮者尤驗。

七殺星的型態

七殺單星時——七殺在子、午宮時，因對宮是武府，其人打拚爭奪的是大錢財、大財富，對大錢財有敏感力，一生也會生活在富裕之中。

七殺在寅、申宮時，因對宮是紫府，其人一生打拚、爭奪的是富及貴，除了錢財之外，還要爭名聲、地位，其人一生也會生活在體面、地位高及富裕的環境之中。

七殺坐命辰、戌宮時，因對宮是廉府，其人的智謀少、喜交際，一生打拚、爭奪的是不必用太多腦子就能賺到的錢，生活還過得去。

紫殺——因七殺居平、紫微居旺，紫微是帝座，有趨吉避凶或平復災

厄的能耐，因此和七殺這顆居平較凶悍的煞星同宮時，就一直在平復凶險。紫殺的打拚能力沒有七殺單星時的打拚能力強，再因其對宮的天府也只在得地之位，表示環境中的財沒有那麼多。故而紫殺運在七殺的運程中層次不高，會平順、也忙碌，所得沒那麼多。但是專以在『紫微在巳』和『紫微在亥』兩個命盤格式來說，已算是十分好的好運了。

武殺──武曲是財星，七殺是殺星，二星同宮，財星被殺星所劫，故稱『因財被劫』。並且在這個『武殺』同宮的形式中，武曲居平，財少，而七殺居廟，強勢。是故武殺同宮時，是辛苦打拚、財所得不多的。而且常會因為窮困而『因財持刀』，會因錢財糾紛殺人或被殺，引起不幸。武殺是窮凶極惡的形式。

廉殺──廉貞是智謀、策劃之星，廉殺同宮時，廉貞居平，智謀少，又凶悍、頑固，故是蠻幹的形態。會衝動、不明是非、會做白工、會打拚沒結果，或是製造混亂。廉貞是囚星，廉殺是『囚殺』格局，在命宮，會內心自困、較悶、心忙身也忙，而且身體不好，易與心臟、血液疾病有關。有『廉殺羊』在命宮的人，身體更壞，人也較陰險。

七殺、擎羊——為『刑殺』格局。易孤寡、傷災、血光、傷殘、身體不好、或遇災而亡。易有脊椎骨的傷害。宜入宗教棲身。當擎羊居陷時，其人較陰險、邪惡。當擎羊居廟時，其人有智謀，但也不善、好爭強鬥狠，皆不善終。

七殺、陀羅——為『刑殺』格局。易孤寡、多傷災、血光、傷殘、身體有問題，或有羅鍋現象，易遇災而亡。其人性格較悶，凡事放在心中糾纏反覆，外表看起來笨，做事慢半拍，會有負

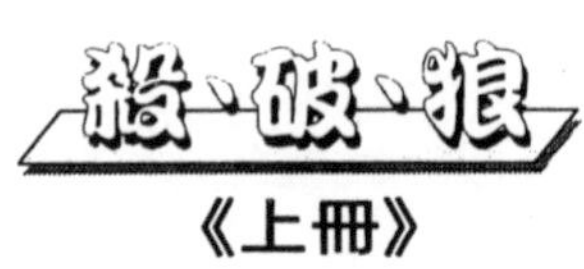

面不好的想法。做事為蠻幹、思慮不周的狀況，也不會和人溝通。亦喜爭強鬥狠，不善終。陀羅居廟時，其人會用笨方法、強悍的作風尚能成功。陀羅居陷時，會用卑劣的手法做事，一生起伏，成就不佳。三方及遷移宮煞星多時，會入宗教棲身，一般人也以接近宗教為佳。

七殺、文昌—為頭腦不清、精神恐有異常現象。當文昌居廟、居旺時，其人外表尚斯文、性格強悍、計算錢財、利益的能力好，但不一定有用。文昌居陷時，性格外表皆粗鄙。如再加煞星如羊、陀、火、鈴、空、劫、化忌者，為無用之人。

七殺、文曲—亦為頭腦不清之人。文曲居旺時，廢話很多，愛表現，喜做表面工作。當文曲居陷時，話少、懦弱、頭腦更不清，也易有精神疾病。加羊、陀、火、鈴、空、劫、化忌時，為無用之人。

『**七殺、左輔**』或『**七殺、右弼**』——七殺為殺星，有左輔或右弼時，為『輔殺』形式。表示有平輩之人來輔助殺伐打拚，其人會加倍凶悍，惡的地方更惡，打拚也更有力量。而且有好運來幫助爭奪搶功，所向披靡。

『**七殺、火星**』及『**七殺、鈴星**』——此二者皆是『刑殺』格局。為爭鬥凶猛、意外之災、意外血光、傷災、傷殘、傷殘、性命不保。七殺是殺將，火、鈴皆為大殺神，是故性急、喜怒無常、凶悍、不定性、肺部及大腸不好、有病。其人為內存奸詐，會用奇怪的方法來達到目的之人。思想會詭異、不同於一般人。『七殺、鈴星』坐命之人比『七殺、火星』坐命之人更聰明詭異、更好爭，要小心身體上亦會有問題。

『七殺、天空』及**『七殺、地劫』**——『七殺、天空』是『殺空』形式，『七殺、地劫』是『劫殺』形式。『七殺、天空』是頭腦空空，不實際在爭奪，有時是不知道自己在爭什麼，人云亦云，窮忙、白忙一場。有時也不忙，不想打拚，易入宗教，四大皆空。『七殺、地劫』是受外在環境之影響，打拚爭奪多有不順，其人也會頭腦空空、思想不實際，或有灰色及放棄思想，也容易入宗教棲身、四大皆空。

紫殺、陀羅——此為『刑殺』、『刑官』格局。紫微居旺、七殺居平、陀羅居陷，是故，紫微要平復安撫兩個居平陷的煞星，力量更顯不足。表示外表還有些氣派、穩重，但內心頑固、性子急又慢又悶、頭腦不靈光、較笨、蠻幹的性格較重，想爭、想打拚，用的都是笨方法，沒有太高的智慧，會運氣起伏大，常不成功。有此命格的人，適合做軍警業，亦能有服從的優點。

『紫殺、火星』或**『紫殺、鈴星』**—此亦為『刑殺』和『刑官』的格局。火、鈴在巳宮居旺，在亥宮居陷，故在亥宮的『紫殺、火星』或『紫殺、鈴星』，為禍較烈。此形式**在巳宮**表示外表普通，性格古怪，有奇怪的聰明，喜搞怪、愛表現，爭鬥凶，會有特殊狀況發生，有陰險之計謀出奇致勝。也有傷災、災禍不停。紫微平復趨吉的力量，有時有、有時不展現。**在亥宮**，表示外表普通，性格古怪陰陰、好爭鬥、愛表現，但表現不佳，做壞事倒是表現得好，意外之災及傷災明顯，紫微平復趨吉的力量弱，常看不出來。

紫殺、地劫、天空同宮—是『刑殺』、『刑官』格局，會頭腦空空、

財空、官也空。趨吉避凶的力量也空空。宜入宗教、做寺院主持。做宗教會有事業，做常人為無用之人，易有精神疾病。

武殺、擎羊—是『因財被劫』再加『刑殺』格局。武曲居平、擎羊居陷，因此十分凶險，有意外傷災、不善終。財少、窮困，更帶傷災、傷殘現象。入命十分陰險不吉，為窮凶極惡之命格。亦會有時懦弱，但懦弱中亦見陰險。宜入軍警業或宗教業中棲身。最終會因錢財問題而喪命，身體不好，有殘疾現象。

『**武殺、火星**』或『**武殺、鈴星**』—是『因財被劫』加『刑殺』格局。在卯宮，火、鈴居平，在酉宮，火、鈴居廟。故**在卯宮**時，為意外爭鬥、火拚、用奇怪的方法火拚，傷災嚴重，吃虧也會很大。**在酉宮時**，也為用奇怪的方法火拚爭鬥，但偶有戰功。二者皆為不善終之格局。會突然失去財，或自做聰明，以古怪的方法失去財，或爭財，得不償失。亦會為財持刀或威脅別人。

『**武殺、天空**』或『**武殺、地劫**』—是『刑財』、『刑殺』格局，會有財空、殺空或劫財、劫殺等形式。會不想去打拚，或打拚無效，沒有方向，做白工、爭也爭不到。是財窮、打拚能力又不強的狀況。有此命格者，會入宗教棲身，會窮困而終。

廉殺、擎羊—為『刑囚』、『刑殺』格局。因廉貞居平、七殺居廟、擎羊居廟，故『廉殺羊』在丑、未宮時，是以七殺、擎羊較強勢。表示性格衝動、陰險、多計謀，但計謀不一定是好的、有用的。為人假仁假義，會表面溫和、內帶凶險、不信

任別人。其人身體不好、極易傷殘，有脊椎骨及血液、腸胃、肺部、肝部的毛病，一身是病。因為好競爭，有時在讀書上會有成就（要有『陽梁昌祿』格者），一生會因身體不佳或傷災，而無法達到大成就，易早夭、短壽。『廉殺羊』為『路上埋屍』之格，故多因車禍或交通意外身亡。也會因身體不佳、癌症、絕症身亡。

廉殺、陀羅—為『刑囚』、『刑殺』格局。陀羅和七殺在廟位，廉貞居平，故命格中以七殺、陀羅為強勢。其人性格份外頑固、強悍、喜做計謀，但不聰明，會是愚笨的計謀。亦易假仁假義，但容易被揭穿，天生不信任別人，內心多煩憂、身體表面強壯，但多傷災，亦會有傷殘現象，有羅鍋及肺部、大腸、濕熱、壞牙、骨折等問題。其人好爭，若以武力相爭會贏，如文鬥，則能力不佳。宜入軍警業為佳，能有戰功，但也要小心因公殉職的問題。『廉殺陀』亦為『路上埋屍』之格，易有交通事故而亡的隱憂。

『**廉殺、火星**』或『**廉殺、鈴星**』——為『囚殺』、『刑殺』格局，會有意外之災禍，或突然而起之衝突。入命則性格火爆、衝動，性格古怪、不善終。有詭異奇怪之聰明，但不用在正途上。『廉殺、鈴星』入命的人，會更為古怪和詭異的聰明，亦會常因這種詭異聰明而遭災。此命格者，一生勞碌、不富裕、做正事的聰明少、做旁門左道之事的聰明多。常有意外傷災，身體亦不好，以火症居多，也會有意外傷災亡故。宜多與宗教接近為佳。

『**廉殺、天空**』或『**廉殺、地劫**』——為『官空』、『殺空』或『劫官』、『劫殺』格局。其人智慧原本不高，再因天空或地劫的力量入侵，是故思想不實際，打拚力量不足。『廉殺、天空』是本身頭腦空空、幻想多、智慧平庸，能力不強，性格會懦弱，想的也不多。『廉殺、地劫』是會受外來影響，想的雖多，但都是負面的、灰色的、不好的事情，會把本命原本不多的財劫光。此二種命格，皆身體會有問題，易生癌症、絕癌，宜入宗教中棲身，較能平順過日子。

第二節　七殺星的特殊格局

七殺星的特殊格局

1.『七殺仰斗』格

七殺居於寅宮坐命的人，不遇煞星者，稱為『七殺仰斗格』，一生能有大成就，多因人而貴，得人提攜，不依祖業，努力奮鬥而成功。也易先由副座，再得掌權，爬升而來。（需看八字組合的強弱來定命格高下及成就高低）

2.『七殺朝斗』格

七殺居於申宮坐命的人，不遇煞星者，稱為『七殺朝斗格』。其人一生的成就高，能得大富貴，多辛勞，能獨創事業，自己獨當一面，成就輝煌。（亦要看八字組合及行運方式，來定成就高低）

3.『廉殺羊』及『廉殺陀』格局

『廉殺羊』及『廉殺陀』的格局是惡格，為廉貞、七殺、擎羊，或廉貞、七殺、陀羅所組成的。為具有交通意外、『路上埋屍』之格局，舉凡車禍、飛機事故、船難，或一切的交通工具皆屬之。例如火車事故、纜車、吊橋、雲霄飛車，會移動載人之工具皆屬之，會有性命之憂的傷害，易死亡。在『紫微在子』、『紫微在午』、『紫微在卯』、『紫微在酉』四個命盤格式的人，最易碰到。其他命盤格式的人，是別的交通事故的格式。

在『紫微在子』和『紫微在午』兩個命盤格式中，是以在辰、戌宮的廉府和對宮的七殺再加擎羊或陀羅所組成的。也就是說此兩個命盤格式中的人，以生於丙年、戊年、壬年的人，會有『廉殺陀』在命盤之中。而乙年、辛年生的人，會有『廉殺羊』在命盤之中，要小心在辰、戌年時，大運、流年、流月、流時，有三重逢合時，會有死亡的交通事故會發生。平常的年份，也要小心流月、流日、流時行經此格局的兩個宮位，以防車禍、傷災、血光。

在『紫微在卯』、『紫微在酉』兩個命盤格式中，是以丑宮及未宮有廉殺而同宮或對宮有擎羊或陀羅，而形成『廉殺羊』或『廉殺陀』之惡格的。這兩個命盤格式的人，是丁年、己年、癸年生的人，會有『廉殺羊』的惡格在命盤之中。而甲年、庚年生的人，會

有『廉殺陀』的格局在命盤中，因此這些人在丑年、未年都要小心，當三重逢合時會因車禍死亡，在每年流月逢到此格上，也要小心小的車禍血光。

※『廉殺羊』出現的車禍型態為流血很多、有撕裂傷，易死亡。有火星、鈴星同宮或相照的『廉殺羊』格局中之車禍，會帶有火燒車現象，及猛烈撞擊。

※行運在『廉殺羊』的運程時，也易自殺。自殺也會和交通工具有關。例如自己去撞車、臥軌，或是跳樓引發交通事故等。

※『廉殺陀』出現的車禍型態，會骨折，但流血不多，會有磨擦的傷痕，也易致命。有火、鈴同宮時，會有灼傷。

第二章　破軍的善惡吉凶與格局

第一節　破軍的善惡吉凶

破軍五行屬水，為癸水，主陰，為北斗第七顆星。主禍福，化氣為『耗』，為耗星。專司夫妻、子女、僕役。在數為殺氣。為孤剋刑殺之宿。

破軍星善的一面

破軍星是強勢星曜，為動星，主波動、奔波、不安、改革、爭戰、打拚、行動力強，主人生的轉變、原動力，會破祖離鄉，主開創格局，能向前衝，勇往直前，但也易衝動。

破軍也為大將之材、英雄之宿，凡事喜歡衝，幹勁十足，不做則已，要做就要一鳴驚人。喜歡做大事、花大錢，做大投資，小的不做。喜創業，但不能守成。

破軍坐命的人，在創業初期能吃苦耐勞，辛苦打拚，但稍平順，便要先享受一點成果，愛享福。打拚力量也不能持續，因此事業多敗在守成的部份。一生中必有多次起伏。而且破軍入命的人耗財多，不會理財，心大氣傲，喜花大錢，做大投資，事業也會敗在理財能力不佳的原因之上。

破軍坐命者的原動力很強，起而行的衝動會讓他們勇往直前，不畏艱難，但因其福德宮都有一顆天府星，天生喜愛物質享受，也

常後繼無力，打拚了一段時間，稍有成果，便想先享受一下，有貪念，有時也會功虧一潰，而要再重頭開始打拚。所以其人的一生就常在開創格局中進行。

破軍坐命的人，膽子大、天不怕、地不怕，言行舉止大膽、思想開放，不受一般的禮教、道德觀約束。因此能打破禁忌，或保守的環境，獨自打開一片天地。他們的好勝心強，敢愛敢恨，會強烈的表達，絲毫不會不好意思，在現今工商業爭鬥激烈的現實環境中，很容易有表現的機會，也容易出頭。也因為有衝動的原動力和破祖離鄉的人生格局，故可戰勝艱困的環境或突破貧窮。

破軍就是爭鬥、戰爭，一生永不停息的戰鬥、奔波，較勞碌。在成功之前要付出很多的勞力、血汗，先破後成。破軍坐命的人『敢捨』，有膽識，『破』的時候，先讓對方得利，『成』的時候再奪

其財。

破軍坐命者，不講究衣著，性格能屈能伸，因此很能適應環境。破軍入夫妻宮雖不好，但破軍坐命者的婚姻，倒不是全不好的，像破軍坐命寅、申宮的人，夫妻宮是紫微，破軍坐命子、午宮的人，夫妻宮是武曲居廟，這些人會找到地位高或有錢的配偶，也能婚婚姻順利，不離婚。

破軍坐命者，因為思想開放，先進，不在乎二手貨的東西，或舊東西，有些人會開古董店，或賣舊貨，倒能物盡其用。也因為自己本身感情善變，不在乎與結過婚及離過婚的人來往，能容忍嫁娶再婚者，也解決了一些現今的社會問題。

人在走破軍運的時候，鐵定是忙碌、積極、勇於奮戰、打拚的，也鐵定是奔波、大膽、思想超脫出一般保守人士的，因此能改革、除舊佈新，甚至會做美容手術，改頭換面，改變面貌。更會幹勁十足的創造一些新的、標新立異的東西。雖然這些新的、標新立異的東西不一定是好的，但是能打破藩籬，打破封建，打破頑固自封，這種狀況比起一成不變來說有時候也算是好的。

破軍坐命者，因為破軍五行屬水的關係，容易情緒多變，極容易受感動，也容易流淚，有感情豐富的一面，他們會任憑感情奔放流露，毫不忌諱，也不怕別人笑話，是笑得很大聲，哭也哭得很大聲，是收放自如、豪邁萬丈、毫不拘束的人。

破軍星惡的一面

破軍化氣曰『耗』，是不利六親之宿，居於身宮或命宮，多棄祖離宗，骨肉參離（居於身宮者尤是）。

我前面曾說過，『每一個人的誕生，都有其時間點和空間點的需要而誕生的』。也就是說：每個人的出生，都反映了當時家庭和父母的現實狀況。**就像一個家庭出現了破軍坐命者，會有兩種狀況**。一種是原本家中就窮或紛亂，而需要此人來打拚奮鬥，於是誕生了此人。另一種現象是家裡還富有、舒適，但要走下坡了，將要耗敗變壞了，或是家庭中有混亂、紛亂、分離現象，即將進入另一重的重新整合之現象。

我們以張學良為武破坐命巳宮的人為例。張學良的父親是東北王張作霖，戎馬一生，佔據且統一了東北，但為日本人所覬覦。張學良出生後，為張作霖有計劃的培植為接班人，三十歲不到就做了將軍，但東北局勢詭異，張作霖為日本人炸死，張學良歸順中央政府，在歷史上算是歸正，但卻耗敗了父親手創的基業，後又因衝動，發生西安事變，陷自己大半生於囹圄之中。張學良身處的就是亂世，家中父親的妻妾成群，也是個外表富貴，內在破爛、紛擾的家庭。因此不論是一個國家或一個家庭，會出現或產生何種命格的人，就會注定有什麼樣的結果，也代表預言了何種問題會產生了。就像前考試院長許水德先生，自幼家窮，靠自己的奮鬥，而往上爬，坐上了考試院長的寶座。所以窮人家出現了破軍坐命者，反倒是能反敗為勝的關鍵人物。

命書上說：『破軍坐命的人，易破面或痲臉，性凶暴狡詐、奸滑不仁，與人寡合，動輒損人。以助人為惡，不喜助人為善，視六親如仇，待骨肉無仁義，好捕禽獵獸，狂傲多疑。』這是不一定的。

破軍坐命的人，要看命、遷和三合宮位上有些什麼星，才能定其美醜。某些破軍坐命的人也生的美麗、大嘴，臉的輪廓深，有西洋人之美。就像廉破、文昌坐命酉宮的女子，有一些會做模特兒，長相、身材都合乎西洋美之標準。**正統的破軍坐命者**，是居廟的破軍坐命，會有五短身材，但很靈活，例如前大陸主席江澤民，及台灣演藝人員董志成、立法委員陳文茜等人。只有破軍和羊、陀、火、鈴同宮，或在對宮及三合宮位上的人，會有麻臉現象。

破軍坐命者，必有破相、或手足傷、身體有傷、壞牙、身體不好、常開刀或常吃藥，是個藥罐子。臉上有破相者能延壽。一般來說，破軍坐命者皆不長壽，能活到七十歲就很快樂了。否則也是一身病痛、貧窮熬日子罷了。

破軍坐命者多智謀、多疑，不相信任何人，連自己家人也不相信。其人自信心很強，凡事靠自己，對是非善惡的寬容度很寬廣，做事不按牌理出牌，講話言行不拘禮儀，不拘小節，也容易誇大猖狂，故讓人有狂傲的感覺。而且天性喜好爭權奪利，為達目的，不擇手段，也不顧親疏，不講情份，這樣一方面，無人情包袱較易成功，但另一方面會讓人覺得他們是『奸滑不仁，與人寡合』的。

要說到破軍坐命者是『視六親如仇，待骨肉無仁義』，這也是不一定的。像破軍坐命子、午宮的人，兄弟宮是太陽，武破坐命者的兄弟宮是天同居平，都會有很好的兄弟緣。像破軍坐命申宮的人，夫妻宮是紫微，會找到長相氣派、美麗、事業好、感情好的配偶。破軍坐命子、午宮的人，子女宮是天同，會有乖巧的子女，也不會待骨肉無仁義。破軍坐命辰、戌宮的人，父母宮是天同居廟，會有溫和世故的父母，親子關係也很合諧。

破軍坐命者的一生就是一個『破』字，要看破在那裡，以及八字中的組合和財多、財少？有的人『破』在錢財上，有的人『破』

在環境上，有的人『破』在身體健康上，有的人『破』在人生成就上，有的人『破』在婚姻、感情生活上，有的人『破』在子女或才華上，逐一不同。

『破』在錢財上的人，也分兩種，一種是天生就窮，生在窮人家，或賺錢不易，或頭腦不清，找不到做事和賺錢的方法，這同時也是『破』在環境上。另一種是家中還過得去，但自己耗財多，不會理財，會破敗家產，或是自己在事業上、投資上有起起伏伏、高高低低的變化，而損失錢財。命裡八字財多的人，生活會過得較好，翻身的機會較多，損失錢財不那麼嚴重，即使是耗損錢財多，但自己享受的也很多。

『破』在環境上的人，容易身處在破破爛爛或複雜、凶險的環境之中。例如有的人在零件工廠、電腦廠、做運輸業、客運業、市場、軍警業工作，零件繁多雜亂，做電腦晶片線路、零件也雜亂繁多，做運輸業、客運業的環境變化多，遇到的客層多，市場中很髒亂繁雜，軍警業中與賊人和敵人的爭鬥多而複雜，這些都算是環境上的『破』。其他如家庭中的紛亂，如父母離異、家人分隔東西南北，或父母早亡，或自己離婚，或和子女分開，或家中不和，家中窮、自己窮，家中人丁少，或身處在戰地，身處是非糾紛、爭鬥的場所，都是環境上的『破』。

『破』在身體上的人，其人身體上多病痛、傷災，其人本命中也會財少或財多，身弱，不能理財。常會開刀、或有痼疾、或遇重大車禍所造成的傷災，也易傷及性命。

『破』在人生成就上的人，易做事起伏、成敗多端，一生無大成就，或好高騖遠，理想多，不實際，頭腦不清，自命清高，一生也難成大器。這些人最後也易入宗教之中。

『破』在婚姻、感情上的人，感情不穩定、婚姻多波折，易有多次婚姻，一生難與人共度白首，精神空虛，感情飄蕩，無所歸依，易孤獨。

『破』在子女及才華上的人，易無子女或有不肖子女，其人在才華上或許是專攻一門專業才華，在其他方面則一竅不通，也易孤獨及有人緣不佳的現象。

其實在每個人的命盤上都有『破軍』這顆星存在，因此不單是破軍坐命的人命中有一『破』。其實每個人的命理格局中都有『一破』。只要端看破軍星在你命盤中的哪個宮位上，就知道你『命裡一破』，破在哪裡了。例如夫妻宮是破軍的人，就破在感情和婚姻問題上，只要改善感情模式，和注意選配偶，注意夫妻相處之道，也能防堵『破』的因果循環。例如破軍在僕役宮的人，會交到耗財多、行為不檢、性格不羈的朋友，只要注意選擇朋友、部屬時，多找保守、內向的人，也會朋友運好一點，不過你本身就是較保守的人，你天性喜歡不一樣的人，又喜歡用利益錢財拉攏人，這種習性很難改變，所以這是你本身的問題，交到惡友也只能自怨自艾了。

破軍坐命的人，性格反覆不定，叫人難以捉摸、私心重、記恨心也重，報復心態也重，好勝心強，敢愛敢恨，也敢於攫取自己想要的利益。他們講話很衝，容易得罪人，倘若你能即時、當眾抓到他的錯處，指責他，他也會承認錯誤，而賠不是，所以也給人反覆無常的感覺。

破軍坐命者做事，一定是先破才後成的，會花很大的代價才成功，他們必須離家奮鬥，在自己家中工作，只會破敗無成。他們喜歡創業，因為創業之初，都是要先流血、流汗，或花費錢財，絞盡腦汁的，他們喜歡這樣的感覺，較有成就感。所以一家公司的開創之初，可以多用破軍坐命者，但在守成之後，便要少用破軍坐命者，以防有破耗。

破軍坐命者多喜歡自己當老闆，獨當一面，但創業之後，進入經營期，便會有起伏之勢，會多遇風險，就像安泰人壽公司的老闆潘燊昌就是命宮有破軍星的人，創立安泰人壽之後，常要到美國或各國去找合夥人，或與人合併，來開拓或延續安泰人壽公司的版圖及經營業績。每當他找到一個新的合夥人或做一次新的合併，公司生命就有了一次新的格局。破軍坐命的人最適合做推銷員，像安泰人壽及鴻海電子的老闆郭台銘也都是推銷員出身。等到開拓好路子以後，就交給別人去經營。

破軍坐命的人是反傳統、反秩序、反一切規則性、道德性運作的人，他們屬於具有革命性情操的人。大多數的破軍坐命者，都會有打破舊俗、勇於改革、創新，也容易有自己的理念、固執己見，喜掌權、控制別人，別人是不容易控制他們的。所以他們也容易在團體中獨樹一幟、鶴立雞群。在學校中多破軍坐命的學生，會混亂、不受管教。在國家中多破軍坐命的政治人物，會多紛爭、政治不安寧，也容易衝動而有戰爭。在一個家庭中多破軍坐命的人，破耗多、花錢多，會入不敷出，也會紛爭多，家人彼此感情不佳，會向外侵略性強，令外人側目。

人走破軍運時，會有精神、體力和財物上的消耗

每當人走到破軍運，不論是大運逢到破軍運，或是流年逢到破軍運，亦或是流月或流日、流時逢到破軍運，你都會莫名其妙的忙起來（實際上你逢到七殺運或貪狼運也一樣莫名其妙的忙起來，但忙的內容和狀況各不一樣）。沒有做的事，你會去做（這是開創格局）。以前你不敢做的事和說的話，你敢去說，在這個運氣中，你似乎天不怕、地不怕了，臉皮變厚、態度囂張，也敢亂開支票，不顧及自己的能力，也不怕信用太擴張而失去控制破產了（這是大膽而無品行的行為狀態）。

在破軍運中，你會不重穿著、品味很差、喜歡怪異服飾，尤其喜歡破破爛爛的嬉皮裝或是邋里邋遢的、落魄的海盜裝、或乞丐裝，或是邋遢的美國大兵服飾，或是身上破洞很多，布條殘破的搭

拉下來的樣子的衣服。

在破軍運中，你家中的用品或你自身的用品很容易壞掉，使你破財，心中流血（這是流月和流日的問題）。

在破軍運中，你容易莫名其妙的忙碌，有時為了找某件東西或文件，在家中翻箱倒櫃，怎麼找，也找不到。過了這個破軍的流時，你就不忙了，因為你也許想到了別的方法或東西代替，就不用找了。或是到了下一個時辰就找到了（這是流時的問題）。

在破軍運中，你也容易碰到言行和品行不佳的人。在這個運氣中，你雖然自己仍多疑，不容易信任別人，很衝，言行大膽，但仍容易上當或被人矇騙、受欺負，尤其是有擎羊和破軍同宮，以及有擎羊在對宮和天相同宮的人，最易碰見此事。因為你天生在這個時間點上，和空間範圍內，就是要破耗損失的。

在破軍運中，容易有傷災、車禍、血光、流血、流汗、辛苦又破耗的事，而且能得到好處的機會微乎其微。在大運、流年、流月、流時三重逢合時，必有傷災、血光、開刀之事。也會有人明明不必破耗，而想做美容手術，又產生破耗。也有人在破軍運中，有一點小毛病，平常也不注意或不在乎的，但此時就很想去開刀解決，這就是破軍運的特性會催促人會強力去破耗的特質了。

在破軍運中，很多人喜歡改革、重建新秩序，在國家或時代中，容易有革命或推翻政權之事。在社會上，會出現許多改革家，製造社會的動盪，在改革中，會有的改好、有的改壞、亂象叢生，沒有結果，一定要等到另一個穩定時期來臨，才能慢慢復建，找到方向，形成整理的狀況。在破軍運中，是無法達到正規的道路上去的。但是破軍的改革，也能使社會更進步，方法更多，可是破軍運

都只是實驗階段而已。

破軍運在個人身上，也易能經由實驗和打拚、努力找出人生奮鬥的方向，或找出賺錢的路子出來。雖然在破軍運中消耗很多，但每個人在破軍運後，一定會走『機月同梁』格的運程，就是穩定、反省的運程，因此會漸漸收拾起支零破碎，或紛擾的爛攤子，而真正在做復建的工作了。到時候你也會發現『破軍運』的努力，也不是全然白費的，甚至是全靠破軍運的努力，才會有日後的安逸富足的。

第二節　破軍星的特殊格局

破軍星的特殊格局

1.『英星入廟』格

破軍星在子宮或午宮入命宮，獨坐居廟位，不逢煞星同宮或照會，若是甲年生有破軍化權在命宮更佳，財、官二宮也都好的人，稱之『英星入廟』格。主官資清顯，位至三公。（其他年份生的破軍坐命子、午宮的人，都不算『英星入廟』格）

※癸年生的人，有破軍化祿在命宮，本命或對宮有祿存，形成『雙祿』格局，但官祿宮會有貪狼化忌，事業會不順，故亦無

法稱為『英星入廟』格。

2. 窮困及水厄格局

破軍、文昌同宮或在對宮相照，為窮困且帶水厄之格局。此格局無論在十二宮中任何宮位同宮或相對照都可形成。**當文昌在旺位以上時**，為窮儒形態，窮但文雅、斯文，也能計算能力好、聰明，能主貴。不計較錢財。言行會較高尚，具有文學素養，破軍居旺時，打拚能力強，能創造不同於一般世俗觀念的功業。**當文昌居陷時**，表示頭腦不聰明、計算能力差、外型粗俗又破爛、較醜、做事糊塗、常破財、掉錢、破耗多，得不到利益，想爭、想貪的東西多，但自不量力，也總是得不到。言行粗俗、難看、沒有文質氣息。**當破軍居旺、文昌居陷在寅、午、戌同宮時**，表示沒有腦筋而造成破耗，愈破耗愈醜，愈不行，也花錢愈多、更窮，更沒利益可言。**當破軍、文昌在申、子、辰宮時**，表示窮但有格調、智慧稍高、不重錢財利益，但能有功業，能造福在名聲、地位上，主貴的功業。

破軍、文曲同宮或在對宮相照，為窮困且帶水厄之格局。此格局無論在十二宮中任何宮位同宮或相對照的狀況都可成立形成。**當文曲在旺位以上時**，為窮困、較窮、不富裕，但才華多、口才好、桃花多，得人喜愛、聰明、有才藝，有一技之長或有特殊技藝維生，但會不重錢財，喜歡表現、愛說話、異性緣好、再有破軍居旺時，打拚能力好，也能生活平順。**若文曲居陷時**（在寅、午、戌宮），表示仍窮，才華不佳、口才拙劣、不愛講話、很靜、人緣和異性緣不佳。再有破軍居旺時，是愈打拚愈窮，因頭腦不佳，但仍會忙碌，是窮忙、白忙。

『破軍、文昌』和『破軍、文曲』都有水厄，要小心算出流年、流月、流日、流時出來，不要至水邊，不要坐船、游泳、垂釣，更要防範雷雨、颱風、土石流等天災、人禍。

第三節　破軍的形式

破軍和另一顆星同宮時，就形成破軍的形式了。破軍是耗星和刑星同宮時，形成『刑耗』的形式。和輔星同宮時，形成『輔耗』形式，逐一不同。

破軍單星—破軍單星**在子、午宮時**，因對宮是廉相，其人是在周圍是溫和、保守、用腦不多、有點笨的人的環境中打拚、爭奪與消耗。打拚、爭奪時，別人會讓他，周圍環境是溫和、富裕、整整齊齊、理財能力與做事能力好的人，外在環境會撫平此人所造成的破耗。

破軍在寅、申宮時，因對宮是武相，其人是在周圍環境是溫和、財多、理財能力很不錯的環境中打拚、爭奪，爭的就是財，表示周圍是財、福並存的環境。財星和福星最怕耗星這個戰將，自然會投降，奉獻財和福氣給他。

破軍在辰、戌宮時，因對宮是紫相，其人周圍環境中會是些體面、地位高又溫和的人，也會環境富裕。因此破軍的人，會爭奪、打拚的是高尚、體面、權勢、財富。因為周圍的人都會比他弱，故他會很大膽、很直接的去爭。

紫破——在丑宮或未宮，紫微、破軍會同宮，表示帝座和武將同臨，這位武將是形粗、不懂禮節、不容易服管教的，但善爭戰、流血、消耗。雖然紫微居旺、破軍居廟，紫微一直要安撫和控制這位大殺將，不要超出範圍，因此很辛苦，因此紫破同宮時，紫微的吉度會下降，因不勝負荷。再加上紫破的三合宮位上，就是武殺、廉貪這些星，財和運都不好，因此紫破只不過大致看起來還好，或是外表還氣派，但實質及內在是有瑕疵和破耗多，不聚財的。同時紫破也代表政治上的爭鬥和打拚。也代表吉中有破耗，或破耗中稍有吉，但『吉』的成份不太多。

武破——在巳宮或亥宮，武曲和破軍會同宮，表示武曲財星和耗星同宮，是『因財被劫』的格局。武曲居平、破軍也居平，其實是『窮』的格式。武曲亦代表政治，武破同宮時，是為政治打拚，故容易從事軍警業。武破也是為少少的錢財打拚，很難富裕。有武曲化科、破軍化權同宮時，是窮兵黷武，又裝作有格調的樣子，愈打拚愈消耗多，愈窮的格局。而且強制的要打拚消耗。有武曲化權、破軍時，是遇到錢和政治的事情和問題就愛管，但不一定管得好，不一定賺得到錢，有的管得到，有的管不到，有的錢賺得到，有的錢賺不到，但一定強勢要管財和權的部份。

廉破——在卯宮或酉宮，廉貞和破軍會同宮，廉貞居平、破軍居陷，表示爭鬥很凶，情況惡劣，環境也破破爛爛，智慧和謀略都很低，打拚力量只有向壞的、負面方向發展，不打拚還好，只是窮困、破爛而已，愈打拚，窮困破爛的狀況更嚴重。若再有廉貞化祿、破軍化權時，是為喜好、享受而強力要破

耗、要掌權。財的成份很少，人緣的部份也容易是一些桃花色情方面的爛桃花。

破軍、擎羊—為『刑耗』格局，易受傷、刑剋、血光、傷殘、身體不好、孤寡、破敗、破產，或遇災而亡。易有撕裂傷、損耗血液，有脊椎骨及手足傷害。凡入命、身二宮，或在『命、財、官』出現時，其人皆宜入宗教，精神較有寄託較好。此格局無論在何宮，皆因擎羊和對宮的天相，形成『刑印』的格局，其人會性格懦弱而陰險，亦好暗中爭強鬥狠，不善終。就連『**破軍、擎羊**』**在辰、戌宮坐命**，對宮有紫相相照的人，都是表面凶悍、內心懦弱多疑、陰險，雖然周圍的環境還不錯，但一生也多有敗局，不聚財，也不善終。

『**廉破、擎羊**』入命的人，會一生刑剋更重，一生不富裕、窮困，生活環境不佳，身體不好，精神狀態也不好，內心多煩憂，問題很多，不長壽。

破軍、祿存—為『刑祿』及『耗祿』格局，破財、保守、孤獨、財少、愛存錢、小氣、又存不住錢。入命時，易保守、孤獨、孤寡、吝嗇。此時『祿存』的財是只有衣食、生活的財，財少，但又經不起破耗，為『孤寒幫主』，辛苦度日而已。流運逢此年亦是不富裕，要為錢傷腦筋的。

武破、祿存—為窮又小氣之格局，其人有衣食生活之資，但仍不富裕，性格保守、吝嗇、喜存錢，但不一定存得住錢財，而且常無錢可存，或是辛苦存一點錢，又因許多意外耗財之事又花掉了。

破軍、陀羅—為『刑耗』格局，易多傷災、破破爛爛、血光、傷

災、身體有問題，或易有羅鍋現象，或本身破敗、醜陋，外表不整齊，易遇災而亡。有牙齒及骨骼的傷災。**此格局入命**時，其人外表醜陋、粗壯或矮小愚笨、性格悶、內心多煩憂、易有是非糾纏、做事不乾脆，喜拖拖拉拉，一生也多是非，人生不平順，又喜爭強鬥狠，易不善終。入軍警職者，也易遭災陣亡。三方及遷移宮煞星多時，會入宗教棲身。一般此命格的人，也易接近宗教，或迷信鬼神之說。

紫破、陀羅——為『刑官』又『刑耗』的格局，表示其人會強悍又笨，好爭、破耗多，而不平靜。趨吉的力量又拖拖拉拉不至，工作起伏多耗敗、一生不平順。但強勢好爭鬥的力量仍強，卻不一定爭得到。

武破、陀羅——為『劫財』又『刑財』、『刑耗』的格局，會窮困、破敗，爭鬥多，是窮爭、暗鬥，用很笨的方法爭，也會爭不到想要的東西。易有傷災、陣亡之勢。

破軍、火星或破軍、鈴星——為爭鬥多之『刑耗』格局。是突然而起的爭鬥。也會有意外之災、意外耗損之事。易有車禍、傷災，會夾帶火災而造成傷亡。也為意外的挑釁狀況。

破軍、天空或破軍、地劫——為『耗空』或『劫耗』格局，會破了成空，或遭劫而破耗失去，也形成空無狀態。此格局入命時，易入宗教棲身。其人也易有傷災或人禍，一生多起伏、坎坷。此人會不重視財，或耗財凶，和財離的遠，一生難聚財、守財。其人也會有灰色思想，及不實際的思想。

破軍、文昌——為『窮困』格局，且帶水厄。當文昌居廟、居旺時，其人為寒儒型態的人，也能精明幹練、斯文、計算能力好，

但不聚財，或不重視財。當文昌居陷時，外表及性格粗鄙，計算利益的能力不佳，是真正窮困的人。再多加煞星時，為無用之人。

破軍、文曲──為『窮困』且帶水厄之格局。文曲居廟、居旺時，其人尚有才藝及才華，也能稍精明幹練、口才好，只是對錢財不實際，破財多、進帳少。當文曲居陷時，才華及才藝差，口才也差，不會講話，人緣也差，窮困狀況很顯著。再多加煞星時，為無用之人。

『**破軍、左輔**』或『**破軍、右弼**』──破軍為耗星，有左輔或右弼同宮時，為『輔耗』格局，會加倍的輔助破耗的力量，耗財會加重。亦表示有平輩的人來幫助打拚，但愈打拚愈耗財，破耗愈多。有『破軍、左輔』同宮時，表示有男性平輩的人來

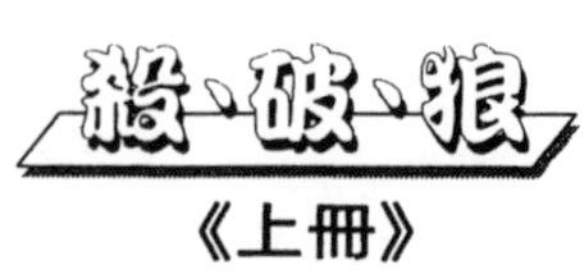

幫助你打拚和破耗。有『破軍、右弼』同宮時，表示有女性平輩的人，來幫助你打拚、又幫助你破耗。

破軍化權—居廟、居旺時，是強力打拚，長相氣派、性格豪壯，欲達目的，不擇手段。而且喜歡爭鬥掌權、愛管束別人，自己不給人管的。同時也是強力破耗，自己堅持要破耗，即使錯也永不回頭的。居平、居陷時，仍喜爭權鬥狠，但不一定爭得到權力、地位，會在爛環境中亂爭一通。胡亂打拚、長相醜陋、不氣派、想管人卻管不到，仍堅持破耗、情況很慘，會破產或家破人亡。

破軍化祿—居廟、居旺，在得地以上的旺位時，會想花錢，就有的花，表示你會為花錢之事，而去找錢的出處。這可能是去借錢，或找地方賺錢，逐人不同。你也會為了要得到某種利益又願意損失另一種利益。破軍化祿是『耗祿』格局，也是破軍中稍帶財的格局，但破軍的財，都是別人的財，也都是爭來的、搶來的財，不是自己原有的財。因此有破軍化祿的財，仍是向外找財，是人緣略好，亦會用一些不是正常管道，或不是正常的方法，來得到自己想要的財。例如會用甜言蜜語勸人投資，會騙人把錢借給自己等等。當破軍化祿居平、居陷時，表示破財凶，『耗祿』格局中以『耗』為凶，得到財祿的部份少，其人更言行誇張不實，有悖常理，破軍化祿只是造成自己更大的窟窿而已。

破軍化祿、祿存——這個格局只會在子宮出現，是癸年生『紫微在寅』命盤格式的人，所會遇到的。雖然表面看來有『雙祿』格局，但實際上『祿』是很少的。破軍既耗化祿之財，又耗

祿存之財。表示其人性格古怪、複雜、多變、思想混亂交叉，性格小氣吝嗇、自私，但對自己有利之事，就一定會爭奪。所得之財卻不多，為衣食生活之財。其人有時也會大膽、言行不羈，只為自己想要的東西而打拚，也只為自己想要的財而打拚，但自己想存錢仍是存不住，因為自己想要的東西多，所以隨時隨地在觀察周圍情況是否對自己有利而想要找錢奪財。又因被羊陀所夾，內心常有不滿，常以為自己會吃虧，或被欺負，內心不平衡。

第三章　貪狼的善惡吉凶

第一節　貪狼的善惡吉凶

貪狼星，五行屬木，是陽木、甲木，是北斗第一顆星，為禍福主，化氣為桃花，能化桃花殺，也稱解厄之神。在數主放蕩之事，遇吉富貴，逢凶虛浮。貪狼也是將星，主動，主爭戰，驛馬強，好爭，為貪心而爭戰。貪狼屬甲木，亦為教化之始，與教育有關。

貪狼星善的一面

貪狼也是強勢星曜，居旺、居廟時，氣勢強壯。貪狼就是貪星

（貪心），凡事以貪為起點，而有打拚能力，倘若貪狼坐命者對某事不感興趣，不想貪的話，就絕對不會去做、去拚了。所以『貪心』是他們很重要的、生命的、活動的原動力。否則他們就會懶洋洋的，提不起勁來。

貪狼是好運星，居旺時，好運很多，但需要向外去活動、打拚。因為貪狼這顆星的速度很快，是平面上、橫向方向的運動，因此無論在人的行為奔波上或是運氣流動方面，都要向外跑，做橫向運動，左右前後、四面八方的，廣結人緣，尋找機會，就會發現好運。

貪狼為桃花主，居旺時，人緣特佳，從不得罪人，遇到氣氛不佳的時候，會溜之大吉。貪狼坐命的人，極聰明、靈巧，善於察言觀色，也能預知吉凶，故總能躲避危厄，永遠把自己放在最舒適、好運的環境之中。貪狼坐命者也好神仙、算命之術，凡對於能預知未來吉凶的知識都有興趣。有好運時，就能解厄、趨吉，也能化『桃花殺』。

貪狼坐命的人，桃花強，人緣好，又喜男女性事，佔有慾強，喜歡有錢、有勢或貌美之人，男女關係複雜，但其人甚為油滑、自幼便開始學習掌握男女之間之關係，又懂得圓滑處理，因此雖感情多糾葛，仍能有解決前一段桃花問題之手段，故能化『桃花殺』。因此你也可常看到貪狼坐命者，好貪情色，貪色忘義，變心變得快，但很少有因感情問題失信於人而因情被殺的。而他們也能利用男女關係來拓展自己的事業和疆土，以及賺到錢。貪狼居陷時，是和廉貞同宮，雙星俱陷，人緣不佳，桃花少，都是爛桃花，不在此論。

貪狼是將星，驛馬強，好動，好爭，主爭戰，同時貪狼屬木，故貪狼坐命者最多出現的職業場所，就是在軍警業和教育界、出版業之中了。而且貪狼居旺坐命的人，在官運上氣勢特強，很容易做到掌權有地位的位置。倘若要出兵打仗，選貪狼居旺坐命的人做將領，因其人有好運，也容易打勝仗，或是時間點上突然有變化，而不打自贏了。

貪狼坐命的人，好動、不耐靜，做事速度快、馬虎、速戰速決，不能做精細的事務，最適合做與人際關係方面的工作，如公關、接待等等，也不適合做協調工作，因為他們遇到麻煩的事或人會躲避，結果問題仍會留在原處。

貪狼星無論入那一宮，那一種所應之事就會好爭、好貪。而且是貪狼居旺時，有好運，貪得到。貪狼居陷時，無好運，也貪不到。例如貪狼居旺在財帛宮，就是在賺錢方面貪心、好爭，也在賺錢方面有好運。貪狼在官祿宮（事業宮）居旺時，表示在事業上有好運和好爭。貪狼居陷在官祿宮時，是廉貪同宮，表示職位低，或做沒有名位的工作，如秘書、助理之流的工作，也宜從武職，職位也高不起來。貪狼在福德宮時，其人命宮中會有天府，表示天性好貪，本身小氣，愛斤斤計較，喜愛物質和金錢上的享受。貪狼在夫妻宮時，表示內心貪得多，常不滿現狀，也會內心好爭，常不滿足或內心妄想很多，而不實際。也會和配偶溝通不好，粗枝大葉，不會去體諒別人的心意，像根臘燭，不點不亮。

貪狼坐命的人，喜愛變化，本性也善變，也屬於多才多藝的人，既能言善道，又能附庸風雅，在歡樂的場所，喜愛表現歌舞助興，在文藝的場所，也能展現風流倜儻的一面，會博學廣知，但不精。

貪狼加火星或鈴星在命理格局之中，為暴發格或偏財格。尤其入命時，不管做文職或武職，皆能一鳴驚人及橫發，但其人會性格古怪，一生也多起伏。

貪狼在夫妻宮的人，容易晚婚，但配偶容易是教育界、出版界中服務之人。

貪狼坐命的人，無羊、陀、火、鈴、化忌，劫空同宮或相照者，為長壽之人。

貪狼星惡的一面

貪狼星，主多慾望，貪得無厭，嫉妒心重，因此好爭，不但在錢財、事業上爭，在感情問題上好爭，在日常生活之小事上亦好爭，愛憎之心極重，思想會略帶偏激。

貪狼入命之人，多好高吟、附庸風雅、性情浮蕩、喜歡賭博，好花酒、賭性堅強、迷戀色慾。若身宮落於財帛宮者，因其財帛宮是破軍，其人嗜錢如命，非常勢利，但耗財更凶，易以迷戀花酒、賭博、遊蕩而破家。女子有此命者，多半淫蕩、落入風塵，在酒店上班，或受人包養，為了錢財，甘願做小。

貪狼坐命的人，財帛宮就是破軍，花錢很凶、耗財多，慾望多、重視物質生活，不會理財，一般的貪狼坐命者就會為了錢財而敢犧牲一切了，也會為了更高的理想或更高的地位、財富而變換配偶和情人。他們道德觀念很薄弱，也可說是走在時代尖端的人，因此貪狼坐命的人，無論男女，也無論結過婚與否，皆是常為劈腿族之一員。

在古代，以貪狼坐命之女子，會無媒自嫁、私奔、淫賤，為下賤之命格，為人不恥。在現代，因性觀念之開放，許多男人倒是喜歡貪狼坐命之女子，言行大膽，不忸怩，落落大方，甚至發生關係，也不麻煩，好解決。

貪狼坐命者，以在子、午、卯、酉四個桃花地坐命者，桃花最重。以貪狼坐命子宮為『桃花泛水』之格局，因此這四個宮位之坐命者，是更無法清白自守，肯定有出軌、婚外情、另類愛情夾雜複雜的男女關係而形成的人生了。其他宮位坐命者，也喜好色情之事，但是自己去自找的，不像命坐桃花地的人，會有異性自動送上門來，身不由己的狀況。

貪狼坐命的人，夫妻宮都有一顆天府星，而且所有的天府星都會在得地以上的旺位，不會陷落或居平，因此貪狼坐命者的內心都是小氣、計較、勢利、貪財的，他們都會找到較富裕，又對自己好的配偶，來供養自己一生愛消耗、不會儲蓄的本性，而讓自己過舒服的日子。如果貪狼坐命者找到窮的配偶或讓自己生活在窮困之中，這表示此人頭腦有問題，思想混亂，不清楚，命格不純正，多煞星相擾，在命格上，已形成『刑運』格局，才會命運不濟的。因此可以說，貪狼坐命的人，大多是好命之人，因為他們會自己選擇好的棲身之所之故。

貪狼在子、午宮坐命者，對宮是紫微，因此他們貪的是好的環境、美色、富貴、以及政治方面的事物。

貪狼在辰、戌宮坐命者，對宮是**武曲，和武貪坐命者**，有武曲同宮，表示其人貪的是錢財，和政治上的權力、地位，以財為最重。

貪狼在寅、申宮坐命者，對宮是廉貞，其人好鬥，貪的是政治上的鬥爭。

廉貪入命者，因有廉貞同宮，貪的也是政治鬥爭的輸贏，但雙星俱陷落，故不一定貪得到。美國總統小布希就是廉貪坐命的人，以為此證。小布希之成功登上美國總統之寶座，是競選團隊之功勞，而且出生的家庭好，倒不一定是小布希之運氣使然。

紫貪在卯、酉宮坐命的人，因同宮的是紫微，故貪的也是好的生活、美色以及政治方面的事物，包括升官、發財之事。

貪狼居廟坐命的人，會身體強壯、肥胖。貪狼居旺坐命者，體型也強壯，稍修長，在子宮入命者較高。貪狼在寅、申宮入命者，居平、體型中等，稍矮、稍瘦。廉貪同宮入命者，也會較高、瘦型，有陀羅同宮或相照的人，會較壯。

貪狼入命者，會聲高、量大，性剛威猛，性情多變，多計較，深謀遠慮，多謀略，有煞星同臨者，奸詐陰險，會因酒色財氣而傷身。

貪狼若與天空、地劫同宮，或在對宮相照，其人在桃花方面能習正，較正派，但是無運、運空、劫運格局，一生多坎坷起伏、腦袋空空、成就也低。有貪狼化忌入命的人，某些人在桃花方面也能習正，但有些頭腦不清的人，也會因不好的桃花而遭災惹禍。

貪狼坐命者的人緣特好，能言善道，腦筋一流，做事速度快，學習能力強，反應快，幼年容易得家人、師長、朋友的喜歡。但他們也容易喜怒無常、不定性、好大喜功，也容易半途而廢，為人自傲、喜歡掩飾自己的缺點，不聽別人的建議，好自做主張，性格強勢，若別人給他改進的建議，他就覺得別人是在挑剔他的毛病，而心生不悅，也會報復。其人做事講求效率，但粗率、馬虎，做事也常不成功，只是人緣好，別人會幫他，而他自己卻覺得是自己的運氣好，也是因為別人都很笨的關係，所以會成功，或沒事而渡過難關的。

貪狼坐命的人，都會圓滑，不得罪人，遇到氣氛不好，就會躲避或溜走。他們也從不會把心事對別人透露，也害怕別人太瞭解自己，會控制自己，或破了自己的罩門。就連父母、兄弟姐妹，或配偶也不太說。但有時為了某些利益上的需要，或想多聽一點對自己有利的主意，會偶而透露一點消息給要好的兄弟姐妹或配偶。他們與人的關係是表面上都與大家很要好，好像都能推心置腹似的，但談論的都是別人的事，他自己的事，是不會和人分享的。與外人和不熟的人交往，則是君子之交淡如水了。也是表面熱絡，其實是有距離感的。因此你會發現他們好像一尾油滑的魚，游來游去，當你需要他們盡一點朋友或家人之義務時，他們都不容易出現，但當你有好運和好事時，他們就立刻會出現在你的身邊，一起歡樂慶祝，錦上添花。這是因為他們天賦異稟，對好運有強烈的嗅覺，天性痛恨壞運、衰運，避得很快的緣故使然。

貪狼坐命的人，好爭、好強，大多數的時間都爭的過，也能強出頭。他們天生聰明敏捷，倘若一發現苗頭不對，投資下的精力或努力之價值不能回報，或回報太少，就早早放棄，轉向其他目標和方向去了，不會浪費時間。因此貪狼坐命的人，是絕少做公益、慈善之事的人。『公益、慈善』只是掛在嘴邊，唬弄其他的笨人、凡人而已。『不見兔子不撒鷹』，這是他們做人的原則，你若是敗於貪狼坐命者之手下，或受騙上當，就應當自知技不如人，而不必太傷心、煩惱了，因為他們都是非常聰明、智商高、多謀略的人，也是非常會掌握時機、看準了才下手的人。

貪狼主運勢、慾望、貪心、賭博、酒色、玩樂之事，聲色場所，彩券及股票、期貨、藝品、樂器、樹林、演藝人員、教師、下棋、繁茂高大的植物、將軍、暴發戶。在疾病主肝、膽、腎臟之疾病，以及手足顏面、神經系統之毛病，腳氣病等等。

第二節　貪狼星的特殊格局

貪狼星的特殊格局

1.『桃花泛水』格

貪狼在子、午、卯、酉四個桃花地，皆主桃花重。但以子宮為『水宮』，代表北方水氣豐富之地，故以在『子宮』之貪狼入命宮者

為最真實的『桃花泛水』之格局。此命之人，皆外表美麗、體型妖俏、人緣好、易招異性之青睞，主動爭相接近。其人也會來者不拒，以優等競爭得勝者為交往對象。其人也會左右逢源，善加利用此等桃花所帶來之龐大利益，手腕高明，而不會使落敗者反彈。

2. 『風流彩杖』格

命盤上有廉貞、貪狼、陀羅同宮，或相照者，為廉貪陀『風流彩杖』格。此現象會在寅、申、巳、亥四個宮位出現。**在寅、申宮時**，有貪狼或廉貞在寅、申宮時，再有陀羅在寅、申宮出現時為之。這是乙年、辛年之『紫微在辰』或『紫微在戌』兩個命盤格式的人會遇到的狀況。

在巳、亥宮時，有廉貪同宮，再有陀羅在巳、亥宮出現時，會有此狀況，這是丁年、己年和亥年生的『紫微在丑』及『紫微在未』兩個命盤格式的人會遇到的狀況。

當『風流彩杖』格在命宮或命、遷二宮形成時，表示其人天生好酒色、風流成性、下賤，自己喜歡招惹色情之事，也會因色情問題影響事業、運程，更容易從事淫色之工作，命格不高尚。

當『風流彩杖』格在命盤的其他宮位出現時，在運程流年走到，男子會因情色之事影響名譽而失敗。女子會因強暴事件或不聽明之淫色事件而遭災。

若命盤中之『風流彩杖』格再加『羊陀夾忌』之惡格一起出現時，如『廉貞、貪狼化忌』、陀羅在亥宮之格局，則會在亥年因強暴致死，或因色情關係致死的事情發生，宜早算流年、流月、流日，以防災禍發生。發生的時間會在晚上九時至十一時以前。

殺、破、狼《上冊》

3.『武貪』格

在暴發格中是一定需要貪狼這顆好運星存在才能形成格局的，你可以看到在暴發格中的三大格局：『武貪格』、『火貪格』、『鈴貪格』等格局中，都有一顆貪狼星。當貪狼居廟、居旺時，暴發威力強大，貪狼居平、居陷時，暴發威力較少，暴發的財富也較小。

『武貪格』是『紫微在寅』、『紫微在申』、『紫微在巳』、『紫微在亥』四個命盤格式會遇到的暴發格，只要同宮或對宮沒有化忌、地劫、天空等星來同宮或相照成為破格，就一定具有暴發運。就算是有擎羊或陀羅同宮或相照，雖也算是破格的一種，但也一樣會爆發偏財運或極高的旺運。只是有擎羊同宮或相照又要爆發時，可能有小血光，或麻煩事產生。有陀羅同宮或相照時，會拖一下時間，會慢一點才爆發，有時也會不發。

『武貪格』是高於『火貪格』或『鈴貪格』的格局層次的。主要是因為『武貪格』會暴發於事業上，經由事業上的突然崛起和努力，流過血汗，而能成就大事業和富貴之事。『武貪格』也會爆發錢財，但多由事業上輾轉賺來的錢財，因此在暴發運的發生和暴起暴落的過程中，錢財比較會留得住，留得長久一點。

在『紫微在寅』及『紫微在申』兩個命盤格式中，在辰宮及戌宮，會有居廟的武曲和居廟的貪狼相照而形成暴發格。

在『紫微在巳』及『紫微在亥』兩個命盤格式中，會在丑宮或未宮有皆居廟的武曲和貪狼同宮，而形成暴發格。

武曲是正財星，貪狼是運星、權星，是故自然在暴發時夾帶著金錢財富，也帶著極強的權勢和主控力量所形成之地位。

紫微在申

太陽(旺) 巳	破軍(廟) 午	天機(陷) 未	紫微(旺) 天府(得) 申
武曲(廟) 辰			太陰(旺) 酉
天同(平) 卯			貪狼(廟) 戌
七殺(廟) 寅	天梁(旺) 丑	廉貞(平) 天相(廟) 子	巨門(旺) 亥

紫微在寅

巨門(旺) 巳	廉貞(平) 天相(廟) 午	天梁(旺) 未	七殺(廟) 申
貪狼(廟) 辰			天同(平) 酉
太陰(陷) 卯			武曲(廟) 戌
紫微(旺) 天府(廟) 寅	天機(陷) 丑	破軍(廟) 子	太陽(陷) 亥

紫微在亥

天府(得) 巳	天同(陷) 太陰(平) 午	武曲(廟) 貪狼(廟) 未	太陽(得) 巨門(廟) 申
辰			天相(陷) 酉
廉貞(平) 破軍(陷) 卯			天機(平) 天梁(廟) 戌
寅	丑	子	紫微(旺) 七殺(平) 亥

紫微在巳

紫微(旺) 七殺(平) 巳	午	未	申
天機(平) 天梁(廟) 辰			廉貞(平) 破軍(陷) 酉
天相(陷) 卯			戌
太陽(旺) 巨門(廟) 寅	武曲(廟) 貪狼(廟) 丑	天同(旺) 太陰(廟) 子	天府(得) 亥

『**武貪格**』**暴發運有特定的時間**。『紫微在寅』和『紫微在申』兩個命盤格式的人，是在辰年（龍年）和戌年（狗年）暴發。而『紫微在巳』及『紫微在亥』兩個命盤格式的人，則是在丑年（牛年）或未年（羊年）爆發。所有的暴發格皆是以大運、流年、流月三重逢合時，為一生中最大之偏財運和暴發運。

（有關於『武貪格』暴發運格的問題，請看法雲居士所著《如何算出你的偏財運》及《驚爆偏財運》二書，書中有詳細解說）

4. 『火貪』格

『火貪格』是在命盤中同宮或對宮相照時，有火星和貪狼二顆星而形成的火貪格，可同時出現在任何一個宮位，或是兩宮相照的宮位而形成。其中包括了『火紫貪』格、『火武貪』格、『火廉貪』

格。

『火紫貪』格是『紫微在卯』、『紫微在酉』兩個命盤格式中，在卯宮或酉宮，有紫貪加火星同宮，或是紫貪同宮，而對宮有火星出現的狀況。因貪狼是居平的，火星在酉宮居廟位，在卯宮居平位更弱，故是靠火星衝動的力量而爆發的，其層次自然小於『武貪格』。

紫微在酉

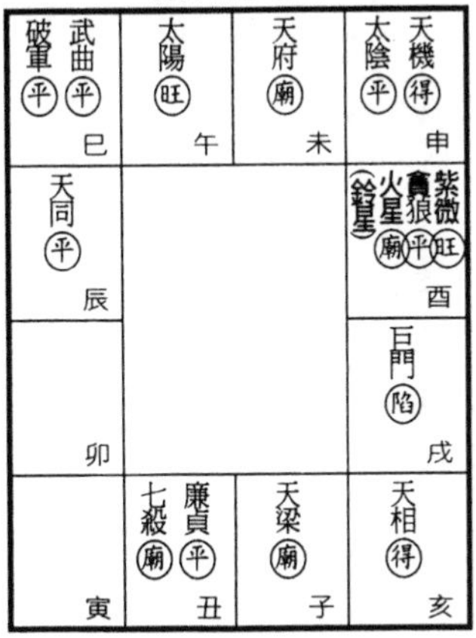

武曲平 破軍平 巳	太陽旺 午	天府廟 未	天機得 太陰平 申
天同平 辰			紫微旺 貪狼平 火星廟 (鈴星) 酉
卯			巨門陷 戌
寅	廉貞平 七殺廟 丑	天梁廟 子	天相得 亥

紫微在酉

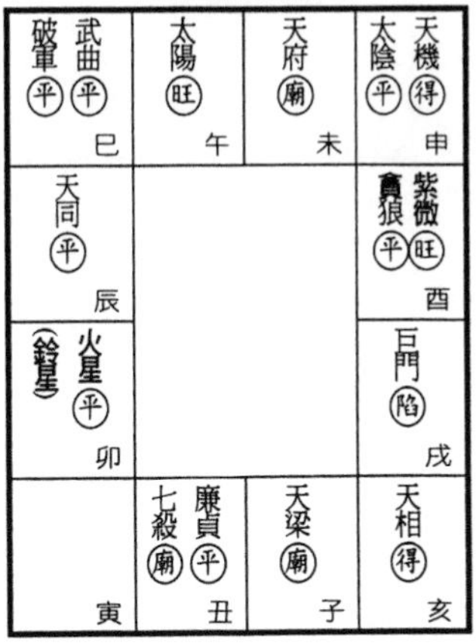

武曲平 破軍平 巳	太陽旺 午	天府廟 未	天機得 太陰平 申
天同平 辰			紫微旺 貪狼平 酉
火星平 (鈴星) 卯			巨門陷 戌
寅	廉貞平 七殺廟 丑	天梁廟 子	天相得 亥

紫微在卯

天相(得) 巳	天梁(廟) 午	廉貞(平) 七殺(廟) 未	申
巨門(陷) 辰			酉
紫微(旺) 貪狼(平) 火星(平) (鈴星) 卯			天同(平) 戌
天機(得) 太陰(旺) 寅	天府(廟) 丑	太陽(陷) 子	武曲(平) 破軍(平) 亥

4.紫微在卯

天相(得) 巳	天梁(廟) 午	廉貞(平) 七殺(廟) 未	申
巨門(陷) 辰			火星(廟) (鈴星) 酉
紫微(旺) 貪狼(平) 卯			天同(平) 戌
天機(得) 太陰(旺) 寅	天府(廟) 丑	太陽(陷) 子	武曲(平) 破軍(平) 亥

另一種『火紫貪』格是『紫微在子』和『紫微在午』兩個命盤格式中，在子宮或午宮有火星進入，而形成的。此現象有兩種狀況，一種是火星和貪狼同宮，而有紫微相照的狀況。如後圖。這種狀況以在午宮有火貪同宮爆發力最大。因火星居廟、貪狼居旺的關係。

紫微在子

太陰(陷) 巳	貪狼(旺) 火星(廟) (鈴星) 午	天同(陷) 巨門(陷) 未	武曲(得) 天相(廟) 申
廉貞(平) 天府(廟) 辰			太陽(平) 天梁(得) 酉
卯			七殺(廟) 戌
破軍(得) 寅	丑	紫微(平) 子	天機(平) 亥

紫微在午

天機(平) 巳	紫微(廟) 午	未	破軍(得) 申
七殺(廟) 辰			酉
太陽(廟) 天梁(廟) 卯			廉貞(平) 天府(廟) 戌
武曲(得) 天相(廟) 寅	天同(陷) 巨門(陷) 丑	貪狼(旺) 火星(陷) (鈴星) 子	太陰(廟) 亥

還有一種狀況是：紫微和火星同宮，貪狼在對宮相照的情況。因火星有刑剋不吉的特色，紫微必須安撫它，故在『紫火』的流年運程中，是未必安穩、多財的。只有在貪狼的運程中暴發較強運勢的。

紫微在子

太陰(陷) 巳	貪狼(旺) 午	天同(陷) 巨門(陷) 未	武曲(得) 天相(廟) 申
廉貞(平) 天府(廟) 辰			太陽(平) 天梁(得) 酉
卯			七殺(廟) 戌
破軍(得) 寅	丑	紫微(平) 火星(陷)(鈴星) 子	天機(平) 亥

紫微在午

天機(平) 巳	紫微(廟) 火星(廟)(鈴星) 午	未	破軍(得) 申
七殺(廟) 辰			酉
太陽(廟) 天梁(廟) 卯			廉貞(平) 天府(廟) 戌
武曲(得) 天相(廟) 寅	天同(陷) 巨門(陷) 丑	貪狼(旺) 子	太陰(廟) 亥

『火武貪』格有四種狀況，分別會在『紫微在寅』、『紫微在申』、『紫微在巳』、『紫微在亥』四個命盤格式中會出現。

在『紫微在寅』、『紫微在申』兩個命盤格式中，因武曲和貪狼分別在辰、戌宮居廟獨坐相對照，有『火武貪』格時，會有兩種狀況：一種是火星和武曲同宮，貪狼在對宮相照，火星是刑星，會刑武曲之財，因此『火、武』二星無論是在辰宮，火星居陷，或是在戌宮，火星居廟，實際都會刑財，而不一定能爆發得大，也未必能形成『雙爆發』格。此時對宮的貪狼反而會爆發的好一點，但外在環境是『刑財』格局，故也不能爆發的和普通不帶火星的『武貪格』來比。如下圖小命盤：

紫微在申

太陽(旺) 巳	破軍(廟) 午	天機(陷) 未	紫微(旺) 天府(得) 申
武曲(廟) 火星(鈴星)(陷) 辰			太陰(旺) 酉
天同(平) 卯			貪狼(廟) 戌
七殺(廟) 寅	天梁(旺) 丑	廉貞(平) 天相(廟) 子	巨門(旺) 亥

紫微在寅

巨門(旺) 巳	廉貞(平) 天相(廟) 午	天梁(旺) 未	七殺(廟) 申
貪狼(廟) 辰			天同(平) 酉
太陰(陷) 卯			武曲(廟) 火星(鈴星)(廟) 戌
紫微(旺) 天府(廟) 寅	天機(陷) 丑	破軍(廟) 子	太陽(陷) 亥

另一種是火星和貪狼同宮，而武曲在對宮獨坐的形式。如後圖，這樣火星對武曲刑財的影響較小一點，暴發力量較大，會形成

『雙暴發格』。在辰年、戌年都會暴發得大。

紫微在申

巳	午	未	申
太陽(旺)	破軍(廟)	天機(陷)	紫微(旺) 天府(得)
辰 武曲(廟)			酉 太陰(旺)
卯 天同(平)			戌 貪狼(廟) 火星(廟) (鈴星)
寅 七殺(廟)	丑 天梁(旺)	子 廉貞(平) 天相(廟)	亥 巨門(旺)

紫微在寅

巳	午	未	申
巨門(旺)	廉貞(平) 天相(廟)	天梁(旺)	七殺(廟)
辰 貪狼(廟) 火星(陷) (鈴星)			酉 天同(平)
卯 太陰(陷)			戌 武曲(廟)
寅 紫微(旺) 天府(廟)	丑 天機(陷)	子 破軍(廟)	亥 太陽(陷)

在『紫微在巳』、『紫微在亥』兩個命盤格式中，因武曲、貪狼同宮會在丑宮或未宮出現，而對宮是空宮，有『火武貪』格時，又會有二種現象，**一種是火星和武貪二星同宮的狀況**。火星在丑宮居得地之旺位，在未宮居平，但火星仍有刑財之特色，故『火武貪』同宮時的暴發運，仍會在錢財上略少一點，但也算不小的暴發運了。

紫微在巳

巳 紫微(旺) 七殺(平)	午	未	申
辰 天機(平) 天梁(廟)			酉 廉貞(平) 破軍(陷)
卯 天相(陷)			戌
寅 太陽(旺) 巨門(廟)	丑 武曲(廟) 貪狼(廟) 火星(旺) (鈴星)	子 天同(旺) 太陰(廟)	亥 天府(得)

紫微在亥

巳 天府(得)	午 天同(陷) 太陰(平)	未 武曲(廟) 貪狼(廟) 火星(平) (鈴星)	申 太陽(得) 巨門(廟)
辰			酉 天相(陷)
卯 廉貞(平) 破軍(陷)			戌 天機(平) 天梁(廟)
寅	丑	子	亥 紫微(旺) 七殺(平)

另一種狀況是火星在武貪的對宮出現。這樣火星對武曲的刑財影響會較小，是名符其實的『雙暴發格』，在丑、未年都會有極大的旺運和財運出現。如果再有武曲化權或貪狼化權出現，則天下無敵了，必為鉅富，富貴一流了。而且每隔六年的暴發運，竄升極快，在事業和財富上都能高出一般人很多，有天地之別。

紫微在巳

紫微(旺) 七殺(平) 巳	午	火星(平) (鈴星) 未	申
天機(平) 天梁(廟) 辰			廉貞(平) 破軍(陷) 酉
天相(陷) 卯			戌
太陽(旺) 巨門(廟) 寅	武曲(廟) 貪狼(廟) 丑	天同(旺) 太陰(廟) 子	天府(得) 亥

紫微在亥

天府(得) 巳	天同(陷) 太陰(平) 午	武曲(廟) 貪狼(廟) 未	太陽(得) 巨門(廟) 申
辰			天相(陷) 酉
廉貞(平) 破軍(陷) 卯			天機(平) 天梁(廟) 戌
寅	火星(得) (鈴星) 丑	子	紫微(旺) 七殺(平) 亥

『**火廉貪**』**格**是在『紫微在辰』、『紫微在戌』、『紫微在丑』及『紫微在未』四個命盤格式中會出現的暴發格。

在『紫微在辰』及『紫微在戌』兩個命盤格式中，有『火廉貪』格時，會有兩種狀況：**一種是火星和貪狼同宮在寅宮或申宮的**，貪狼在寅、申宮皆居平，火星在寅宮居廟，在申宮居陷，故以在寅宮的『火貪格』最強、得財快又多。在申宮的『火貪格』較弱，得財較少。此種『火貪格』集中在一個宮位之中，在流年上，逢火貪流年較會暴發，走廉貞運程未必有暴發運。

紫微在辰

天梁(陷) 巳	七殺(旺) 午	未	廉貞(廟) 申
紫微(得) 天相(得) 辰			酉
天機(旺) 巨門(廟) 卯			破軍(旺) 戌
貪狼(平) 火星(鈴星)(廟) 寅	太陽(陷) 太陰(廟) 丑	武曲(旺) 天府(廟) 子	天同(廟) 亥

紫微在戌

天同(廟) 巳	武曲(旺) 天府(旺) 午	太陽(得) 太陰(陷) 未	貪狼(平) 火星(鈴星)(陷) 申
破軍(旺) 辰			天機(旺) 巨門(廟) 酉
卯			紫微(得) 天相(得) 戌
廉貞(廟) 寅	丑	七殺(旺) 子	天梁(陷) 亥

另一種狀況是：火星和廉貞同宮，對宮有貪狼，以相照的方式而得偏財運。這樣在寅年和申年都會有好運。但其中仍有強弱之差別，以火星在寅宮之『火廉貪』格為強，在申宮為弱。

紫微在戌

天同(廟) 巳	武曲(旺) 天府(旺) 午	太陽(得) 太陰(陷) 未	貪狼(平) 申
破軍(旺) 辰			天機(旺) 巨門(廟) 酉
卯			紫微(得) 天相(得) 戌
廉貞(廟) 火星(廟) (鈴星) 寅	丑	七殺(旺) 子	天梁(陷) 亥

紫微在辰

天梁(陷) 巳	七殺(旺) 午	未	廉貞(廟) 火星(陷) (鈴星) 申
紫微(得) 天相(得) 辰			酉
天機(旺) 巨門(廟) 卯			破軍(旺) 戌
貪狼(平) 寅	太陽(陷) 太陰(廟) 丑	武曲(旺) 天府(廟) 子	天同(廟) 亥

在『紫微在丑』及『紫微在未』兩個命盤格式中，有『火廉貪』格時，也會有兩種狀況：**一種是火星和廉貪雙星同宮**，對宮是空宮，因貪狼居陷，虛有其表，故完全是靠火星的力量在爆發，此種現象以在巳宮的『火廉貪』三星同宮，為暴發運較強，在亥宮的『火廉貪』三星同宮，因火星居陷而極弱，但仍會有。

紫微在丑

廉貞(陷) 貪狼(陷) 火星(鈴星)(廟) 巳	巨門(旺) 午	天相(得) 未	天同(旺) 天梁(陷) 申
太陰(陷) 辰			武曲(平) 七殺(旺) 酉
天府(得) 卯			太陽(陷) 戌
寅	紫微(廟) 破軍(旺) 丑	天機(廟) 子	亥

紫微在未

巳	天機(廟) 午	紫微(廟) 破軍(旺) 未	申
太陽(旺) 辰			天府(旺) 酉
武曲(平) 七殺(旺) 卯			太陰(旺) 戌
天同(平) 天梁(廟) 寅	天相(廟) 丑	巨門(旺) 子	廉貞(陷) 貪狼(陷) 火星(鈴星)(陷) 亥

另一種是廉貪同宮，而火星在對宮的位置相照而形成的暴發格。因廉貪的運氣很壞，只有在火星所在宮位所代表之流年暴發運較強一點。尤以火星在巳宮暴發運較好。

▽殺、破、狼《上冊》

紫微在丑

廉貞(陷) 貪狼(陷) 巳	巨門(旺) 午	天相(得) 未	天同(旺) 天梁(陷) 申
太陰(陷) 辰			武曲(平) 七殺(旺) 酉
天府(得) 卯			太陽(陷) 戌
寅	紫微(廟) 破軍(旺) 丑	天機(廟) 子	火星(鈴星)(陷) 亥

紫微在未

火星(鈴星)(廟) 巳	天機(廟) 午	紫微(廟) 破軍(旺) 未	申
太陽(旺) 辰			天府(旺) 酉
武曲(平) 七殺(旺) 卯			太陰(旺) 戌
天同(平) 天梁(廟) 寅	天相(廟) 丑	巨門(旺) 子	廉貞(陷) 貪狼(陷) 亥

我們可以看到在命盤十二個宮位皆有暴發格，也就是說在十二個地支年，年年都有人暴發，只是各有巧妙不同而已。

『火貪格』入『命、財、官』的人，性情會古怪，做事方法和思考模式也和常人不相同，但暴發格都有暴起暴落的特性，須好好把握，勿驕傲、浪費，要注意理財、存錢，才能守得住財富。

5.『鈴貪』格

『鈴貪格』是在命盤中，有鈴星和貪狼在同宮或對宮相照的位置而形成的，其狀況和『火貪格』相同。在十二宮都會出現，請參考前面『火貪格』的形式解說，把火星改為鈴星即可。

『鈴貪格』比『火貪格』的暴發力更大，暴發的錢財更多。因為鈴星這顆星帶有冷靜狡黠的特性。凡『鈴貪格』入『命、財、官』的人，皆聰明非凡，精於科技、數理，且會因這些技能而爆發財富。凡是暴發格都有『暴起暴落』的特點，而『鈴貪格』暴落更快，不過竄起得也快。

第三節　貪狼的型態

貪狼單星時——貪狼在子、午宮時，因對宮有紫微相照，故其人有好運，一生順利，又可生活在富裕、高尚的家庭和環境之中。也容易主貴，地位高尚。以貪狼坐命子宮，對宮的紫微居廟時，最富貴亨通。

貪狼在寅、申宮時，貪狼居平，對宮有居廟的廉貞相照，表示運氣不多，而外在環境爭鬥多，因此一生較辛苦。但他們會倚靠有錢的配偶，生活無虞。

貪狼在辰、戌宮時，因貪狼本身居廟，對宮相照的武曲也居廟，故會生活在富裕的環境中，有錢有勢。一生也能有大富

貴。

紫貪——紫微、貪狼同宮時，會在卯、酉宮，紫微居旺，貪狼居平，其實運氣並不很強，完全是靠紫微趨吉主貴的平撫凶厄的力量在支撐，表面看起來也能平順。又因紫貪處在桃花地，故在桃花方面的運氣較多、較好。

紫貪坐命的人，大多數體型勻稱、身材好、人緣及口才極佳，易受上司器重，會拍馬屁、結交權貴。在性格上易自以為是，易與酒色財氣接近，也容易吃虧後翻臉無情。再有火、鈴同在命宮者，為人行為性格怪異。有擎羊在命、遷二宮者，易因酒色問題損害前程，更會犯事影響到配偶。女性有擎羊在『命、財、官、遷』者，易落入風塵。紫貪加空、劫入命、遷二宮較好，能習正，為人正派，亦會走上宗教之路。

武貪——武曲、貪狼同宮時，雙星皆居廟位。此為『武貪格』，具有暴發運的形式格局。武貪不發少年時，故一定在三十歲至三十五歲才會有好運。武貪入命時，六親緣薄，要外出離鄉才發得大。其人性格強悍，小氣、吝嗇、節儉，但也花錢破財凶，存不住錢。幼年的生活多半不算太好，或窮困沒錢，年輕時也經由歷練，到三十歲以後才漸好。其人一生勞心勞力，十分勤快，脾氣也略帶古怪，十分重視金錢及好運。但要至丑、未年才會有暴發運。因武貪同宮主要是在『紫微在巳』、『紫微在亥』兩個命盤格式中才會出現，是故某些人要等十二年才會暴發，而卯、酉年都會暴落，情況很慘。

廉貪——廉貞、貪狼同宮時，必在巳宮或亥宮，雙星俱陷落，是『紫

微在丑』和『紫微在未』兩個命盤格式的人會遇到的。廉貪在運氣上，代表運氣極壞、人緣差、機緣差。很多人在走此運時，丟工作或公司倒閉，借貸無門。也會惹上桃花糾紛或官司，更易遇到強暴事件，或性騷擾事件和其他不吉的事，更易有車禍、傷災的發生。廉貪入命時，其人心直口快、意見多、幻想多、多說少做、不實際、沒主見、愛批評別人所做之事，自己卻沒有能力做得好，也會懦弱、欺弱怕強。女性則性格潑辣、邪淫桃花多、少廉恥之心，有野性美。廉貪坐命者，易沾染酒色財氣，也易犯官符，他們幼年運不好、一生也少人疼愛喜歡，只有配偶略好，會找到能容忍他們的配偶。有空、劫在命、遷二宮時，一生起伏、不順暢。有陀羅在命、遷時，為邪淫之人。

貪狼、擎羊──為『刑運』格局，易保守、不愛動、運氣會差一些，也易有傷災、身體不好，或遇傷剋之事，易有脊椎骨的傷害、肝病等。當擎羊居廟時，好爭而爭不到，為人有智謀、多慮、強悍、勞心勞力，生活辛苦。當擎羊居陷時，為人陰險，多刑剋、運氣不佳，也會懦弱、運氣多阻礙。

貪狼、陀羅──為『刑運』格局，運氣易慢吞吞、拖拖拉拉，不開展，沒有好運。也會為人較笨，人緣不佳，易遇傷災、血光、手足傷災、牙齒傷災或壞牙。入命時，性格較悶、凡事慢半拍、思想和做事都會拖拖拉拉慢半拍。當陀羅居廟時，其人會為人強悍、思慮不周而蠻幹。陀羅居陷時，其人會多鬼怪，做些暗地不光明的事。有『廉貪陀』格局入命時，或在命盤上，會因邪淫桃花而遭災或身敗名裂。

『**貪狼、火星**』或『**貪狼、鈴星**』──此二者皆暴發格。有意外之財及突起之好運得財或升官。但入命時，會好爭鬥，為人性格古怪，與人來往會保持距離、性急、喜怒無常、凶悍及不定性。身體上也易有突發之病症，或長腫瘤之類的東西。其人的思想方式也較怪異，不同於一般人。因有暴發格的關係，會驕傲，與人不親、六親有刑剋。

『**貪狼、天空**』或『**貪狼、地劫**』──此二者為『刑運』格局。『貪狼、天空』是『運空』形式。『貪狼、地劫』是『劫運』形式。因此會運氣被劫空，機運與機緣都少。也會在人緣、桃花方面較淡薄。在男女關係方面能習正、變得正派。但在工作和賺錢方面是看得到、拿不到。運氣常從身邊溜走。此人易入宗教，也易生癌症或絕症，宜早做預防。

貪狼、文昌──為頭腦不清、政事顛倒之格局。當文昌居廟、居旺時，其人外表尚斯文、知禮，計算錢財的能力也還算好，為人也幹練，但仍有政事顛倒、是非不清的狀況。當文昌居陷時，其人外表、性格粗鄙、強悍、頭腦不清而蠻幹的狀況嚴重。如再加煞星多時，為無用之人。遇『貪狼、文昌』之流年，要小心頭腦不清，因事被降級罷黜之災。有文昌化忌同宮時，更驗。

貪狼、文曲──為頭腦不清、政事顛倒之格局。當文曲居廟、居旺時，其人好講話，但會亂講話，而引起紛爭。呂秀蓮副總統即為『貪狼、文曲』在辰宮入命之人。當文曲居陷時，其人不愛講話，但也亦常引起是非。貪狼居旺、文曲也居旺時，是好爭、胡鬧、胡言亂語的爭，不顧臉面的爭，有時也能爭到。貪狼居平、文曲居旺時，胡言亂語、不顧臉面的爭，會未必爭得到。貪狼居陷，如廉貪加文曲是爛桃花，爭不到，且是非、損失多。

『貪狼、左輔』或**『貪狼、右弼』**——此二者皆為『輔運』形式。貪狼居旺時，有雙倍好運，周圍的人都來幫助增運。貪狼居平加左輔或右弼，好運也會多一點。廉貪加左輔、右弼，為更增運氣不佳，和更增人緣不佳，或只跟品行差的人來往，周圍無好運者，也無對其人有益之人、事、物，只會幫忙增亂、增壞，而無好處。

紫貪、擎羊——是『刑官』及『刑運』格局。紫微居旺、貪狼居平、擎羊居陷，紫微要撫平兩個居平陷的煞星，力量不足，更顯辛苦，故是運不好、傷災多、多陰險、鬼怪之事，運氣常不佳，能平順就已不錯了，一生成就差，也易有意外非命死亡之事。

武貪、擎羊——是『刑財』和『刑運』格局。雖三星皆居廟位，但為強悍、多智謀、陰險、凶悍的爭奪，此為『財與運』皆為賊人所奪，故要小心多傷災、機運減少、財富減少之苦。暴發運仍會發，但發的不那麼大了，一生多操勞辛苦，所得不會太多。

武貪、陀羅——是『刑財』和『刑運』格局。三星皆在廟位。進財和行運都會拖拖拉拉、進得慢。其人腦子笨、常會蠻幹，或心中多是非，想得多，而錯過好運。暴發運也易拖延不發。須多消耗體力，才能運轉好。其人外表強悍、好爭、好鬥，皆是用笨方法來鬥，有時也不易成功，適合做軍警業，則佳。

廉貪、陀羅——是『刑官』及『刑運』格局。原本運氣已不好了，再多鬼怪、卑劣之思想，更為不順，多遭是非。此為『風流彩杖』格，會受邪淫之事而遭禍或官非，易身敗名裂或身心受傷。入命或行運都不吉，會受自己內心及環境影響而失敗。

法雲居士⊙著

在命理學中，人天生是來『賺錢』的！
人也天生是來工作的！
但真正賺錢的工作是由『命』來決定的！
『命』是由時間關鍵點所形成的氛圍，
及人延伸出的智慧。

因此每個人都有屬於自己專屬的
賺錢之路和工作。

法雲居士用紫微命理幫你找出發財之路，
並且告訴你何時是事業上的高峰，
何時能直上青雲，擁有非凡成就。

第四章　殺、破、狼在人生格局中要一起看

殺、破、狼這三顆星，在每個人的命盤中都有，都會出現，而且是鼎足而立，在三合位置上，也是每中間隔三年就會逢到的。因此『殺、破、狼』當一個格局來講的話，它就是在每個人的人命中是一個運氣起伏有秩序的、變化波動的頻率，而且是循環的波動頻率。故而『殺、破、狼』格局在人生中至為重要。

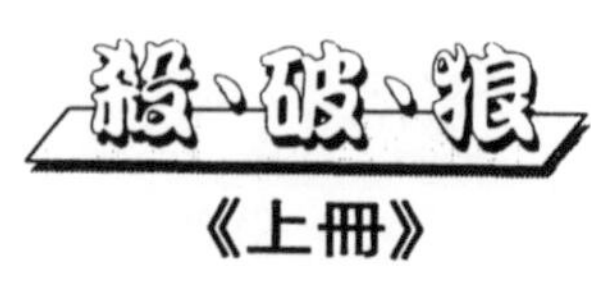

第一節 『殺、破、狼』層次高低會影響人生富貴

『殺、破、狼』格局是有層次高下之分的。當命盤中的七殺、破軍、貪狼這些星全在廟位時，是層次最高的『殺、破、狼』格局。這是**『紫微在寅』和『紫微在申』兩個命盤格式所擁有的，最有力的『殺、破、狼』格局。**層次較低的，則是『七殺、破軍、貪狼』三顆星中有兩顆星居平陷之位的『殺、破、狼』格局，這是『紫微在巳』及『紫微在亥』兩個命盤格式所擁有的『殺、破、狼』格局。層次高的，當然運氣就好，打拚有力，會得到實質利益，人生成就容易增高，也會因打拚而得到富貴。層次低的，運氣

自然較弱，打拚奮鬥力不足，破耗多，成功較不易，富貴也少。

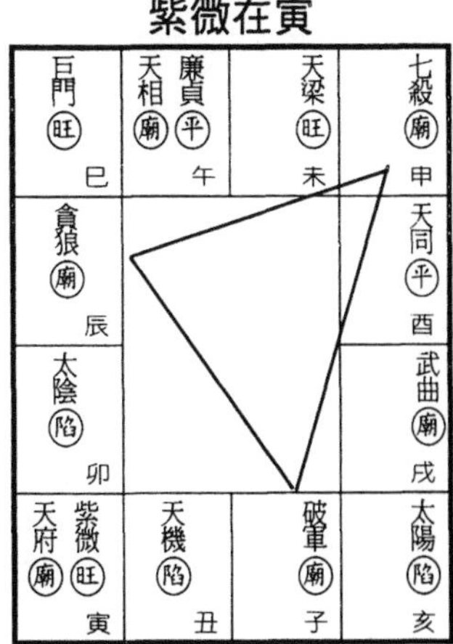

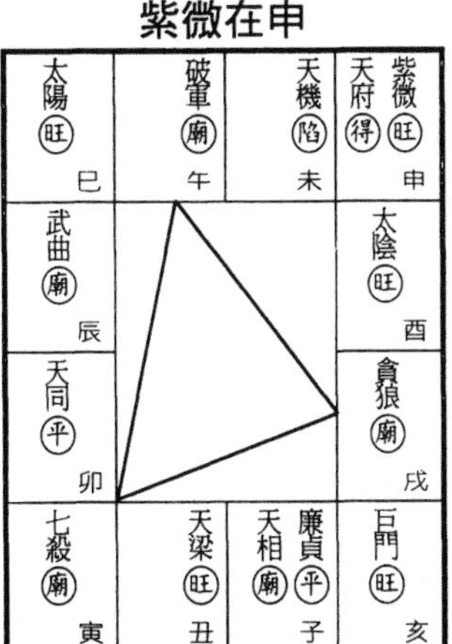

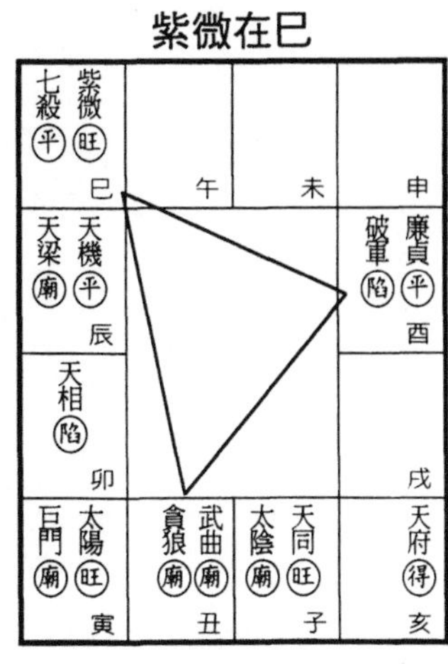

紫微在亥

天府(得) 巳	天同(陷) 太陰(平) 午	武曲(廟) 貪狼(廟) 未	太陽(得) 巨門(廟) 申
辰			天相(陷) 酉
廉貞(平) 破軍(陷) 卯			天機(平) 天梁(廟) 戌
寅	丑	子	紫微(旺) 七殺(平) 亥

就像『紫微在子』及『紫微在午』兩個命盤格式的人，因『殺、破、狼』格局中，七殺居廟、貪狼居旺，破軍只在得地之位，故此人一生、運氣雖還不錯，也知道打拚奮鬥，但破耗稍多，會有力不從心，或遭旁的事物影響，易起伏，或浪費太多精神和物力，在成功的路上波折多，會慢一點。

紫微在子

太陰(陷) 巳	貪狼(旺) 午	天同(陷) 巨門(陷) 未	武曲(得) 天相(廟) 申
廉貞(平) 天府(廟) 辰			太陽(平) 天梁(得) 酉
卯			七殺(廟) 戌
破軍(得) 寅	丑	紫微(平) 子	天機(平) 亥

紫微在午

天機(平) 巳	紫微(廟) 午	未	破軍(得) 申
七殺(廟) 辰			酉
太陽(廟) 天梁(廟) 卯			廉貞(平) 天府(廟) 戌
武曲(得) 天相(廟) 寅	天同(陷) 巨門(陷) 丑	貪狼(旺) 子	太陰(廟) 亥

『紫微在卯』、『紫微在酉』命盤格式中之『殺、破、狼』格

局，是七殺居廟，和居平的廉貞同宮，紫貪的貪狼也居平，武破的武曲居平，破軍也居平，因此是打拚時沒智慧、智謀，不打拚、懶惰時，沒運氣、沒錢財的運勢。

紫微在卯

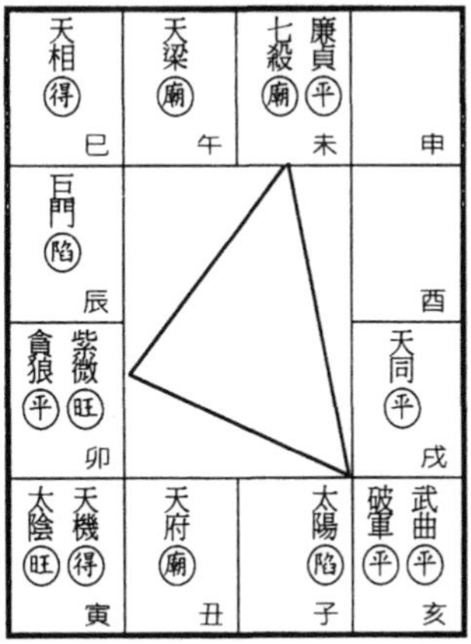

天相(得) 巳	天梁(廟) 午	廉貞(平) 七殺(廟) 未	申
巨門(陷) 辰			酉
紫微(旺) 貪狼(平) 卯			天同(平) 戌
天機(得) 太陰(旺) 寅	天府(廟) 丑	太陽(陷) 子	武曲(平) 破軍(平) 亥

紫微在酉

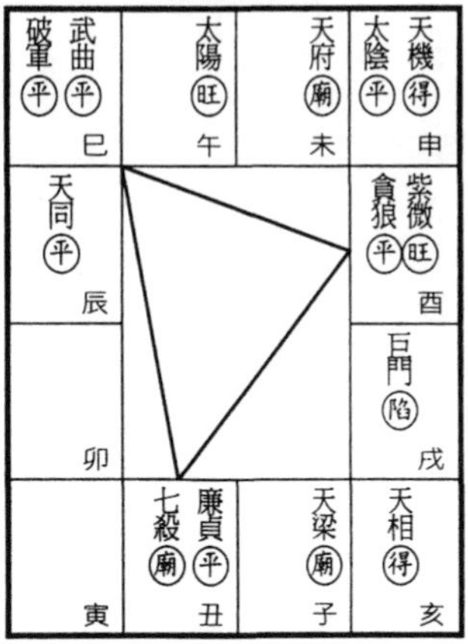

武曲(平) 破軍(平) 巳	太陽(旺) 午	天府(廟) 未	天機(得) 太陰(平) 申
天同(平) 辰			紫微(旺) 貪狼(平) 酉
卯			巨門(陷) 戌
寅	廉貞(平) 七殺(廟) 丑	天梁(廟) 子	天相(得) 亥

在『紫微在丑』、『紫微在未』兩個命盤格式中的『殺、破、狼』格局，是武殺中武曲居平、七殺居旺，紫破中紫微居廟、破軍居旺，廉貪中，廉貞居陷、貪狼也居陷，表示是做自以為是的打

拚，又要消耗最好的、最貴的物資，對於運氣完全沒有智慧和謀略來贏得，在財運上是辛苦而少得的。

紫微在丑

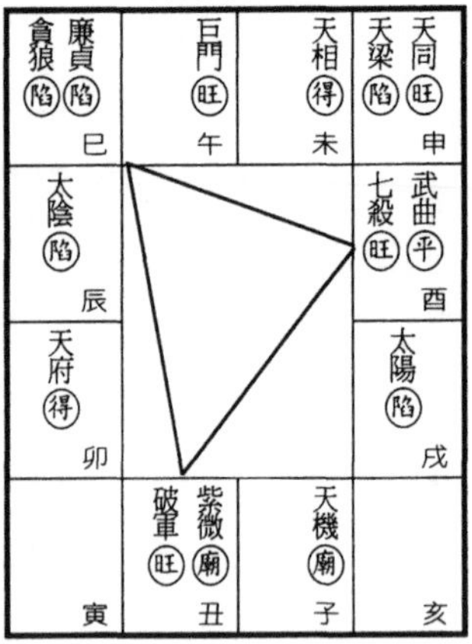

廉貞(陷) 貪狼(陷) 巳	巨門(旺) 午	天相(得) 未	天同(旺) 天梁(陷) 申
太陰(陷) 辰			武曲(平) 七殺(旺) 酉
天府(得) 卯			太陽(陷) 戌
寅	紫微(廟) 破軍(旺) 丑	天機(廟) 子	亥

紫微在未

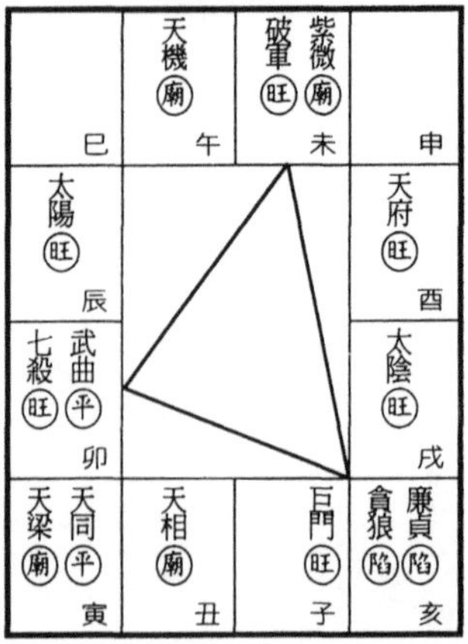

巳	天機(廟) 午	紫微(廟) 破軍(旺) 未	申
太陽(旺) 辰			天府(旺) 酉
武曲(平) 七殺(旺) 卯			太陰(旺) 戌
天同(平) 天梁(廟) 寅	天相(廟) 丑	巨門(旺) 子	廉貞(陷) 貪狼(陷) 亥

在『紫微在辰』和『紫微在戌』兩個命盤格式中的『殺、破、狼』格局，是七殺居旺、貪狼居平、破軍居旺，『殺、破、狼』呈單星獨坐的型態。七殺的對宮是武府，打拚、埋頭苦幹，為的是錢財。破軍的對宮是紫相在得地之位，奮鬥及能消耗的，只是普通的

平順和普通的地位。貪狼居平，運氣很少了，且對宮是居廟的廉貞，這些極少的運氣還要靠智謀去取得，並不是天生就好運的，因此在這組的『殺、破、狼』格局中，想力求上進、得到富貴，必須具有某種非常的辛苦，否則是不能得到的。

紫微在辰

天梁(陷) 巳	七殺(旺) 午	未	廉貞(廟) 申
紫微(得) 天相(得) 辰			酉
天機(旺) 巨門(廟) 卯			破軍(旺) 戌
貪狼(平) 寅	太陽(陷) 太陰(廟) 丑	武曲(旺) 天府(廟) 子	天同(廟) 亥

紫微在戌

天同(廟) 巳	武曲(旺) 天府(旺) 午	太陽(得) 太陰(陷) 未	貪狼(平) 申
破軍(旺) 辰			天機(旺) 巨門(廟) 酉
卯			紫微(得) 天相(得) 戌
廉貞(廟) 寅	丑	七殺(旺) 子	天梁(陷) 亥

由以上所顯示的各命盤格式中『殺、破、狼』的組合與旺度的高低，就可以顯示出人的打拚力量的程度，也會顯示出好運的程

度，更會顯示出破耗的多寡出來，因此**『殺、破、狼』格局，在人生中其實就是『人生的方程式』**，它直接就可計算出：你花了多少力氣？能得到多少富貴？前運接不接得上後運？接的上的，在『殺、破、狼』的每三年一次的運程中，逢到殺、破、狼的每個運程，都是幫你的人生增高的、獲得更多的，例如『紫微在寅』和『紫微在申』的兩個命盤格式的人。

接不上的，如破軍居平陷的，在破軍之年就會有大敗、大破之慘事發生，像『紫微在巳』和『紫微在亥』兩個命盤格式有『廉破運』不吉，必有倒閉、破產或失業、傷災、車禍、開刀之事，要等兩年後逢天府運，才慢慢平順，逢武貪運又暴發，二年後逢天相陷落運，又遭殃不順，再二年後逢紫殺運，才再賺一點錢。如此的循環，重複的運程，一生如驚濤駭浪一般，要想人生增高，唯有靠武貪運的暴發來獨得，因此『紫微在巳』及『紫微在亥』兩個命盤格式的人，縱然表面上你不一定愛賭博，但實際上，在人生的架構中，你已經走上和命運之神對賭的行列之中了，不管你願不願意？也已經是這樣的人生格局了。

再如『紫微在卯』、『紫微在酉』兩個命盤格式中，武破同宮中的破軍居平，紫貪同宮中的貪狼也居平，只有廉殺同宮的七殺居廟。所以是在運氣上很少，只是平順一點而已；武破是既窮困又破耗，人生中有敗筆，廉殺是辛苦、笨拙的打拚，沒有智慧的打拚。紫貪→廉殺→武破→紫貪的運氣循環模式，是破耗後再慢慢復原，再又經歷智慧不足的爭奪、胡搞一通，又落入窮困、消耗的暗洞中，再努力爬上來，慢慢平順，又再經歷智慧不足的爭奪戰，又落入消耗、窮困的黑洞中，再慢慢往上爬，如此的重複、循環，自然人在人生運程中，會辛苦而所得少的，能把人生打平過日子，已實屬幸運的了。像這樣的格局，你會說：哇！好可憐！其實上天也算公平的，會賦予他們很多其他的格局，如『陽梁昌祿』格等主貴的格局，或『火貪格』、『鈴貪格』等暴發格局，來幫助他們。因此，這兩個命盤格式的人在『主貴』的層次上是比例非常高的。倘若也沒有主貴和發富的格局，那就表示你天生就是個具有小格局的普通人，只要安份守己，好好過日子，小心破耗之年，不要亂打拚，要有中心思想，不要人云亦云，亂跟流行，保守一點，也能生活幸福，一生無礙。因為你的運已沒別人好了，破耗又會破到窮困，打拚時的腦子又沒別人聰明，只得審時度勢，把日子過平順就好。

第二節　帶有『權祿科忌』的『殺、破、狼』之含意

『殺、破、狼』格局中帶『權、祿、科、忌』，會影響『殺、破、狼』的力量

如果『殺、破、狼』格局中有帶『權、祿、科、忌』，因為七殺星是沒有機會帶四化的，因此只會增加或減少破軍和貪狼的運氣和力量。

當『殺、破、狼』格局中帶有化權星時

如果『殺、破、狼』格局中帶有化權星，則第一要看是破軍還

是貪狼帶化權，還要看此星的旺度如何，才能定吉凶，但只要『殺、破、狼』格局中有居旺的破軍化權或貪狼化權，你的人生就會有力量突破種種難關。**如果是破軍居廟化權**，則逢到破軍化權的宮位上，或流年時，則是打拚的力量特強、好爭鬥、不顧一切的爭鬥，但也不顧一切的破耗。既會掌握爭鬥之權，也會掌握破耗、破財、花錢之權了。

倘若是武曲化科、破軍化權時，因破軍是居平帶化權，又是窮的格式帶化權，表示是窮又強力要打拚，且強力要破耗，會用方法，挪用其他的錢來強力破耗。這種破軍化權的努力打拚，就是令人頭痛，也會造成悲慘結果的打拚了，因此不打拚還好，愈打拚愈糟。

倘若是『廉貞化祿、破軍化權』（甲年生的人，會有的『殺、

破、狼』），因廉貞居平、破軍居陷，則是有為不好嗜好，或不善的桃花來打拚、破耗，做破破爛爛的事很會打拚，做好的事、正常的事、體面的事、有道德水準的事不會打拚。也代表爭鬥多，但會貪小便宜，貪一些小的享受而敗事。所以縱使有這種格局，在人生中也很難靠此運再爬起來，這種陷落的破軍化權是對人沒用的，只會剛愎自用，更會陷自己於不義、不吉之中。

在『殺、破、狼』格局中有貪狼化權時，也是要以居廟的貪狼化權，對人生才有更大的加分作用。有居陷的貪狼化權，只是徒具凶悍形式，也無法增加人生的好運。

例如：在己年生的人於『紫微在寅』、『紫微在申』兩個命盤格式中，在辰、戌宮有貪狼居廟化權，對宮有武曲化祿相照，有最強勢的『武貪格』爆發運，每逢辰、戌年就爆發，不可一世，能成為億萬富翁，或建立大功業的運勢，這就是最上等的旺運組合的『殺、破、狼』格局了。

例如己年生的人於『紫微在丑』、『紫微在未』兩個命盤格式中，在巳、亥宮有『廉貞居陷、貪狼居陷帶化權』，這是人緣不佳、智慧低落，又好貪權，強力要爭權奪勢，但運氣也不好，是自己用強悍力量替自己製造運勢，只有令人討厭，也不一定會搶得到，更不一定有真正的好運。

當貪狼居平帶化權時，好運的力量會比貪狼居平時略多一點，但也不會比貪狼居旺時的旺運多。居平的貪狼化權，只有在氣勢上稍強悍，是自己有心著力要去爭奪，也得之略多一點的好運。並不是天生自然的好運。

當『紫微、貪狼化權』時，表示在表面平順、美麗、氣派的外表下，多一些強勢愛爭權奪利的特性，處處愛管人、掌權、愛佔上風，會小事不管、專管大事，性格會強悍、愛爭，好運會多一點，趨吉避凶的力量也更大一些。是比只有紫貪時好運多一點，但與其他的貪狼居旺位以上帶化權的星曜組合比較起來，好運仍不算太好。

當『殺、破、狼』格局中有化祿星時

如果『殺、破、狼』格局中帶有化祿星，也只有破軍和貪狼兩星有機會帶化祿。此時亦要看破軍及貪狼星的旺弱，來定帶財的多寡及強度。

破軍居旺位以上帶化祿時（包括居得地的破軍化祿），都代表想

花錢就找得到錢來花，是為有花錢之事而去打拚、找錢。故是為破耗而打拚。在打拚的時候，也會一邊享受、一邊打拚，或是適可而止的打拚，只要夠享受、夠消耗的，就不再多努力打拚了。也會在打拚及爭奪時，顧及人緣桃花，而不爭奪的那麼難看了，會一面商量，一面爭奪，用兩面手法。

若是破軍居平帶化祿時，例如武曲、破軍化祿同宮，則是財少窮困又想花錢，而去找錢，不一定找得到，即使找到的錢也是只有一點點，很少很少的。這時候的打拚，仍是想著破耗、想著貪享受或花錢而打拚的，智慧方法不多，只要找到一點機會就趕快花錢破耗，根本是入不敷出，會欠債的模式，境況十分不好的，工作能力也不強，會花言巧語、巧言令色來騙人找錢。打拚的也是騙人的事。

若是破軍居陷帶化祿時，例如廉貞、破軍化祿同宮，則是智慧低，窮困在找錢破耗，會矮人一等，懦弱、油滑、用坑矇拐騙來找錢，破財更凶，但在人緣關係上，好像好一點，會做一些爛事來掩飾，但也瞞不了人。

※凡是有破軍化祿在你的『殺、破、狼』格局之中，你必是癸年生的人，那麼在三合宮位上，必有貪狼化忌。因此你的『殺、破、狼』格局中就會層次極低了，因為好運失去機會，有運反而有災，破軍化祿是為破耗而找錢，也不算好運。這種『殺、破、狼』格局，能使你人生增高的機運就非常之少了，只能看七殺運的組合好不好，才能定人生的順利度了。

如果又是『廉貞、破軍化祿、武曲、貪狼化忌、紫殺』的『殺、破、狼』格局，連暴發財運的那個唯一的好運都失去的話，此人必一生在窮困之中打滾了。此人也會打拚能力較弱。

若是貪狼居廟或居旺帶化祿時，是戊年所生之人會遇到的。表示為人圓滑、桃花多、機緣無數，且會因非常多的機緣而得財。

又例如武曲、貪狼化祿同宮時，武曲居廟、貪狼化祿也居廟，表示是『武貪格』之偏財運格，會在錢財上有無限好運，隨時也能因機緣多而得財。

若是貪狼居平帶化祿時，也是戊年所生之人會遇到的。表示仍然有一些圓滑和桃花，帶有一些機緣，能得到一些小財，是比貪狼居平而沒有帶化祿時的桃花和財多一點的狀況。

又例如紫微、貪狼化祿同宮時，紫微居旺、貪狼化祿居平，其人會外表美麗、氣派、圓滑、桃花多、異性緣特強，男女關係較複

雜。也會因而賺一些因桃花帶來的錢財。桃花在他的人生中主導了大部份的運勢。

若貪狼是居陷帶化祿時，必是廉貞、貪狼化祿的形式，是戊年生，在巳、亥宮會出現的形式。也是戊年生，在『紫微在丑』、『紫微在未』兩個命盤格式的人會碰到的。表示有時還有一點點桃花人緣，人雖懦弱、無用，但也不那麼討人厭了。在流年中逢之，雖運不好，但還會有一丁點人際關係來解救，用圓滑或閃躲的關係或異性緣來苟延殘喘。同時這也是爛桃花機會很多的形式。

當『殺、破、狼』格局中有化科星時，只是同宮的星曜會帶化科，如紫微化科、文曲化科、文昌化科、右弼化科、左輔化科等等，這些星曜也要看旺弱和體質，才能認定它對『殺、破、狼』

是否有助益。『殺、破、狼』三顆星本身是不會帶化科的。

當『殺、破、狼』格局中有化忌時，主要是以貪狼化忌為主的形式，這是癸年生的人會碰到的現象。

若貪狼居廟、居旺帶化忌時，是癸年生的人，三合宮位上會有破軍化祿，表示貪狼所帶之好運和桃花受到限制，其人會為人保守、桃花少，或有怪異桃花，其人也不愛動，及機緣較少，因此在三年一次的起伏運勢及打拚努力上，只有七殺運是忙碌打拚的，破軍化祿的運程，是因要破耗而才努力，無破耗就不想努力的。在貪狼運上很保守，也不太努力的，且是想貪也貪不到，或根本不想貪的。因此人生格局會緊縮變小，發展不大。

若貪狼居平帶化忌，情況是和前者類似的狀況。

若是『紫微、貪狼化忌』時，三合宮位有武曲、破軍化祿、廉

貞、七殺。在『紫微、貪狼化忌』的運程上，表示是自己仍是體面、高高在上，但人緣不好、桃花少、機緣不多、勉強平順。而在逢『殺、破、狼』的運勢上，會在貪狼之年，自閉保守、沒有原動力。在破軍之年，較窮、又想花錢，想做困獸之鬥。在七殺之年，做勞苦、愚昧的打拚，因此，此人一生易在白花工夫的打拚之中浪費時間，人生無大發展，也無法利用『殺、破、狼』的力量來開拓人生新局，凡事只求平順即可，但也不會是順利的。

貪狼居陷帶化忌時，必是廉貞、貪狼化忌，也是必在巳、亥宮才會出現的，這表示人緣關係壞上加壞，雪上加霜，且帶有是非災禍。其人必性格懦弱畏縮，有引人討厭之特質。在三合宮位中有紫微、破軍化祿、武曲、七殺。在逢『殺、破、狼』的運勢上，會在『廉貞、貪狼化忌』之年，倒閉、惹糾紛、自困、情況很慘。在

『紫微、破軍化祿』之年，自己膨脹、花費多、愛享受、耗財多、入不敷出。在『武殺』之年，又窮困、因財被劫，賺錢辛苦，也賺不到。因此此人一生苦多於樂，一生常在辛苦窮困之中，很難翻身。

有些星曜亦會對『殺、破、狼』格局有影響

例如：破軍遇到文昌、文曲時，都為窮困且帶水厄的格局。縱使有破軍化權加文昌、文曲同宮或與文昌、文曲在對宮相照，都是加速窮困的格局，或愈打拚、愈窮困的格局，反而不美。此種『殺、破、狼』格局就有了破洞，破洞的一環就在『破軍加文昌』或『破軍加文曲』之上了。

倘若是破軍化祿加文昌或文曲時，也是窮困現象，是在窮困中

還要找錢來消耗、花掉。倘若文昌、文曲居旺時，會用文質的方法，好的口才，及講理的方法來說服別人，在窮環境中找錢。當文昌、文曲居陷時，會用不好的、笨的方法，或沒有口才、沒有才華，花錢耗財的本領大，會用胡鬧或亂七八糟的方式來找錢，必有是非產生。而最後自己得不償失，損失的還是自己，會累積自己的負債。而且在這種『殺、破、狼』形式格局中的三合宮位，又有貪狼化忌，好運又失去了，只有七殺運在打拚，會一生辛苦，能努力、能富貴的機會也會較渺茫。一生只求平順已是最好的生活方式了。

『殺、破、狼』遇到左輔、右弼時，有好、有壞

七殺和左輔同宮時，是更忙、更凶悍、更勞碌、更打拚。幫助

你如此勞碌、爭奪的是男性同輩的人。同時也會幫助你刑剋更多，或自我刑剋，易有身體上的不適與傷災。

七殺和右弼同宮時，也是更忙、更凶悍、更勞碌、更打拚。幫助你如此勞碌爭奪的是平輩的女性。同時也會幫助你刑剋更多，或自我刑剋，易有身體上的不適與傷災。

七殺、文昌居旺同宮時（在巳、酉、丑、申、子、辰宮），是頭腦有時糊塗、有時清楚的狀況。對錢財、計算能力、愛爭的東西很清楚的去爭、去算計，但對人生方向目標，或事情的輕重緩急，該先做那件事，則糊塗拿不定主意。有左輔、右弼同宮，此狀況更為嚴重。

七殺、文昌陷落同宮時，是頭腦不清楚，計算能力不好、又愛爭。會說一堆奇怪的理由和粗魯的態度來爭，倘若再有左輔、右弼

同宮時，其人精神更有問題，說也說不清楚，胡鬧更凶。

破軍和左輔同宮時，破軍在旺地時，是更衝動、更好動、更起而行的要打拚和破耗，會加大和加深打拚的力量和破耗的力量。這是有男性平輩的人在旁幫忙或聳恿你打拚和破耗的更凶的。破軍居陷時加左輔，是廉破加左輔的形式，是有人在幫你用笨和破的方法崩盤瓦解，落入慘境、窮困之地。幫助你的也是同輩的男性。

若是廉破、右弼同宮時，是女性平輩的人在幫忙及聳恿你用笨和破的方法，使自己倒閉、窮困。若入慘境。

當廉破、左輔再有文昌、或文曲同宮或相照時，表示本來就很窮了，還有窮的平輩男性在幫忙更窮、更破耗、負債更多。

當廉破、右弼再有文昌、文曲同宮或相照時，表示本來就很窮了，還有窮的平輩的女性來幫忙更窮，更破耗、負債更多。

貪狼和左輔同宮時，當貪狼居旺時，會有男性平輩之人幫忙你帶來更多的好運機會。因此運氣會增多、增大，也會有人幫你更好爭、好貪。

當貪狼居平和左輔同宮時，也是會有平輩的男性來幫忙帶一點好運機會來，你也會多爭、多貪一些。**當紫微、貪狼、左輔同宮時**，是有平輩的男性可幫助你主貴的力量上帶來一點好運。間接的，也會幫助你的事業和桃花，你更會多貪一些升官和酒色財氣的東西。

當貪狼居陷和左輔同宮時，就是廉貪和左輔同宮，會有平輩的男性幫助你人緣更壞，頭腦更不清楚，運氣更差。很可能你會在此運中交到壞朋友，他們表面上和你臭味相投，十分契合，實際上是幫倒忙的人，使你更陷入不吉的深淵之中。

最近算到一個朋友的命，也讓我驚嘆不已。這位朋友的命盤中表面上無多大特色，但僕役宮是武曲化權、貪狼、左輔、右弼，他會靠朋友暴發，朋友或部屬會為他帶來極大的財運。實際上，他幼年辛苦，從三十五歲開始發富，他謙虛的說，只是用對了人。其實這些會幫助他發富的人是必定會在他的生命中出現的，而且他一生都會結交有權有勢的人，而這些人又會繼續為他帶來更大的財富和掌握的力量。有左輔、右弼同宮時，是更擴張了這種暴發富貴的暴發力，使形勢更強。而且左輔和右弼還在僕役宮中，正合其位，這些平輩的朋友就是來達成使他富貴暴發的使命的。

當貪狼和右弼同宮時的狀況，和前面所述『貪狼和左輔』同宮的狀況相類似，只是幫忙你的是女性的平輩貴人而已。

若廉貪加右弼同宮時，是平輩女性的人在幫忙你，使你有爛桃花或走爛運。

當貪狼和文昌或文曲同宮時，會有糊塗、政事顛倒的事情，也會傷及『殺、破、狼』格局的打拚、奮鬥的能力，形成帶有一點『破格』的味道，但貪狼、昌曲居旺時，情況還不算嚴重，只要在貪狼之年小心一點便能祥順，倘若是廉貪加文曲，是糊塗爛桃花。廉貪加文昌，是糊塗、是非顛倒。

當『殺、破、狼』格局中有天空、地劫加入時

當一個人的『殺、破、狼』格局中有天空、地劫加入時，也會成為破格現象，在有天空、地劫所在的宮位，就會有不吉和打拚無力的狀況。

例如：

七殺、天空或七殺、地劫同宮時，會不想打拚或打拚一些不實際、不著邊際的事務。因此在『殺、破、狼』中七殺所主持的這一段運程就會原地不動，或白忙一場。

倘若是『武殺、天空』或『武殺、地劫』，『廉殺、天空』或『廉殺、地劫』，同樣是一會想打拚，一會兒又不打拚，或打拚不實際、不賣力，專做一些沒意義之事，在行經此運時，會窮忙、白忙一場。

倘若是紫殺、天空、地劫同宮時，是腦袋空空，什麼也做不成，表面裝著很忙，心忙、身體不忙。再加上接下去有三年走空宮運，再接下去是廉破運，完了又走空宮運，會一連有六年走衰運、壞運，這種人生真是想爬也爬不起來了。只有寄託宗教、修身養性為佳。

當破軍、天空或破軍、地劫同宮時，只會破耗，打拚也是只為

殺、破、狼《上冊》

了破耗成空，因此不打拚還好，愈打拚愈空，愈被劫財。

有一位朋友很喜歡做生意、做老闆，他的命宮是破軍化祿、地劫坐命寅宮，對宮有武相、天空。這種人根本不能做生意，但是他偏要做，破軍化祿是為花錢耗財而找錢，再有地劫，是為破財、耗財，為被人劫財而去找錢來給人劫財劫走。因此他的父母、兄弟、朋友都被他把錢借光，完全敗在他的生意上，但是他還是義無反顧、絕不回頭，仍在想到處找人借錢，找人投資，想要再做其他的生意。他是非常聰明、智商高的人，口才又好，只是這麼聰明的人，卻做不成一樁事，又連累那麼多人，要繼續做孽，實在讓人感嘆造化弄人！

紫破、天空或紫破、地劫，是事業有起伏、破耗更多、趨吉的力量空茫或被劫走，因此完全是耗空、遭劫的狀況，感覺不到能復原或打拚的跡象。

武破、天空、地劫四星同宮，是窮的空空，也絲毫不會打拚，只是傻傻的過日子罷了。此運在『殺、破、狼』中是窮困、衰敗的運程，易與宗教結緣。

廉破、天空或廉破、地劫，是破爛成空或遭劫而破爛，也沒有打拚力量及打拚的智慧，會想一些歪七扭八的事情，混淆視聽，過窮困和無聊的日子。此運在『殺、破、狼』中是破敗、運氣逢衰敗的運程，也容易和宗教結緣。

貪狼、天空或貪狼、地劫同宮時，是『運空』或『劫運』的運程。在『殺、破、狼』中也是破格的一環。會失去好運，頭腦不實際，做不成事，也不會打拚，或是不會付出努力，亦會頭腦不實際、抓不住好運，也等不到好運到來。

紫貪、天空或紫貪、地劫同宮時，桃花沒有了，能習正，但好運也會沒有了，更會事業起伏、地位、權力都無法掌握。這是『官空』、『運空』或『劫官』加『劫運』的形式，因此在『殺、破、狼』中也是打拚能力不強，趨吉的力量也不強的運程。也形成『殺、破、狼』之破格。

武貪、天空或武貪、地劫同宮時，是『財空』、『運空』、『劫財』、『劫運』的形式，暴發運也不發。在『殺、破、狼』中是對錢及好運的敏感力不足，打拚能力和對錢財、權力好爭的特性也沒有了，或薄弱了。也為『殺、破、狼』之破格。但流年、流月逢此宮時，你還是覺得比其他的月份進財較多，因為這是『紫微在巳』、『紫微在亥』兩個命盤格式中稍好的運程，財被劫空、沒有暴發運，還有零星的小錢財之故。

廉貪、地劫、天空四星同宮，是根本沒運，還遭『運空』、『官空』、『劫官』、『劫運』，因此運氣極壞，容易失去一切，沒有工作，也沒有人緣桃花和機緣。會窮又更破耗成空。在『殺、破、狼』格局中，此運是最破敗的一環。

移民・投資方位學

如何尋找磁場相合的人

第三節　大運在『殺、破、狼』中起點不同，對人影響也大

在行『殺、破、狼』的格局運程中，大運的起點不一樣，也會影響人生富貴層次

每個人會每隔三年，就會走到『殺、破、狼』上的一個運程。但每個人的命格不一樣（命宮主星不一樣），行運方式不一樣，有些人是順行行大運，有些人是逆行行大運，例如陽男陰女是順行行大運，陰男陽女是逆行行大運，因此有時有些人最先碰到『殺、破、狼』中的七殺運開始，順行隔三個大運再走破軍運，再隔三個大運走貪狼運。

有些人第一個逢到『殺、破、狼』的運程是破軍運，再隔三個大運是貪狼運，再隔三個大運逢七殺運。

有些人是逆行大運，因此，若是第一個『殺、破、狼』格中的七殺運先走到，再接下去的大運逢到貪狼運，再接下去隔三個大運，會走到破軍運。

因此，你必須活得夠久、夠長壽，才能將七殺運、破軍運及貪狼運等這三個運程全走過。事實上你也必須活到八十幾歲才會把『殺、破、狼』的三個大運運程全走遍。一般人大概最多只能走兩個『殺、破、狼』的大運。故而這兩個『殺、破、狼』的大運就非常重要了。而這兩個『殺、破、狼』的大運也就主導了你一生富貴的成敗吉凶了。

例(一)

就像前面所談到靠僕役宮而發富的那位朋友，幼年走第一個

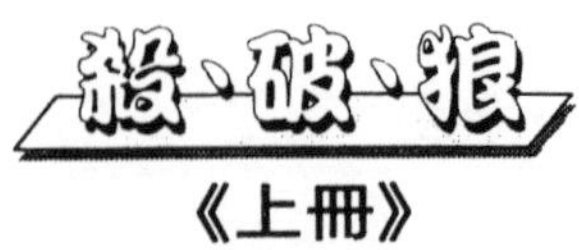

『殺、破、狼』格局的大運時，走的是『廉破羊、文昌』在父母宮的大運，父母窮，因此幼年辛苦，三十五歲走天府運才慢慢發富，

某先生命盤

子女宮 紫微 七殺 文曲 辛巳	夫妻宮 壬午	兄弟宮 陀羅 癸未	命宮 祿存 2－11 甲申
財帛宮 天機 天梁 鈴星 庚辰	陽男 水二局		父母宮 廉貞 破軍 擎羊 文昌 12－21 乙酉
疾厄宮 天相 72－81 己卯			福德宮 天空 《身》 22－31 丙戌
遷移宮 太陽化祿 巨門 火星 62－71 戊寅	僕役宮 武曲化權 貪狼 左輔 右弼 52－61 己丑	官祿宮 天同化科 太陰化忌 地劫 42－51 戊子	田宅宮 天府 32－41 丁亥

至五十二歲至六十一歲再逢武曲化權、貪狼運時會財富更翻升數倍。因為還會暴發更大之暴發運。如此的格局好的，對人生有益，會增高人生境界的『殺、破、狼』格局在中年逢到，自然其人能享受到富貴。從其人之八字結構來看，也帶財多，才能有如此好運之命運結構。

以上的命格有幾個特點：

1. 廉破、擎羊、文昌所代表的窮運是在幼年及年輕時發生，因此出生貧寒，但性格保守。外在的環境有太陽化祿、巨門、火星，與男性有緣份，雖朋友間多爭執，但其人能調合人際關係，在朋友之間形成領導者的地位，因此朋友都化為自己所用。

2. 『武貪格』不發少年時，因此『武貪格』最好是在中年以後再走的運程，其實是愈晚愈好的。此人的『武貪格』在52歲至61歲之間的大運，故在此大運中再逢流年、流月三重逢合，又會爆發一生最大之暴發運，又能使財富數倍翻升了。

3. 其人雖主富，但並不太操勞，因官祿宮是天同化科、太陰化忌、地劫，表示工作常做做停停，悠閒自在，實際上他從自己親身操作的事業中並賺不到很多錢。都是和朋友合夥、投資，由朋友、部屬為他賺到的錢。其至自己所親身操作主持的事業還賠錢。這種不必自己太辛苦而能擁有大富貴，是不是天生好命呢？

例(二)

像另外一位朋友的命格是紫微、天相、擎羊、文昌化忌、鈴星在戌宮，在23歲至32歲時走第一個『殺、破、狼』格局中的運程是『貪狼、陀羅』，其實和對宮形成『廉貪陀』、『風流彩杖』格，要小心犯女色之事而遭災。在63歲至72歲時走破軍、文曲化科，屬於

『窮』的運程，因此這兩個能使人生奮發突變的關鍵，都成為無用，反而會使人生往下墜落。好的『七殺、左輔』運程走不到。因

某先生命盤

疾厄宮 天同 53－62 癸巳	財帛宮 武曲 天府 43－52 甲午	子女宮 太陽化權 太陰 33－42 乙未	夫妻宮 貪狼 陀羅 23－32 丙申
遷移宮 破軍 文曲化科 63－72 壬辰	木三局		兄弟宮 天機 巨門化祿 祿存 火星 13－22 丁酉
僕役宮 辛卯			命宮 紫微 天相（身） 擎羊 文昌化忌 鈴星 3－12 戊戌
官祿宮 廉貞 右弼 庚寅	田宅宮 辛丑	福德宮 七殺 左輔 庚子	父母宮 天梁 地劫 天空 己亥

此在此人一生中『殺、破、狼』格局反而是對他有害無利的。也會一生較窮困，爬不起來。比較平順一點的大運是33歲至62歲之間的運程，但也不會有多大的富貴。雖然他的財帛宮是武府，只是手邊還有錢花，是屬於窮中稍平順一點的財運。而且一生勞心勞力奔波辛苦。

例(三)

這是韓國影星李秉憲的命盤，他是武曲化權、破軍、鈴星坐命亥宮的人，在幼年即走第一個『殺、破、狼』的運程，是武曲化權、破軍、鈴星。

他的父母宮是太陽陷落帶化祿、文曲，表示幼年家境不算富裕中的小康，父母仍會給他花錢學一些東西，所以他是以跆拳道起家

李秉憲的命盤

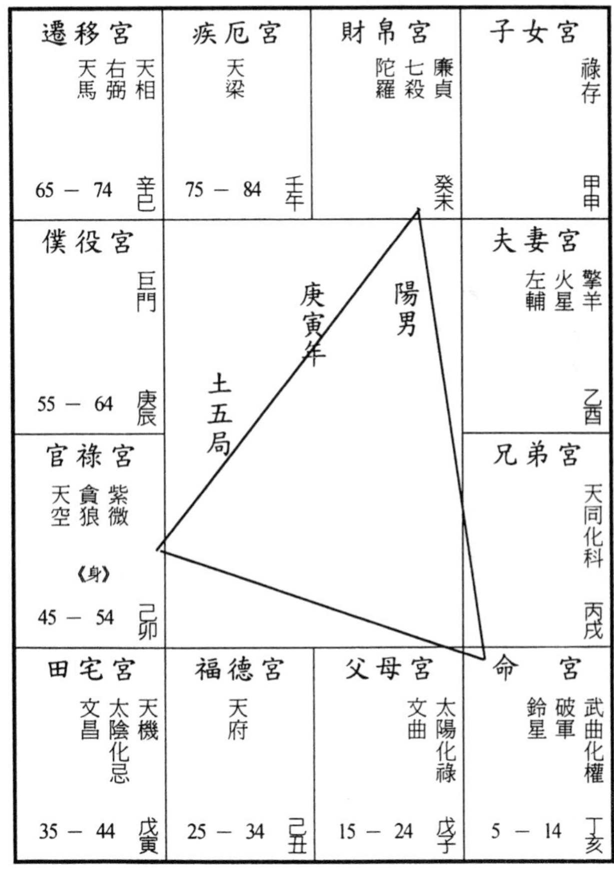
遷移宮
天相 右弼 天馬
65 — 74 辛巳
疾厄宮
天梁
75 — 84 壬午
財帛宮
廉貞 七殺 陀羅
癸未
子女宮
祿存
甲申
僕役宮
巨門
55 — 64 庚辰
夫妻宮
擎羊 火星 左輔
乙酉
庚寅年
陽男
土五局
官祿宮
紫微 貪狼 天空
《身》
45 — 54 己卯
兄弟宮
天同化科
丙戌
田宅宮
天機 太陰化忌 文昌
35 — 44 戊寅
福德宮
天府
25 — 34 己丑
父母宮
太陽化祿 文曲
15 — 24 戊子
命宮
武曲化權 破軍 鈴星
5 — 14 丁亥

得到獎杯再進入演藝圈的。在45歲至54歲時走官祿宮的大運中是紫貪、天空的大運，是第二個『殺、破、狼』的大運，因夫妻宮有擎羊、火星、左輔相照，此大運同時是『火貪格』暴發運的大運，但因暴發運帶有擎羊、天空，不一定會發，發了也會有傷災、刑剋、不吉。因此在他的人生中，好的就是本命宮坐在『殺、破、狼』格局之上，本身有上進、打拚之心，但打拚有沒有更大之成果，還要靠運程來推動才行。

從以上的舉例中，大家大致可瞭解到：

1.『殺、破、狼』格局在人生中會產生影響人一生的轉變基因。

但這個轉變因素得是好的『殺、破、狼』格局，好的『殺、破、狼』運程能提升人生層次。壞的『殺、破、狼』運程會拉下及搗毀人生的好運層次。

2. **人生在大運中最多只走到兩個『殺、破、狼』格局運程，在流年運程中，則是三個運程都會走過數遍。**你自己命盤中所屬的『殺、破、狼』格局好不好，會影響到人生奮鬥、打拚的能力，也會影響到人生起伏的變化。更會影響到人生富貴的多寡。

3. **人命中要走『殺、破、狼』格局的大運，最好由七殺、貪狼等運走起**，而且七殺、貪狼大運最好是沒有瑕疵的，沒有煞星同宮的，才會一生有打拚力量，也有好運。若是先從破軍運走起，最好是破軍居旺、再帶化權、化祿，人生才在幼年時不會太苦。

殺、破、狼
《上冊》

4. **『殺、破、狼』格局中最好不要有窮運**，如破軍和文昌、文曲同宮，廉破、武破等運。也最好不要有運空、刑運、刑殺格局。以防在『殺、破、狼』運程上，有刑剋、傷災或無運、凡事成空的過程。

羊陀火鈴
權祿科
十干化忌
地劫天空

第五章　殺、破、狼在『命、財、官』對人的影響

當殺、破、狼在『命、財、官』時，其實你就是七殺、破軍、貪狼坐命的人。當你是七殺坐命時，貪狼、破軍就會在你的財帛宮、官祿宮出現，當你是破軍坐命時，七殺和貪狼也會在財、官二宮出現。你的本命就是『殺、破、狼』格局，因此你們會有一共通的特點，那就是磁場較相合、性格剛強、氣勢雄壯、做事敢擔當、敢爭、敢衝、天不怕、地不怕，也不怕別人來欺負，其實根本無人敢欺負你們，也無人敢惹你們。你們喜愛掌權管事、做事快速、性

急、衝動、脾氣不好，誰惹到你們就會大聲嚷嚷出來，讓人害怕。你們非常聰明、反應快，有打拚努力奮鬥的精神，一生較勞碌。大部份『殺、破、狼』命格的人之身宮都落在官祿宮，有些會落在財、福二宮，很少會落在夫妻宮的。因此你們大部份人都注重事業上的打拚，對於感情的事拿得起、放得下，對感情較理性，只會衝動用事，不會感情用事。在你們的外型上也會有一些強悍的表徵，例如臉骨或四肢骨骼堅硬，臉輪廓明顯，有稜有角。在你們的人生中，也多半起伏較大、有大起大落之勢。你們也會有較大的雄心壯志，在天地中揮灑自如。

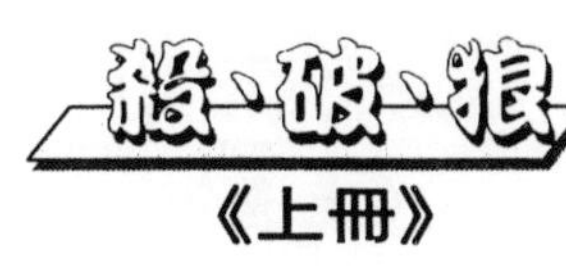

第一節　七殺在『命、財、官』對人之影響

七殺在命宮

七殺入命宮時

七殺坐命的人，從一出生開始，多半環境好，會過比普通人富裕的生活。因為其對宮（遷移宮）都有一顆天府星。因此家中生出七殺坐命的人，多半是為家中帶財來的人。除非天府星還帶有羊、陀、火、鈴、劫空，才會財少。否則都能為家中帶來平順或富裕的錢財。

殺、破、狼
《上冊》

七殺坐命者，不論是紫殺、武殺、廉殺坐命者，皆是幼年不好養，身體較弱，常生病，稍長至八、九歲時或少年時會慢慢變好。

七殺坐命者，性格剛烈、性急、喜怒無常，做事進退不定，容易精神空虛、六親緣薄。七殺是刑星，容易刑剋親屬或父母。有一些七殺坐命者，會幼年即失怙、失恃，父母中少一人。其人外表的特徵是眼大性急、有權威、喜怒形於色，有反覆無常的感覺。喜好冒險、聰明有魄力，有吃苦耐勞、堅忍不拔的精神、好動不耐靜、不喜人管，愛自己獨當一面。做事速戰速決、不服輸。但在決策過程中會掙扎難下決定，下決定後就速戰速決了。

七殺為將星、戰星、驛馬星，故七殺坐命者要離鄉、奔波勞碌，動起來才有發展，靜下來，不動、不離家，便無較大發展。

七殺在子、午宮入命宮

七殺在子、午宮居旺入命宮的人，因遷移宮是武府，故容易有優渥富裕的環境，其人也喜歡賺錢、存錢，對錢財有敏感力。若遷移宮再有羊、陀、火、鈴、劫空入宮，則環境中的財並不是那麼多時，會做公務員、薪水族維生。此命格的人，財帛宮是貪狼居平，在財運上有一點，並不旺，還必須多用智謀、企劃才能獲得。在官祿宮是破軍居旺，表示打拚能力還很強，也會敢於投資，先破後成。此命格的人在三十歲以前運都不算好，要到三十至三十五歲以後才開運。有『陽梁昌祿』格的人，會得到大發展。

七殺坐命子、午宮的人，又生於己、庚年的人主富，生於甲年的人主貴。**生於己年的人**，會有武曲化祿、天府在遷移宮，有貪狼化

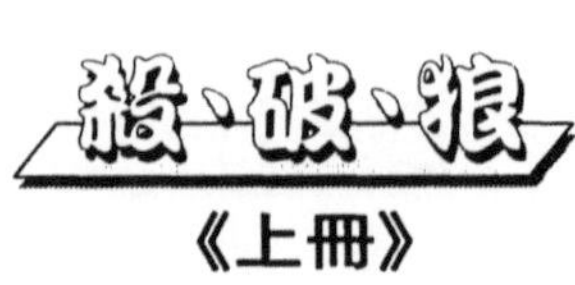

權在財帛宮，在錢財上有無盡的可掌控的好運。**庚年生的人**，在遷移宮有武曲化權、天府，也能有掌握富貴的好運。甲年生的人，在官祿宮有破軍化權，有打拚能力，遷移宮有武曲化科、天府，有辦法能平順環境，故能主貴。

七殺、擎羊在子、午宮入命宮時，因擎羊居陷，為更嚴重的『刑殺』格局，其人會傷災更嚴重，且為人陰險，欺弱怕強，有時也會懦弱、好爭鬥，用不光明的手法來爭，有時也會用假裝溫和的態度與人示好，但百密一疏，不一定爭的到。流年逢到本命宮時，有惡死之事，要小心。其人身體不好，有脊椎骨、手足傷災、嚴重車禍，以及肝病、腸胃、生殖系統的毛病等等。

七殺、火星或七殺、鈴星在子、午宮入命宮時，會性格衝動、脾氣不好、古怪、有怪異的聰明，也會為怪異之事打拚，亦易與黑

道有關、有瓜葛，本身也是『刑殺』格局，易有意外之災，雖環境富裕，但易賺不正當之錢財。好爭鬥、多傷災，會有車禍傷災，或與人爭鬥火拚受傷，亦有不善終之結果。

七殺、文昌或七殺、文曲在子、午宮入命宮時，在子宮時，文昌、文曲居得地之旺位，其人尚能外表斯文、通文墨、口才好，或有才藝，允文允武，也能精明幹練、聰明、計算能力好、做事有法度，但仍會有些大目標計算不到、糊塗的地方。**在午宮時**，文昌、文曲居陷，其人會外表較粗、計算能力不好、頭腦不聰明，有些笨又蠻幹、口才不好、較悶、不說話、頭腦不清、成就差。

七殺、左輔或七殺、右弼在子、午宮入命宮時，其人會更勞碌、愛打拚，更好爭、有人幫助爭，更會盲目的爭權奪利。這是『輔殺』格局，因此對於強悍的、好爭鬥的人、事、物特別有與趣、有好感，對於軟弱、平和之人、事、物特別厭惡。其人容易近朱者赤、近墨者黑，若與有成就者靠近，就易成功。

七殺、祿存在子、午宮入命宮時，是『刑祿』格局，其人會性格保守、固執、愛賺錢，但賺錢不多，也愛存錢，但也不易存住，雖環境富裕，但自己所賺的錢少，生性吝嗇、小氣、易驚恐、疑神疑鬼，常覺得會受欺負或有人會害他。

七殺、天空或七殺、地劫在子、午宮入命宮時，是『殺空』或『劫殺』格局。其人的夫妻宮會有另一顆地劫或天空星和紫相同宮。其人思想清高不實際，有時也會特別聰明、智商高，但一生成敗起伏不定。也會不易結婚，或不想結婚，或婚姻有波折、再婚等。但最後多半孤獨自守，或接近宗教寄託精神。

七殺在寅、申宮入命宮

七殺居廟坐命寅宮的人，為『七殺仰斗』格。七殺居廟坐命申宮時，為『七殺朝斗』格。因此命格的遷移宮都有紫府，故而一生環境好、富裕，一生都能受到尊重，一生也都能生活富裕平順。但是最怕有天空、地劫二星在命、遷二宮出現，就會有思想不實際，一生難有作為了。

七殺坐命寅、申宮的人，財帛宮是貪狼居廟，官祿宮是破軍居廟，在整個『殺、破、狼』格局中算是最高層次的，故能有極強的打拚奮鬥力量，但如果有一環有煞星或窮格進入，就會破壞整個命理結構，富貴也會減輕、減少了。而且此命格的人，也最好是逆行大運，又生於己年的人，會有極強的『武貪格』暴發運，能創造極大的富貴，成為億萬富翁。即使從軍職，也能創造極大的功業。

七殺、陀羅在寅、申宮入命宮時，其人會心性慢，有些笨，做事慢半拍。因七殺居廟，陀羅居陷，是故性格頑固、內心想的多、是非多、常原地打轉、性格悶、有事也不願講出來。自己會有精神折磨，也容易怨東怨西，事情拖拖拉拉，打拚力量不足，更會想打拚時，已時間超過了，錯過機會。因此一生容易不開展。宜離家打拚，多經磨練，才能開運。其人的環境仍富裕，要小心車禍傷災與身體多傷、牙病等問題。

七殺、祿存在寅、申宮入命宮時，其人會性格保守、小氣、吝嗇，雖環境好，仍節儉、花費不多，自己是『刑財』格局的人，卻花費不多自己的財，喜存錢，只會存些小錢。甲年生的人，命宮在寅，福德宮有武曲化科，官祿宮有破軍化權，父母宮有擎羊、天同

化科，父母較窮，要靠自己白手起家。因其人的命理格局較小，故家道只是小康中的富裕環境而已。其人一生會勞碌於錙銖計較之中，頑固而保守的過自己的日子。庚年生的人，命宮在申，父母宮也有擎羊、天同化科，幼年家窮，父母少一人，但福德宮有武曲化權，能形成極強的暴發運，命裡財多，故白手起家，能創造較大之富貴。但仍是保守、小氣之人。

七殺、火星或七殺、鈴星在寅、申宮入命宮時，其人會性格古怪。**坐命寅宮**，火、鈴居廟時，其人會聰明得古怪，亦會有好爭鬥、好搶功、多計謀之性格，亦容易說謊、不善之行為。**坐命申宮**，火、鈴居陷，亦會有陰險、好爭之性格。此命格是『刑殺』格局，要小心有意外之災、或突起之是非爭鬥，也易賺不正當之錢財。要小心車禍、傷災，或與人爭鬥火拚受傷，易有不善終之結果。

七殺、天空或七殺、地劫在寅、申宮入命宮時，因遷移宮會有另一顆地劫或天空星和紫府同宮相照，是故其人會思想不實際、多幻想、做事做做停停、東想西想、沒有中心思想、一生無成就和成果。如果沒有家人催促，也不一定會結婚。容易相信外人及虛幻的說詞，好高騖遠，容易一事無成，會為無用之人。

七殺、文昌或七殺、文曲在寅、申宮入命宮時，在寅宮時，因文昌、文曲居陷，其人會外表粗魯、口才不好、性格強硬、計算能力不好，做事不精細，也會賺粗俗勞力的錢，或與色情、粗活有關的錢。**在申宮時**，因文昌、文曲居得地之位，其人外表尚斯文、喜文墨，會做與文職有關的工作，為人也精明幹練，口才好、才華好，亦會生活在精緻美麗的環境之中。但仍會有糊塗的狀況產生。

七殺、左輔或七殺、右弼在寅、申宮入命宮時，亦是『輔殺』

格局，會有人（平輩的）幫助你打拚、爭奪財富和權位。你也會利用平輩的關係來升官發財，你具有領導能力，所向無敵，非常好命，但也倍加勞碌與傷災。

七殺在辰、戌宮入命宮

七殺坐命辰、戌宮時為居廟，對宮相照的是廉府，因此此命格的人，一生環境中的富裕程度，是沒辦法和七殺坐命子、午、寅、申宮的人相比的。只會有小康程度、不虞匱乏的境況而已。其人容易幼年家窮或父母早逝，要靠自己的努力才能漸漸積蓄而富足一點。此命格的人因遷移宮是廉府，因此他們一生是靠人際關係在賺錢，也特重人際關係的連繫，所以他們的財帛宮是貪狼，會靠人脈機緣來獲得較好的財運。其官祿宮是破軍居於得地之位，其打拚能力與其他七殺坐命者相較起來仍是會打拚，但較弱。再加上其福德宮為紫微，好享福、享受，因此打拚能力是稍賺一點就夠了，不會做拚死的努力，剩下的時間要用來享福。此命格的人也會比較小氣、吝嗇和計較，因為要獨享結果，故而較吝嗇，也因此一生的成就只在求生活的富足而已，較少有能立大志或成大業之人。

七殺、擎羊在辰、戌宮入命宮時，雙星居廟，對宮相照的是廉府，會形成『廉殺羊』格局，因此要小心路上埋屍、車禍死亡的問題。因本命是『刑殺』格局，氣勢強悍、多智謀，適合做軍警業，也會多陰險、好爭鬥、凡事愛爭，會用盡計謀來爭，一生勞心勞力、身體不好，也容易四肢酸軟，或有脊椎骨之傷災，也會常開刀，或有手足傷災。更容易作戰陣亡。因環境是廉府，會用人際關係來施展計謀爭權奪利，環境只是小康而已。

七殺、陀羅在辰、戌宮入命宮時，會性格悶、話少，但一生是非多、性格強悍、好爭、性子慢、做事慢半拍、較笨，不一定爭得到，會用霸王硬上弓的方式蠻幹。一生內心多煩惱，有自我精神折磨、性情不開朗。命局中命、遷二宮也形成『廉殺陀』之格局，有車禍傷亡之憂。

七殺、火星或七殺、鈴星在辰、戌宮入命宮時，其人性格古怪、較悶、話少。**坐命戌宮者**，火、鈴居廟，會有怪異聰明，也會用怪異方法來爭權奪利。**坐命辰宮者**，火、鈴居陷，易用不善又於己不利的方法來爭，因此坐命戌宮者較佳。但本身是『刑殺』格局，易衝動、脾氣不好、也多意外之災、車禍等，易不善終，一生多是非爭鬥。財局是小康格局，亦會刑財。

七殺、文昌或七殺、文曲在辰、戌宮入命宮時，在辰宮，其人仍會有一絲文質氣息，會精明幹練，做事有方法，精於算計。**在戌宮**，昌曲皆居陷，其人會外表粗魯、頑固、強悍、計算能力不好、做事方法粗劣，也會較笨、蠻幹，一生起伏較大，更會頭腦糊塗、多出錯事。

七殺、左輔或七殺、右弼在辰、戌宮入命宮時，其人善於應用人際關係來得財，稍具領導力、有智謀。會有平輩貴人相助打拚，財富在小康境界。其人也會更勞碌、傷災多、身體不好，有自我刑剋。

紫殺入命宮時

紫微、七殺坐命宮時，必在巳、亥宮。此時紫微居旺、七殺居平。坐命巳宮的人命格稍高。因對宮相照的天府居得地之位，故紫

殺坐命者出生的環境，多半是只有小康、有衣食充足的環境而已。紫殺坐命的人外表氣派、威嚴、不怒而威，性格驕傲古怪，碰到談得來的人很健談，碰到不喜歡的人愛搭不理，很沈默。紫殺坐命的人，自信心很強，又愛面子，除了壬年、癸年生的人以外，大多都有『武貪格』偏財運。尤其『武貪格』又在財帛宮，因此賺錢很容易，也容易有意外之財。但他們的官祿宮為廉破，所以會做複雜、雜亂、或職位不高的的工作。最適合做軍警業，否則做需要練習、訓練的或組裝、整理性質等技術性的工作最拿手。紫殺坐命的人，外表看起來很愛打拚，但實際上打拚能力很有限。而且在命盤上流年逢空宮多，又有廉破及天相陷落等流年運，一年中有一半時間的運程不好，十二年一輪中也有一半的流年運不好，是故人生多起伏。並且每逢廉破運便有一破，『殺、破、狼』格局形成破格。也是命運起伏的原因。

紫殺、陀羅在巳、亥宮入命宮時，是丁年、己年、癸年生的人會遇到的。紫殺坐命的人原本比一般的人看起來聰明度就不高了，又有陀羅同宮，情況更笨、更慢一點，內心是非更多，一生多煩惱，精神不清爽，因福德宮必有擎羊獨坐，本命是『刑剋』較凶的格式，既是『刑官』又是『刑殺』格式。己年生的人財帛宮有『武曲化祿、貪狼化權』，有極強的偏財運，會突發錢財還好，癸年生的人，財帛宮是『武曲、貪狼化忌』，偏財運不發，會一生較窮。紫殺、陀羅坐命適合技術型的工作與雜亂、職位不高的工作，一生多起伏。

紫殺、祿存在巳、亥宮入命宮時，其人會性格保守，自命清高，又行事小心，一生財祿不多，僅能維持生活之需而已。因本命是『刑祿』格局，故其人自身的財運普通。但在丑、未年能有『武貪格』偏財運，能多得錢財。其人也會小氣、吝嗇，因為羊陀所夾，亦會疑神疑鬼，怕人欺負或侵犯。

紫殺、文昌或紫殺、文曲在巳、亥宮入命宮時，在巳宮，文昌、文曲居廟，故其人會外表氣派、斯文、言行文雅、氣質好。也會精明幹練，一生成就較高。**在亥宮**，文昌居平，其人思想普通，成就普通，氣質普通，成就也普通。**在亥宮**，文曲居旺，故其人有口才，好談天說地，很聒噪，好表現，也略有才藝，也會精明、幹練，善於運用才藝來賺錢。

紫殺、地劫、天空在巳、亥宮入命宮時，其人頭腦空空，只是相貌還平整，但思想不實際、多幻想、多說少做，會說一些或做一些與現實不合的事情，亦會有精神疾病，一生較無用。

武殺入命宮時

武曲、七殺坐命宮時，必在卯、酉宮，是武曲居平、七殺居旺。坐命卯宮的人，其遷移宮是天府居旺，坐命酉宮的人，其遷移宮是天府居得地之位。所以坐命卯宮的人，家庭環境比坐命酉宮的人好一些。武殺就是『因財被劫』的格局，因此本命中財少。尤其人的財帛宮是廉貪，手中所用的錢財少，較窮，可以看出。其人的官祿宮是紫破，表示其人若不重錢財、肯努力打拚，可主貴。而且武殺坐命者只有主貴一條路可以走，主貴以後才能為自己帶來平順的財運。若執意做生意賺錢，是定有敗局的。武殺坐命的人，性格強勢、剛硬、較悶、思想主觀、武斷，有自己一套行事風格。好勝心強，做事斬釘截鐵，會硬拚蠻幹，會為錢財和人起衝突。多傷災、有擎羊同宮或相照時，易遭災而亡，或遭人殺死不善終。武殺坐命者，做武職易快起，做文職較辛苦，一生起伏較大。

武殺、擎羊入命宮時，是『因財被劫』，再加『刑財』、『刑殺』格局，故其人會更窮，容易一生不順。為人多思、多慮、陰險、凶惡，易為錢財之事傷人或被害，宜做軍警業。易遭災而亡，傷災多，其人在性格上也會欺弱怕強，有時也易懦弱，又好爭鬥，故會不善終。

武殺、祿存入命宮時，是『刑財』格局，其人會性格保守、吝嗇，只賺自己的衣食之需。因為羊陀所夾，亦會膽小怕事，不敢爭，多努力可在事業上打拚，亦能稍有成就。

武殺、文昌或武殺、文曲入命宮時，在卯宮，文昌、文曲居平位，其人會略有文質氣質息，但不精明，計算利益的能力不算太好，但易朝向文職、文科發展。**在酉宮時**，文昌、文曲居廟，其人會文質氣息較佳，較精明，計算能力較好，口才好，也會在文職的工作崗位上工作。凡有武殺、文昌入命宮者，也適合做律師、法官，以刀筆維生。

武殺、左輔或武殺、右弼入命宮時，是加強『因財被劫』的格局，其人性格較溫和一點，但不容易存錢，思想易左右搖擺，是有人幫忙劫財，雖有時有人幫忙進小錢，但亦有人幫忙花大錢。亦會受人影響而勞碌、辛苦，所得不多。

武殺、天空或武殺、地劫入命宮時，其人會頭腦不清，思想高超，有時非常聰明，智商高，但不實際，喜愛哲學或科學方面的知識，幻想多、不實際。一生容易起起伏伏，也容易入宗教中棲身。

武曲化權、七殺入命宮時，是庚年生的人，**在卯宮時**，其遷移宮中有天府、擎羊，表示其人財不多，周圍環境中的財略少，有刑剋，但自己愛管錢，掌握財權，但能管到的錢財也不多。**在酉宮時**，為武曲化權、七殺、擎羊同宮，表示好爭鬥、為掌財權而爭鬥不停，但會有傷亡刑剋，對自己不利的狀況。所掌握到的財權仍會是很少的，有時也爭不到。

武曲化祿、七殺入命宮時，是己年生的人，其財帛宮為廉貞、貪狼化權，表示其人略有一點人緣，也略帶點財祿，喜歡在財務上掌權，但所能掌控的錢財極少，並不能成為富翁。

武曲化忌、七殺入命宮時，是壬年生的人，表示是『因財被劫』又帶化忌的格局，要小心因錢財不順和錢財是非和人起干戈而傷害自己的生命，此人一生打拚，仍有錢財問題，自己也會小氣、吝嗇、享受不到財福、為財所苦。

廉殺入命宮時

廉貞、七殺坐命時，必在丑、未宮，是廉貞居平、七殺居廟，表示智慧及企劃能力不好，但有衝勁、肯吃苦、生性節儉、小氣，大部份人也會性格保守、內向，喜歡自己胡思亂想、想些沒有的事情。但有時也易衝動，和人起爭執、主觀強、固執、做事慢吞吞、喜歡蠻幹、不聽別人勸。一般來說，廉殺坐命的人的表現都不聰明，在不明狀況，又不喜歡多管、多負責時，他是聽話、溫和也能力不佳的。會做一些白工或徒勞無工，以及沒有結果的事。

廉殺坐命的人，出身的家世不太好，但大多都略有家產，財帛宮是紫貪，在錢財上平順，且偶有好運，只是大多數都會做薪水不多，地位不高，屬於較窮，或較競爭、鬥爭的工作。最適合做軍警人員，有固定薪資，對他們來說很有保障。

廉殺坐命的人，本命是『刑官』、『刑殺』格局，因此身體不好，易有心臟病和血液、肺部、大腸的毛病，一生會有多次開刀事件，也容易不長壽。

廉殺、擎羊入命宮的人，會好爭，也多智謀一些，也凶悍一些，因命宮中實際是居廟的擎羊在主導的。也會身體不好，有血液、怪病或脊椎骨的病症、心臟病在身，亦會多有傷災，小心大運、流年走到，不長壽。

廉殺、陀羅坐命時，外形粗壯、頑固、頭腦愚笨、性格悶、是非多、衝動，易蠻幹、不講理。做武職佳，否則一生無用，多傷災，易死於非命。

有廉殺、文昌、文曲入命宮時，在丑宮，外表較溫和、斯文、懦弱，身體上易有因心臟病、腸道疾病開刀現象，也易房事過多、身體弱。

廉殺、左輔、右弼同宮坐命時，雖有很好的人緣，有平輩貴人如左右手來幫助，其本人也有合作精神，性格溫和，但不見得有領導能力。在思想上容易人云亦云，受人影響，尤其受同輩人之影響，較不愛聽長輩、父母的話。其人也比較喜歡結交和自己相同類型保守的、環境類似的朋友。因此雖然朋友多，但仍拘限在小格局的環境之中。

廉殺、火星或廉殺、鈴星入命宮時，是性格衝動、好爭鬥、性格悶、火氣大的人，脾氣不好，性格古怪，是非多，有怪異的聰明，也易不行善道，易與黑道有瓜葛。一生中多意外是非災禍、車禍及傷災、易不善終。

殺、破、狼
《上冊》

廉殺、天空或廉殺、地劫入命宮時，其人會思想不實際，也會迷信宗教、或從事宗教的工作。其人的財帛宮會有紫貪、地劫或紫貪、天空。因此會賺一些不是實際工作的錢，例如藉宗教來賺錢，同時也會工作不長久、起起落落。

廉貞化祿、七殺入命宮時，是甲年生的人，其人會桃花多、喜愛享受。因會有陀羅同宮，或在遷移宮中，故其人也會性子慢、笨一點，其官祿宮有武曲化科、破軍化權，仍能在事業上打拚，適合在軍旅中有好發展，能管軍需或軍餉，掌軍中財務。做文職較辛苦，所獲也少。

廉貞化忌、七殺入命宮時，是甲年生的人，其人頭腦不清，容易有官非，或有血光傷災、開刀等事，其人身體不好，亦容易被騙，要小心遭災不善終。

七殺在財帛宮

七殺入財帛宮時

七殺入財帛宮時，你是命宮有破軍星的人，表示你的錢財是必須經由努力打拚、辛苦、流血、流汗才能賺到的錢。而且你是用蠻幹的、花力氣的、不算太聰明的方式來賺錢。可是你會在事業上的機會多，所以打拚起來也有勁。更表示你在花錢和處理錢財方面是斬丁截鐵，很乾脆的形式，花錢不嚕嗦，捨得花，也花得凶。同時七殺在財帛宮時仍有『刑財』特色，另一方面也表示你也是耗財凶的人。又因為你的福德宮都有一顆天府星在相照財帛宮，你是天生愛物質享受的人，是故你會為享受耗財、花錢而打拚。而天生也會有錢來讓你花。

七殺在子、午宮入財帛宮時，你是破軍坐命辰、戌宮的人，因福德宮為武府，遷移宮有紫相，所以你更是喜歡物質生活上的享受，為了過更好的生活及享受而必須賺更多的錢。還好，你的命中財不少，因此打拚有勁，可以賺到你想要過的舒適生活，也能得到你想要的物質享受。

七殺、擎羊在子、午宮入財帛宮時，表示你在錢財上爭鬥多，賺錢和打拚不是那麼順利，會較辛苦而所得較少，你依然熱愛物質享受，但會因外在的環境略差，或思想上的錯誤、糊塗，而賺錢不順利。手中可用的錢財少，也會耗財多，或用錢不當，常被人劫財。這是本命在錢財上有刑剋現象的關係。

七殺、祿存在子、午宮入財帛宮時，表示你本命的財雖不少，但是在錢財上仍有刑剋，你是一個小氣、吝嗇的人，在錢財上很保守、花用不多。以己年生的人，福德宮有武曲化祿、天府，官祿宮有貪狼化權，財富較多。癸年生的人，有破軍化祿在命宮，有貪狼化忌在官祿宮，為事業運不佳，靠人過日子的人。

七殺、文昌或七殺、文曲在子、午宮入財帛宮時，**在子宮**，文昌、文曲居得地之位，表示你辛苦打拚賺錢，計算利益的能力好，對數字有概念，精明幹練在打拚賺錢。也會用文雅的、多才藝的、文質的工作來賺錢。**在午宮**，因文昌、文曲居陷，表示你不太用腦袋來打拚賺錢，頭腦也不算清楚，計算能力不佳，對數字搞不清楚，會用粗俗的、做粗活的方式來打拚賺錢，所賺的錢也不多。有此財帛宮時，你仍然會對大方向、大目標，或做事的方法糊塗、

笨一點，或是在價值觀上與眾不同，需要改進，才能進更多的錢財。

七殺、左輔或七殺、右弼在子、午宮入財帛宮時，表示有助手幫你殺伐搶錢及賺錢，同時，也有人幫你耗財、花錢。因此你在賺錢上可以有人來幫助你競爭，但有時，也會有人在阻擋你賺錢的路子。故而當你強勢凶悍的時候，就會有人幫忙你更強勢好爭。當你懶惰不賣力時，就有人幫忙你耗財，花錢了。

七殺、火星或七殺、鈴星在子、午宮入財帛宮時，表示賺錢的方式很古怪，會用奇怪的聰明來賺錢，也會賺與黑道有關或不正當的錢財。**在午宮時**，火、鈴居廟，用古怪方式賺錢還賺得到，也偶有意外之財，或突然而來的錢財可賺，或意外之災而耗財多。**在子宮**，火、鈴居陷，表示財運古怪，但多不吉，耗財會較多，賺的較

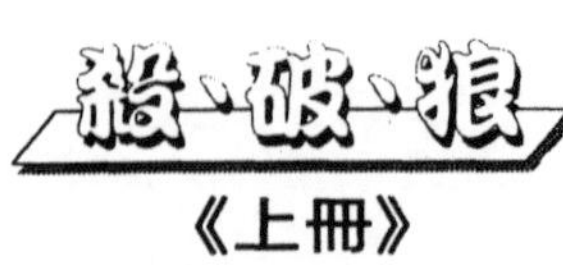

少。

七殺、天空或七殺、地劫在子、午宮入財帛宮時，因為會有另一個地劫或天空星在你的遷移宮中出現，你會頭腦空空，對錢財沒有概念，看不到錢財，也不知道如何來打拚賺錢。你會花得多，對錢財不計較、不在乎，沒有金錢價值觀，因此你本命中的財也會少，工作亦有起伏不順的狀況。

七殺在寅、申宮入財帛宮時，你是破軍坐命子、午宮的人，因福德宮為紫府，遷移宮是廉相，你本性喜歡政治地位和富貴，以及精緻生活的享受，所以你在錢財上的打拚也是以這個目標為努力方向。你在事業上的機運好，『夫、官』二宮形成『武貪格』偏財運格，因此你賺錢容易，也捨得花錢，在錢財上更是不遺餘力的打拚、努力，一面努力的賺，一面又努力的花。

七殺、陀羅在寅、申宮入財帛宮時，表示你在賺錢上有一些問題，會有點慢和有點笨，賺錢打拚的方法不好，因此常有些錢賺不到或讓錢財慢進，也會使你的享受變差，你會稍懶一些，有時在工作上不太賣力，偶而工作也會有起伏。你亦會在錢財上有受騙、上當的事情發生。

七殺、祿存在寅、申宮入財帛宮時，表示是『刑財』格局，會使你天生所能得之財富變小變少，使你自己能享用的錢財變少。你會小氣、吝嗇、保守、打拚受限制，所得的財也不多，會捨不得吃、捨不得喝，想存錢但存不住。一生辛苦，但仍耗財在一些無法控制的地方。

七殺、文昌或七殺、文曲在寅、申宮入財帛宮時，在寅宮，因文昌、文曲居陷，因此會賺較粗俗工作的錢，賺錢也會少一些，或金錢方面有耗財與計算能力不佳的問題。**在申宮**，因文昌、文曲在得地之位，故會賺文職及有文質氣息、高尚的錢，賺錢會較多，也會精明幹練、精打細算、理財能力好，不浪費，只進少出，又能守財，但你們也會在一些價值觀和大目標上有些糊塗。

七殺、左輔或七殺、右弼在寅、申宮入財帛宮時，如有七殺、左輔時，你的遷移宮會有廉相、右弼。如財帛宮有七殺、右弼時，你的遷移宮有廉相、左輔。表示當你在打拚賺錢時，會有男性平輩貴人來幫忙賺錢和花錢，同時你周圍環境中就會出現老實溫和，又有助力的女性輔助幫手來同心協力的幫助你存錢理財，當你在打拚賺錢上有女性的輔助者來幫你打拚，也幫你花錢時，在你周圍就會有男性平輩的輔助力量，用溫和、老實、賣力勤勞、忠心的來幫助你、存錢、理財。因此，你是內外都有人來幫忙你，在家裡和在工作賺錢和花錢上都有人來幫忙你，故而你很容易賺到錢，不會為賺錢來煩心也花得痛快。隨便要借錢，也會有人借給你，也會有人幫你理財，不會為錢財煩憂。

七殺、火星或七殺、鈴星在寅、申宮入財帛宮時，在寅宮，火、鈴居廟，你會常有些意外之財，和有意外可打拚賺錢的事。有時也會財來得快也去得快，或有些耗財之事。有七殺、鈴星，意外之財和耗財的事件較多，你也會突如其來的忙碌，但又突如其來的安靜下來。**在申宮**，意外之財少，突來的忙碌也會變少，傷災和耗財較多。

只要有七殺、火星或七殺、鈴星在財帛宮，所賺的錢財容易和黑道有關，或是不正當的錢財。

七殺、天空或七殺、地劫在寅、申宮入財帛宮時，當七殺、天

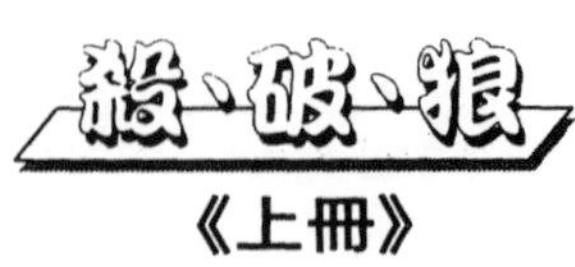

空為財帛宮時，其福德宮為紫府、地劫。當七殺、地劫為財帛宮時，福德宮必有紫府、天空。是故，是看起來天生似乎有財，但是打拚不著力，或因思想不實際、打拚不對方法，賺錢的方法不好，以及好高騖遠，只說不做，而無法賺到錢財。也會因自己理財能力不好，金錢觀有瑕疵而耗財，留不住錢財。

七殺在辰、戌宮入財帛宮時，你是破軍坐命寅、申宮居得地之位的人，雖然財帛宮的七殺居廟，但賺錢能力並不強，而且耗財能力多一點。因你的福德宮是廉府，遷移宮中是武相，你只有小康環境的財力可用，打拚能力並不強，而且夫妻宮是紫微，喜愛高級精緻的物品，對物質生活及享受更甚，因此，一生所努力的只不過是平順的生活而已。但耗財的力量是大於賺錢的速度的。而且也必須辛苦才能賺到普通不太多的薪水及錢財。

七殺、擎羊在辰、戌宮入財帛宮時，表示你在賺錢上和用錢上具有刑剋的特色。你會賺錢更辛苦，爭鬥多，不容易賺到錢，或常在賺錢工作時與人有爭執，或有小人阻礙，工作不順利，起起伏伏，亦會斷斷續續，更會易有傷災、血光發生，而無法工作、賺不到錢，更會有許多意外事件來耗你的財。你手中常無錢，理財能力不好，即使有錢，也容易花掉。

七殺、陀羅在辰、戌宮入財帛宮時，**在辰宮**，丙年生的人，有廉貞化忌、天府在福德宮，表示你天生糊塗，命裡稍有財，賺錢的方法不好。戊年生的人，有天機化忌在子女宮，沒有才華，但官祿宮有貪狼化祿，仍有一些工作機運能得財。**在戌宮**，你是壬年生的人，你的遷移宮中會有武曲化忌、天相。表示你天生財少，環境不富裕，且有金錢上的是非麻煩、較窮困。因此你們在賺錢方面會打拚能力不好，常用蠻幹，比較笨的方式來賺錢，在錢財上也會拖拖拉拉、進財慢，或進不了財。在用錢方法、理財能力很笨拙，更是耗財容易，會糊里糊塗的花掉了錢，而讓自己生活不順。

七殺、文昌或七殺、文曲在辰、戌宮入財帛宮時，在辰宮，因文昌、文曲居得地合格之位，表示你在賺錢、用錢上還算精明用心、善於計算、努力也還得法，也還知道如何守財或理財，因此賺錢雖不太多，但也能平順過日子。在戌宮，因文昌、文曲居陷，表示你的理財及賺錢能力皆不好，會做粗俗、粗重的工作，會賺錢少，又耗財多，會較窮，且糊塗。

七殺、左輔或七殺、右弼在辰、戌宮入財帛宮時，你的福德宮會有另一顆右弼或左輔星在福德宮中和廉府同宮，表示你天生有平輩貴人相助，會幫助你在人緣關係上良好，幫助你可過平順的小康生活。在賺錢方面也會有平輩貴人幫助你打拚，也幫你耗財。你具有合作精神，也稍具有領導能力，但一生較操勞，必須馬不停蹄的工作，因為有人會催促你工作、打拚及賺錢。你的錢財會多一點，但所付出的代價也很多。

七殺、火星或七殺、鈴星在辰、戌宮入財帛宮時，在辰宮，火、鈴居陷，表示工作、賺錢上爭鬥多、較火爆，易與黑道和不正當的錢財有關，賺錢機會不太多，打拚也不算賣力，有一陣子，沒一陣子的在做事，亦或是賺錢方式很古怪。**在戌宮**，因火、鈴居廟，表示意外、突如其來的賺錢機會多，但也爭鬥多、性子急，賺錢方式也易與黑道或不正當之錢財有關，賺錢機會較多，會在鬧哄哄的地方打拚賺錢，太安靜時，就賺不到錢了。你的財來財去也很快。亦會賺古怪之錢財。

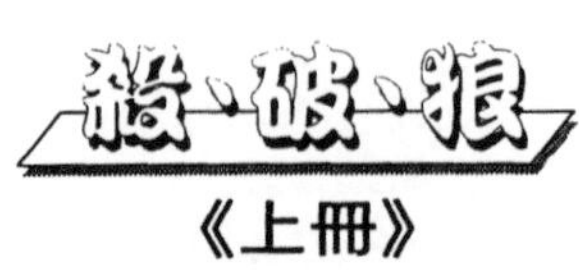

七殺、天空或七殺、地劫在辰、戌宮入財帛宮時，你的夫妻宮會有另一顆地劫或天空星和紫微同宮，因此你的內心是好高鶩遠、不實際、想得太好、太美，但沒有實際行動，打拚能力不強，所以無法賺到多一點的錢財。而且也會花費消耗很多不實際的錢財，因此你一生的財富和享用都不多，屬於命中無大財之人，生活能平順，已不錯了，而且多半是家人給你的。

紫殺入財帛宮時

紫殺在巳、亥宮入財帛宮時，你是廉破坐命的人，表示你在賺錢上會用很好的方法來打拚賺錢，你會突發奇招，或用別人不願意做，或別人所想不到的方法來自己辛苦打拚賺到錢。因此即使作再低下、再髒亂破敗，只要能賺到錢，你也能甘之如貽，毫不計較的做下去，所以你一定會賺到你想要賺到的錢。但是你在花錢方面就喜歡花在漂亮、美麗或好的享受上，這才能彌補及平衡心理上辛苦所得之代償。

紫殺、陀羅在巳、亥宮入財帛宮時，因陀羅居陷，故你在賺錢上會較笨，或做一些粗俗、低下、雜亂的工作，或是做一些用腦不多、用勞力較多的工作，你也會在進財時拖拖拉拉、進財慢，或進不了財。**在巳宮時**，你在工作上仍有好機會，只是進財慢而已。**在亥宮**，你的官祿宮有武曲、貪狼化忌，工作機會少，會一生起起伏伏，工作時間不長久，常受困窘之苦。

紫殺、祿存在巳、亥宮入財帛宮時，因仍是『刑祿』格局，只有衣食之祿而已。你所賺的錢不多，花錢保守、小氣，因本命的錢財不多之故。**戊年生的人**，因官祿宮有武曲、貪狼化祿，工作上所賺

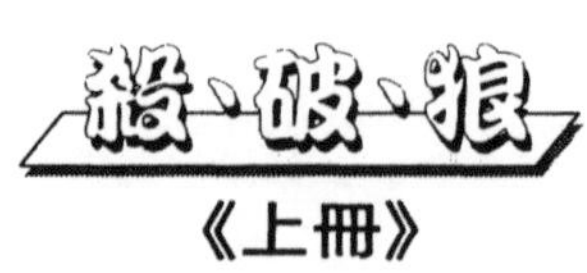

的財略豐，且有偏財運可生財。**丙年生的人**，命宮有廉貞化忌、破軍，頭腦不清、多是非、災禍，生活平順已不錯了。**壬年生的人**，雖財帛宮有紫微化權、七殺，而官祿宮是武曲化忌、貪狼，在事業上做不久，賺不到錢，又強自愛做主、愛花錢，只是借錢度日還債，能平順也不錯了。

紫殺、文昌或紫殺、文曲在巳、亥宮入財帛宮時，在巳宮，文昌、文曲居廟，表示你在賺錢方面精明幹練，會賺有氣質、文質工作的錢，也會精打細算，理財能力較好，賺錢也稍多。**在亥宮**，文昌居平、文曲居旺，故有紫殺、文昌時，理財能力普通，計算能力也不算太好，賺小錢，也花小錢。**在亥宮**，有紫殺、文曲時，表示會賺一些和桃花、人緣有關的錢財，財頗旺，但會有桃花是非及耗財。

紫殺、左輔或紫殺、右弼在巳、亥宮入財帛宮時，同時你的命宮有另一顆右弼或左輔星會和廉破同宮，表示有平輩的貴人會幫助你破耗、頭腦不清，同時也會有平輩貴人幫忙你打拚賺較多的錢，自然也有人幫忙你更勞碌、更辛苦的去工作賺錢。是故有好、有壞，也許有人幫著你捅了一堆簍子之後，又幫著你打拚來平復。

紫殺、火星或紫殺、鈴星在巳、亥宮入財帛宮時，在巳宮，火星、鈴星居廟，表示賺錢時爭鬥多，很熱鬧，必須做武市或武職才能辛苦賺到錢，做文職易無工作，也不易賺到錢。你亦會有古怪的賺錢機會，但財進財出速度快，財也不易留住。**在亥宮**，火、鈴居陷，你會因競爭多、火爆，而賺錢不易，大家都在做拚死的爭鬥來賺錢，但你想爭，卻不一定使得上力，你會用古怪的想法來打拚，但結果不太好，故錢財不太平順，賺錢不多。

紫殺、地劫、天空四星同入財帛宮時，在巳宮，你是思想清高，想賺一些清高方面的錢財，也會在這方面打拚。例如用宗教、勸善、積功德等說詞來賺錢。但錢財時有時無，努力但不一定有結果，花錢很凶，耗財很容易。**在亥宮**，你是頭腦空空，根本不想打拚賺錢，手邊也沒有錢財，你根本不想管錢之事，所以偶而高興就做做，不高興就不做事。

紫微化權、七殺在財帛宮時，你的官祿宮有武曲化忌、貪狼，故你在工作上有錢財問題，你只是在打平債務問題，工作不長久，一生錢財問題會困擾你，要不停的做事、操勞、憂心多慮才能錢財平順一點。

紫微化科、七殺在財帛宮時，你的命、遷二宮會有祿存入宮，因此你是思想、行為較保守的人，會賺看起來高尚、漂亮工作的錢，所賺不多，夠衣食而已。

武殺入財帛宮時

武曲、七殺在卯、酉宮入財帛宮時，你是紫破坐命的人，在錢財上是『因財被劫』的格式，故賺錢辛苦、財少，又易為財起爭執。在錢財上，須辛苦打拚，或有政治鬥爭，殺氣很旺，才能賺到一點錢。又因你的官祿宮是廉貪，工作機會少，又能得到的職位低，除非是武職，較有升遷機會。否則多為藍領階級的人員。以做工的型態來賺錢。

武殺、擎羊在卯、酉宮入財帛宮時，表示刑財更凶，常賺不到錢。在賺錢時爭鬥多，又常被阻礙，刑剋錢財。**在卯宮時**，為生於甲年有武曲化科、七殺、擎羊在財帛宮，是你自己為講求賺錢格調，而被阻礙賺不到錢，而錢財困窘。**在酉宮**，是庚年生的人，有武曲化權、七殺、擎羊在財帛宮，表示你好爭、愛管錢財，但愈爭愈沒有，阻礙愈多、愈辛苦，愈為錢痛苦，應好好調整自己的心態，用平和的方式，錢財才會順利。有武、殺、羊在財帛宮時，常會為錢頭痛，也會為財致死，會與人為錢相爭致死，也易被人殺死，或欠高利貸，被人殺死。因此要小心流年逢之，有不吉。

武殺、祿存在卯、酉宮入財帛宮時，也是『刑財』、『刑祿』格局，你會在錢財上保守、吝嗇、小氣，只賺一些衣食之祿，賺不多，也存錢不易。有此種格局的財帛宮時，更要小心有昌曲在命、遷二宮出現，就會形成天生主窮的命格，則一生不富裕，也只有吃穿上的財運而已了。

武殺、文昌或武殺、文曲在卯、酉宮入財帛宮時，在卯宮，文昌、文曲居平，表示賺錢辛苦，理財能力並不佳，雖喜歡做一些文質或有才藝方面特質的工作，卻做不久，努力打拚並不實際。**在酉宮**，文昌、文曲居廟，表示在文職和才藝工作方面辛苦打拚會有機會賺到錢，且能精打細算，計算能力好。在花錢方面也能輜銖計較，花得漂亮一點。適合做刀筆訟師、律師、法官來賺錢。

武殺、左輔或武殺、右弼在卯、酉宮入財帛宮時，就表示說，倘若財帛宮是武殺、左輔，你的官祿宮就有廉貪、右弼。倘若財帛宮是武殺、右弼，你的官祿宮就是廉貪、左輔。這代表有人在工作上幫倒忙，你就會在錢財上很辛苦，有人幫你在很窮、很競爭的環境中廝殺、賺錢，所得的錢財也少。所以有這種左右二星在財、官二宮的人，其實是不吉、有災、爭鬥多、賺錢辛苦、是非多、破耗又凶，有的只是壞機運和不良的幫忙，反而沒有好處的。

武殺、火星或武殺、鈴星在卯、酉宮入財帛宮時，表示賺錢上爭鬥多、賺錢不容易，也會在賺錢上多是非、糾紛，並且會有突發的糾紛、是非，或與黑道和不正當的錢財有關的金錢是非，賺錢少，而耗財多。

武殺、天空或武殺、地劫在卯、酉宮入財帛宮時，表示在你的命宮會有另一顆地劫或天空星與紫破同宮，表示你本性會不實際，有清高的想法，或好高騖遠的想法，以致在賺錢方面不易賺到錢。還容易耗財凶，被劫財等等事情發生。你在工作上會起起伏伏、不太平順。

廉殺入財帛宮時

廉殺入財帛宮時，你是武破坐命的人。表示你在賺錢方面不會用太多的頭腦、喜歡用簡單的方法及刻苦耐勞的方式來賺錢，多花一些力氣、血汗也沒關係。因此你容易做付出勞力、血汗多，賺錢卻不多的行業。在用錢方面，你也會用很武斷、乾脆的方法，思慮不多的花錢，因此耗財凶，存錢不易。你手上的錢財也不多，而且是非常辛苦才有所得的。

廉殺、擎羊入財帛宮時，表示你會賺競爭多、辛苦、用腦不多，與血光、死亡有關的錢財。**在丑宮時**，因官祿宮有紫微、貪狼化忌，工作不長久、起起伏伏，賺錢少，手中可用之錢少。**在未宮時，丁年生的人**，有巨門化忌在朋友宮，人際關係不好，會孤獨，而賺錢不順。**己年生的人**，命宮有武曲化祿、破軍，官祿宮有紫微、貪狼居平化權，是主貴的格局，若不以錢財為重，而以事業為重，能在事業上掌權，也能財運平順。若太重錢財，則會事業運也不佳，

更賺不到錢。

廉殺、陀羅入財帛宮時，在丑宮時，為甲年所生之武曲化科、破軍坐命亥宮之人。其財帛宮有廉貞化祿、七殺、陀羅，表示本命財不多，但有方法賺錢理財，在錢財上重視享受，或賺與桃花有關的錢財，但進財常慢吞吞、拖拖拉拉，賺錢的智慧與方法也不甚好，仍會耗財多、辛苦、財不順。**在未宮**，為庚年生，命宮為武曲化權、破軍坐命亥宮，其人本身愛掌權管錢，但賺錢辛苦、賺不多，又對理財方面較笨，錢財會拖拖拉拉的慢進，或辛苦又賺不到，在耗財方面又凶。

廉殺、文昌、文曲四星同入財帛宮時，**在丑宮**，昌曲居廟，其人會理財，對錢財精明幹練，也會用文質的方法賺錢，或做文職、高尚與美麗、精緻、名聲好有關的行業，賺錢辛苦一點，少一點，但能賺到錢，是薪水族的賺錢方式。**在未宮**，文昌居平、文曲居旺，表示會賺有特殊才能、專業能力上的錢財，但理財能力不太好，仍能與文質工作有關，賺錢不太多，也是薪水族的賺錢方式。

廉殺、左輔、右弼四星同入財帛宮時，表示其人在賺錢工作上有平輩的人來幫忙打拚，也幫忙你做用腦不多，卻辛苦的工作。你會具有合作和領導能力，但這是在辛苦打拚的工作期間才有的領導力和貴人運，稍有休閒時光，便會失去領導力和平輩貴人運。也因此你必須勞碌不停，否則便無錢財可賺。你會在用錢、花錢時，也有一堆人在幫你不用腦筋的花錢和耗財。

廉殺、火星或廉殺、鈴星在財帛宮時，表示在賺錢上或工作上爭鬥多，會有意外事件發生，賺錢不太順利，也容易賺與黑道有關、或不正當的錢財，亦容易賺與血光、爭鬥的錢財。**在丑宮時**，

殺、破、狼《上冊》

火、鈴居廟，表示偶有意外之財，但來得快、去得快，也會熱鬧時有錢可賺，安靜時，無財可進。在未宮，火、鈴居平，賺錢不多，易有意外發生，易賺與血光、爭鬥的錢財，常為耗財所苦。

廉殺、天空或廉殺、地劫在丑、未宮入財帛宮時，在你的官祿宮會有另一顆地劫或天空星出現和紫貪同宮，因此表示你本性清高，對賺錢的事不熱衷，或沒有打拚賺錢的方法，理財能力也很低落，因此工作常不長久，斷斷續續，因此手邊常沒錢、鬧窮。你也會花錢不用大腦，耗財凶。

七殺在官祿宮

七殺入官祿宮時

當七殺在官祿宮時，你的命宮中肯定有一顆貪狼星。表示你是內心有貪心的想法和慾望，才會在事業上打拚的。這也表示你會在事業上付出較多的心力血汗，埋頭苦幹、悶著頭做，才會成功。另一方面你在工作上會做用勞力多、辛苦、但用腦不多的工作。你也會在事業上很強悍、斬釘截鐵、有決斷性、能自己做主、有判斷力、能獨當一面，且喜歡掌握生殺大權或主控權，雖勞碌奔波，也不後悔。並表示你要出外打拚、驛馬強、速戰速決，非常有魄力及堅忍不拔的精神才會成功。另一方面，你在事業上會公事公辦，毫無感情上的糾葛，能自立奮鬥、白手成家、成大事業。

七殺在子、午宮入官祿宮時，你是貪狼居平坐命寅、申宮的人。此時官祿宮的七殺居旺，表示打拚能力還滿強的。但是你本命是運氣普通並不太強的人，遷移宮是廉貞居廟，你的環境會是爭鬥多，要用心機來經營、企劃才能找到多一點的好運。你的夫妻宮是武府，夫妻宮也代表人內心的想法，表示你內心所想的就是錢財。所以你的努力打拚就為的是得到較多的錢財。你也會用各種方法來爭鬥得財。但是當你找到比較有錢的配偶時，你會把打拚得財的對象轉向配偶身上，從配偶處去得財了。

七殺、擎羊在子、午宮入官祿宮時，在子宮時，你是壬年生的人，你的夫妻宮有武曲化忌、天府，表示你的內心古怪、對錢財有不好的觀念，理財能力也不好，在工作上是『刑殺』的格局，做事不長久，或做一些爭鬥多、殺伐重的工作，常不順利，或斷斷續續，會做一些和血光、傷災有關的工作。自己也容易在工作中發生危險、受傷、遭災。**在午宮時，丙年生的人**，在遷移宮中有廉貞化忌，表示你頭腦不清，亦有是非爭鬥、官非而遭災，工作不順利，且易受傷有血光，或做與血光、傷災有關的工作，最後自己也易賠上性命。**戊年生的人**，本命宮有貪狼化祿，你會人緣好、桃花多，會因為桃花的關係而不太工作，工作不長久或斷斷續續。亦因工作而有傷災、滅亡之事，其實你們也常不工作，靠人給你錢花來過日子。

七殺、祿存在子、午宮入官祿宮時，表示你是行為保守，打拚並不賣力，也不太敢向外發展的人，你會在一定範圍內打拚。因仍是『刑祿』格局，故工作上所賺的錢不多，你會找較有錢的配偶來配合你的人生需要，並不一定要自己去辛苦打拚，你所賺的錢只夠自己平常的零用金而已。

七殺、文昌或七殺、文曲在子、午宮入官祿宮時，在子宮，文昌、文曲居得地之位，表示你仍能以文職或才藝方面的才能在工作上打拚，也能做到相當的水準。你忙碌的是斯文、有氣質的事。在午宮，文昌、文曲居陷，表示你工作的型態是粗活型的工作，用體力、蠻幹，不必用太多頭腦就可勝任了，在打拚能力上也不算很好。你也會馬虎、計算能力不佳，做些較愚笨的工作，升遷機會也不多。有這種官祿宮的人，也常會為價值觀和目標方向而糊塗。

七殺、左輔或七殺、右弼在子、午宮入官祿宮時，你的遷移宮會有另一顆右弼或左輔星和廉貞同宮，表示你在工作上會有平輩貴人（包括同事、朋友、部屬）幫助你打拚，你會更忙碌、勞碌，工作更多，在環境中也會有平輩幫你企劃策謀、幫競爭更多，但你也稍具領導能力，可賺到錢或工作有發展。

七殺、火星或七殺、鈴星在子、午宮入官祿宮時，在子宮，火、鈴居陷，表示你在工作上爭鬥多、很火爆、常有意外、古怪之事發生，容易突然無工作，或突然工作不順的狀況，也易與黑道或不正當的工作有關。**在午宮**，火、鈴居廟，表示你在工作上也多爭鬥、火爆、古怪，會有突然的工作機會，也會在工作上突然熱鬧了起來，熱鬧時便有的打拚，不熱鬧時便無錢可賺，你偶而會有意外之財，但要小心工作型態會和黑道或不正當的錢財有關。

七殺、天空或七殺、地劫在子、午宮入官祿宮時，你的福德宮中會有另一顆地劫或天空星和紫相同宮，表示你天生在思想、觀念

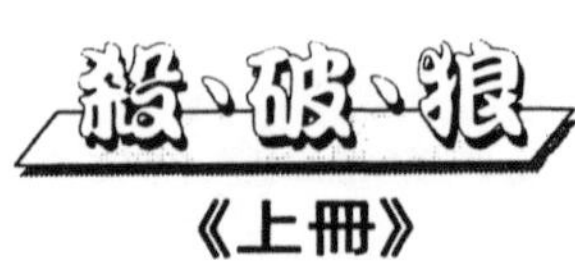

上會空空，所以在工作上會有不實際的狀況，會有斷斷續續、起伏不定、不穩定的狀況。有時候你是聰明過了頭，才會工作多起伏變化的。

七殺在寅、申宮入官祿宮時，你是貪狼居廟坐命辰、戌宮的人。此時官祿宮的七殺也居廟，表示你本人的意志力強、夠狠、夠武斷、也夠魄力，故能在事業上打拚。你的事業將會是一個十分競爭的行業，同時你也會好爭、好搶奪，也具有無限好運來讓你角逐爭奪，你會挑選最好的時機下手，也能獲得最豐富的成果。因你的夫妻宮是紫府，表示你內心想望的是富貴和權力、地位，所以你打拚的不僅僅只是錢財而已的東西了。你要的更多、更龐大。你會把自己內心所想貪、想要的東西做為一個目標，並預先計劃好奪取的手段，在執行的時候，就不再多用腦子，只要付出血汗勞力就可一舉攫獲了。

七殺、陀羅在寅、申宮入官祿宮時，你在事業上的打拚會慢一點、笨一點，因為你的環境不太好，會有擎羊和武曲在遷移宮中同宮，表示你外在的環境財少一些，所以你在工作上也賺錢少一點，而且會拖拖拉拉、慢吞吞、進財慢。也會內心多煩惱、是非，老是慢半怕、動作慢或工作不力、原地打轉。你所從事的工作，也多半是用腦不多、粗重、粗下雜亂、不太高級的工作。也容易有工作不順利的時候，或升遷太慢的問題。

七殺、祿存在寅、申宮入官祿宮時，你是工作、事業保守，只在一定的範圍內努力的人。而且這是一種『刑祿』格局，故工作上所賺的錢財不多。**在寅宮時**，你是甲年生的人，遷移宮有武曲化科，財帛宮有破軍化權，福德宮有廉貞化祿、天相，表示你周圍的環境是富裕、有水準、氣質的環境，在錢財上喜歡打拚又喜歡破耗，又有能花費金錢的主控權，你又喜歡特殊的享受。因此在這樣的環境下，你自然不必太努力於事業，只要稍為打拚一下就行了。你一生所花費的錢財，比你賺的多。

在申宮時，你是庚年生的人，你的遷移宮會有武曲化權，故你的環境十分富有，且能親自管理錢財，故你在工作上，只要在你富裕環境中的狹小範圍內稍做努力就行了。家財已夠你管理的了，不必再向外打拚了。

七殺、左輔或七殺、右弼在寅、申宮入官祿宮時，你的福德宮中會出現另一顆右弼星或左輔星，因此你天生有平輩貴人會幫助你在事業上打拚，你會更忙碌和勞碌，也能做更大的事業，事業較順利，但也爭的更凶。你會有領導力和強悍的競爭力，所向披靡。在你運氣不好時，也要小心平輩貴人的幫忙，有時候也會是負面或耗財多的幫助。

七殺、文昌或七殺、文曲在寅、申宮入官祿宮時，在寅宮，文昌、文曲居陷，表示你在工作上打拚的方向不好、不精明、也不幹練，你會做粗重、不高尚的工作，事業進展也不好，升遷機會不多，打拚的力量也不夠積極，你的腦子也有些笨、計算能力不好、不夠聰明，因此工作上常有失誤。**在申宮**，文昌、文曲居得地之位，表示你在工作上打拚會精明一些，工作能力也會好一些，且會做與文職有關的工作，也會做較高尚、名位好聽的工作，事業上只要打拚就有升遷機會。你的頭腦也會較聰明，做事有方法，競爭力較強，文化水準高。

七殺、火星或七殺、鈴星在寅、申宮入官祿宮時，表示你在工作上爭鬥多，也會常有古怪之事發生，會做與黑道有關或賺不正當的錢。**在寅宮**，火、鈴居廟，表示會常有突然來的工作，會有外快賺，但時間很快就過去了。也會熱鬧時很忙，安靜時無工作。**在申宮時**，火、鈴居陷，不好的事多、競爭多、鬥爭多，工作機會易古怪的無寂而終。

七殺、天空或七殺、地劫在寅、申宮入官祿宮時，你會有另一顆地劫或天空星在夫妻宮相照，表示你頭腦不清，頭腦空空，常會不結婚、晚婚，也不知道自己的人生目標是什麼？有時候是說得多、做的少，光說不練，意見又多，思想不實際，好高騖遠，有時候又太天真，凡事想得美。早點結婚對你有利，有人盯著你，你才會發奮打拚事業。

七殺在辰、戌宮入官祿宮時，你是貪狼坐命子、午宮的人。

你出生時的環境就好，也會在高尚的環境中生活，你的桃花多、人緣好，會用人際關係來做打拚的利器。你會做一些和人際關係有關的工作，用的腦力和行動力也和這方面有關，並不真正流血、流汗。當你經營久一點時，才會成功。你在運用這些和事業有關的關係時，也會比較勢利。會對自己較有利的事有決斷性、能用強悍的力量去攫取。但也會在某些部份有一些漏失。對於一些在你心中覺得並不是那麼重要的事情而不聞不問，因此在事業上忙碌的，會是一些看起來高尚、有名有利的事。

七殺、擎羊在辰、戌宮入官祿宮時，表示你天生會笨一點、慢一點，會想得太多，又在事業上有一些阻礙，不是那麼順利。你也容易在事業上從事與傷災、血光有關的事。你自己也更容易有傷災、或車禍而有性命之憂、或傷殘現象。雖然你外在環境仍不錯，但會工作做不長久或起起伏伏。你也會受制於特別的觀念或想法而爭一些不適合你的東西，或該爭的不爭，不該爭的又亂爭一通，以致於在事業上不順利。

七殺、陀羅在辰、戌宮入官祿宮時，表示你在事業上會辛苦又拖拖拉拉、不順利。你會做事與思考都緩慢不聰明，會做一些吃力不討好、沒成果的事，或是慢吞吞、做的不完美，這有時是你內心糊塗、多是非而造成的，有些是你反應不靈敏所造成的。你會做較粗俗、繁雜的工作，無法做較精細的工作。

七殺、文昌或七殺、文曲在辰、戌宮入官祿宮時，在辰宮，文昌、文曲居得地之旺位，表示你在工作上很打拚，會做文職工作，也能精明幹練，有計算能力，頭腦清楚，工作會有效率，也易升官。**在戌宮**，文昌和文曲居陷，表示頭腦不清，工作打拚時易產生

錯誤，計算能力不佳，不能精打細算，聰敏度不夠，工作效率差、成果差，升官不易，工作也易斷斷續續。

七殺、左輔或七殺、右弼在辰、戌宮入官祿宮時，表示你十分忙碌，也十分辛勞不斷，因為有平輩貴人在幫忙你，使你忙碌不停。並且他們也在幫忙你好爭奪、競爭，更會幫忙你付出很多，但不一定得到很多回報，還可能會有一些損失產生。

七殺、火星或七殺、鈴星在辰、戌宮入官祿宮時，表示工作上爭鬥多、很火爆、不平靜，並且可能與黑道的工作、或不正當的工作有關。**在辰宮**，火、鈴居陷，表示打拚並不一定是在正道上打拚，也會打拚無結果，工作是有一票沒一票的，常有疏失、災禍發生。**在戌宮**，火、鈴居廟，表示有工作時，會突然熱鬧起來，打拚也有勁，常有突然而來的工作，也會工作有斷斷續續的狀況。

七殺、天空或七殺、地劫在辰、戌宮入官祿宮時，你的遷移宮中會有另一顆地劫或天空星和紫微同宮。表示你周圍的環境是表面高尚、平順的，但實際上是空虛、用腦不多的，工作會起伏，會有一陣子斷斷續續的。你會在思想上不實際，常會因有突發的特別思想或觀念，導致你辭職或失業。有時你亦可能是頭腦少根筋而做的決定。你更可能常不努力或做白工，思想方式和別人不一樣，也不在乎人生的目標和成果。更易接近宗教或哲學來過生活。

紫殺入官祿宮時

紫微、七殺在官祿宮時，你是武貪坐命丑、未宮的人，你本身性格強悍、固執、有堅強意志，也對錢財和好運有特殊的敏感力。本身有『武貪格』暴發運，故能在事業上暴發，也能在事業上打拚，你所重視的就是權力和地位，也認為只有這兩樣會為你帶來更多的財富。因此你會窮一生之力來爭權奪利，把事業推向高點，適合從武職，肯定能有一定的高位。若在賺錢上努力，也能打拚到一定程度的財富。

當紫殺在官祿宮時，你的聰明才智並不很高，你會用一些蠻幹的力氣，看起來很辛勞，但成果並不十分好的努力在打拚，以這樣的打拚方式，其實要成功很慢，因此你是靠十二年一次的暴發運才有的成功機會，在支撐整個的命運架構。如果暴發運成為破格時，事業成功的希望就會很渺茫了。

紫殺、陀羅入官祿宮時，在同時，你的遷移宮有擎羊入宮，表示你的環境險惡，鬥爭和競爭多，環境中多小人和刑剋，對你有不利和挾制的地方。因此你在事業上會慢一點、笨一點，也會有不順暢或受阻礙及是非多、困擾多的問題。很多事都在考驗你的聰明才智，但是你的反應稍慢，打拚力量也會受阻礙減慢。若做武職或政治鬥爭，用強悍、蠻悍的力量仍可克服，若做文職則力不從心，也無法有太大、太高之發展。像蔣夫人宋美齡女士有這樣的官祿宮，一生在政治環境中打滾，仍可有較高之地位，也能為國家做一些事情。

紫殺、祿存入官祿宮時，是『刑祿』的格局，表示在工作上會保守，雖努力打拚，但會是小格局的打拚，賺錢較少，無法向大格局開展。你會有一定的工作來賺衣食之祿，但不會做大事業。生活小康、平順，你就十分滿足了。

紫殺、文昌或紫殺、文曲在官祿宮時，在巳宮，文昌、文曲居廟，表示你會精明幹練，計算能力好，有才藝，才能好，能運用才智在文質方面的工作來打拚，成就會較好，升官也快，事業有較佳的發展。**在亥宮**，文昌居平、文曲居旺，若是紫殺、文昌時，你的工作還斯文，會做文職，工作態度和努力較平平。若是紫殺、文曲時，你的工作和口才有關，你會做用口才、講話有關的工作。

凡有紫殺、文昌或紫殺、文曲在官祿宮時，皆適宜專業技能的工作，亦會有某些方面糊塗之事。

紫殺、左輔或紫殺、右弼在官祿宮時，在你的財帛宮會有另一顆右弼或左輔星和廉破同宮，表示在工作及事業上有很多機會會造成你的忙碌和辛勞，但也會有人、有助力會幫助你解決問題，使你更進步、更能幹。也會在工作上有增進平順的力量，不必發愁做不好，只要持續努力，就容易更接近成功。但是也會有人幫助你更大膽的破耗，更增破耗，破耗的更快。

紫殺、火星或紫殺、鈴星在官祿宮時，在巳宮，火、鈴居廟，表示工作上爭鬥多，是火爆，是非多，常有意外衝突的型態，但機會是有好、有壞，有災禍會發生，也會有突發好運。你會工作斷斷續續的，有時候做一陣子，有時候停一陣子，也會精神時好時壞，周圍的環境一會兒熱鬧、一會兒安靜。熱鬧時，你的打拚能力強，安靜時，你也有氣無力，不想動。**在亥宮**，火、鈴居陷，表示工作上之意外災害較多，突發的好運少，工作是爭鬥多、是非多的型態，你也工作不賣力，常心煩，會斷斷續續，做不長久，只求有平順的生活即可。

紫殺、地劫、天空四星同在官祿宮時，表示外表看起來很忙，也很有能力的樣子，實際上不常工作，也不想工作，更沒有事業。一生中思想不實際，好高鶩遠，會在一些無用的事情上忙碌一陣子，但很快的便沒興趣了。易寄託宗教以棲身。

紫微化科、七殺入官祿宮時，你是乙年生的人，你會很有做事方法的，很能幹的打拚，因此事業會增高，具有權力和地位。你也易於升官和賺錢，在事業上會擁有身份地位。

紫微化權、七殺入官祿宮時，你是壬年生的人，在你的命宮有武曲化忌、貪狼，你一生都在金錢是非和金錢問題中打轉，也無暴發運和偏財運，在事業上很會打拚，喜歡掌權，也好爭鬥，但永遠只是解決問題而已。地位也會達到你所想要的中等位置，但在錢財上是所得利益不多的，你是頭腦不清的人。

武殺入官祿宮時

當官祿宮是武曲、七殺時，是『因財被劫』的格式，武曲居平、七殺居廟，你在工作上會付出較多的勞力而賺錢少，也會辛苦加倍而所得之利益少。你是廉貪坐命巳、亥宮的人，因廉貞、貪狼俱陷落的關係，故人緣、機會不佳，思想、才智都不夠聰敏，先天性的條件就比別人差，因此在做事方法上也多不如人。但你仍喜歡做挑戰性大、鬥爭多的工作，會用窮凶極惡的方式來爭奪，這種爭奪的手法方式總是粗糙有瑕疵，因此在某方面爭到一點，但另一方面就會失去很多，是故常得不償失，而且會為財、為利益挺而走險，或與人持刀死拚。你做武職、做軍警業或政治較佳、職位也會不太高，做文職會沒有發展。命中八字財稍多的人，努力多一些，仍會苦盡甘來，稍有成就。

武殺、擎羊入官祿宮時，是『因財被劫』又劫得凶的格式。在工作上爭鬥更多，更不順利，賺錢更不容易，因此你常想不工作，或是工作時就頭痛、使不上力，也會易在工作時受傷遭災，或有性命之憂。你易做爭鬥凶的工作，或做與血光、傷災、或是有刀光劍影的工作。你的性格也會有時懦弱，又有時陰狠。這更導致你在工作上的不順利，容易半途而廢，或失去工作。或十分辛苦而無所得。運不好時，就無工作。

武殺、祿存入官祿宮時，表示你在工作上會保守，只在小範圍的工作環境或專業的工作環境中努力打拚，賺錢一定有的賺，但薪水不多，有時也賺的辛苦，但一定有飯吃。你會和男性的朋友、同事較要好，這也保障了你的工作。事業上的成就普通，一生兢兢業業會平順。

武殺、文昌或武殺、文曲入官祿宮時，在酉宮，文昌、文曲居廟，你會有專業能力、學習力強、聰明、幹練、打拚能力強，會做文職及有才藝的工作。在事業上會稍有成就，也能升官，雖辛苦但會有成果，以律師、訴訟、法官為最佳。**在卯宮**，文昌居平、文曲居旺，有文昌和武殺同宮時，計算能力不太好，也能做文職事務，但事業平平。有文曲和武殺同宮時，會做與口才和才藝有關的工作，能稍有成就。

武殺、左輔或武殺、右弼在官祿宮時，你的命宮中會有另一顆右弼星或左輔星和廉貪同宮，表示在工作上有很多事務可打拚，有外在平輩的力量幫你很忙碌，有時是窮忙，但賺錢或利益上並不多。在你的本命中，會有一些人來幫你貪不好的東西或貪不到的東西，所以你易接近壞朋友，讓你更賺不到錢。

武殺、火星或武殺、鈴星在官祿宮時，表示事業上爭鬥多，也多意外突起之災禍，一忙起來就多爭鬥和競爭，不忙就沒工作，因此在賺錢上是有一票或沒一票的，工作並不順利，且多是非、爭執，常為錢財而爭執，亦多鬥毆事件，小心有意外傷災、死亡。

武殺、天空或武殺、地劫在官祿宮時，表示思想不實際，常不打拚、不努力，或做白工，或打拚一些不實際、好高騖遠之事。亦會常不工作，易接近宗教。工作會起伏不定，做不長久。

武曲化科、七殺入官祿宮時，你是甲年生的廉貪坐命的人，命宮有廉貞化祿、貪狼，表示你喜歡男女關係、桃花強。在事業上講求賺錢的原則，所以不一定賺得到錢。**官祿宮在卯宮的人**，尚有擎羊在官祿宮中，是『武殺羊』的格局，事業會因男女關係更不順，有傷害。**官祿宮在酉宮人**，能做一點事，但也只是表面好看、賺錢不多的事業。

武曲化祿、七殺入官祿宮時，你是己年生的人，命宮是廉貞、貪狼化權，故你天生喜歡掌權，又喜做與錢財有關的行業，從軍警職管軍需，會有較不錯的收入。但仍不可做生意賺錢，仍有失敗之虞。

武曲化權、七殺入官祿宮時，你是庚年生的人，在事業上能辛苦、打拚、掌權，易做與政治有關之工作，亦喜管錢。這種命格多半是『主貴』的格局，一定要能掌權，才能管到錢，但能管的錢財並不多。而且易有是非、爭鬥，會非常辛苦。

武曲化忌、七殺入官祿宮時，你是壬年生的人。你會在事業上有錢財問題，工作不順利，對錢財搞不清楚，頭腦糊塗，也不知如何打拚、如何去賺錢，容易失去工作，也容易有是非、官非，或因財遭殺傷、殺死之虞。一生沒有發展。

廉殺入官祿宮時

當廉貞、七殺入官祿宮時，你是紫貪坐命的人。因廉貞居平、七殺居廟，因此你會做一些用腦不多、簡單、有規律性質、固定且保守的工作，適合做武職、軍警業，以及專業性的工作。你會頑固的只為一個目標埋頭苦幹，比較沒有開創性或開發、設計、發展上的頭腦。有時你會用蠻幹的方式來做事，因此成果有限。在賺錢方面也不多，是薪水族的待遇。

廉殺、擎羊入官祿宮時，擎羊居廟，這是『刑官』、『刑殺』格局，表示你在事業上好爭強鬥狠，但不一定爭得到利益。你會用計謀、凶悍的方式來爭，自己易有傷災、身體不佳等狀況，結果也不一定爭得到。還可能自己傷身而工作不長久，起起伏伏，一生多不順利。你會做與爭鬥、血光、傷災、政治、軍警有關的行業，亦容易半途而廢，或中途鬥不過而停止工作。

廉殺、陀羅入官祿宮時，陀羅居廟，這亦是『刑官』、『刑殺』的格局，表示你在事業上多是非爭鬥，但你本身有點笨，又會拖拖拉拉，故雖頑固打拚，但會不順利，也不一定能爭到利益。你會內心多煩憂，用計謀也總是差人一籌，做事起起伏伏，不長久。也易中途改行。你會做粗鄙雜亂或職位不高、用腦不多的工作。

廉殺、文昌、文曲四星同在官祿宮時，**在丑宮**，表示你會在文職、斯文的行業中工作，在專業上精明幹練，有計算利益的能力，雖保守，但努力打拚會有一定的成就。**在未宮**，文昌居平、文曲居旺，你也會做與文職有關的工作，會用口才來工作，人不算精明，工作也只是普通，但會有專業技術，生活能平順。有此官祿宮時，

也會常糊塗，或做與桃花情色有關的工作。

廉殺、左輔、右弼四星同在官祿宮時，表示有外在的力量，有平輩的貴人來幫助你打拚，你會很忙碌，頭腦雖不聰敏，但能有能力解決事情，你也會略具領導能力，會對事業有利，做武職更易成功。做文職也易工作不斷，累積經驗，也能成功。

廉殺、火星或廉殺、鈴星在官祿宮時，表示工作上爭鬥多，易與黑道有關，易火爆或衝突多，災禍多、傷災多，工作不順利，錢財不順利，常有一票、沒一票的。亦會有意外傷亡之事發生。

廉殺、天空或廉殺、地劫在官祿宮時，你的命宮會有另一顆地劫星或天空星和紫貪同宮，表示你本身腦子空空、運氣會成空、思想不實際，會打拚沒有力量，或常不努力打拚而事業易不順利，做不長久，一生多起伏。你也容易與宗教接近，或棲身宗教之中。

廉貞化祿、七殺入官祿宮時，你是甲年生的人，在丑宮時，會有陀羅同在官祿宮，表示你會較頑固的、以自己不太聰明的喜好、癖好做為工作來打拚，這些癖好、喜好可能是些較粗俗的事，也要小心會在男女關係、色情上有所失誤，而影響事業，使事業有阻礙或觸礁。你在事業上會稍有豐腴一點的進帳，但仍不多。**在未宮**，表示你仍會以自己的喜好、癖好來做為工作來打拚，工作形態也會和男女關係有關，可賺到一點錢，但仍不多。

廉貞化忌、七殺入官祿宮時，表示你頭腦不清楚，根本不知如何打拚賺錢，在工作上多是非、官非，不工作還好，愈打拚愈有官非、爭鬥，會一生糾纏其中，也做不了什麼事。

第二節　破軍在『命、財、官』對人的影響

有破軍在『命、財、官』時，表示你就是打拚能力強、好動、閒不住，會在人身上有精血、力氣的破耗，或是在錢財、運氣上有破耗和起伏。在一生的運氣上會有一定的規律運程，有些年份是好的、收入多的，在破軍的年份則是出多於進、收入不豐的或是結算之後是消耗較多的。

破軍在命宮

破軍入命宮

當破軍星入命宮時，你會氣勢強悍，破軍居廟時，為五短身材、腰背寬厚、闊嘴大眼。破軍居平陷入命時，是武破、廉破坐命的人，會瘦高。廉破坐命者，因破軍居陷的關係，易有麻臉或破相。

命宮有破軍者，皆狂傲多疑、性格剛硬、吃軟不吃硬、私心重、記恨心強、有報復心態、性格也易反覆不定，或情緒不穩定，忽喜忽怒，讓人難以捉摸。他們好勝心強，敢愛敢恨，行事作風大膽，敢於突破禮教，向傳統規範挑戰。喜歡管別人，自己卻不守規矩、臉皮厚、說詞很多。做起事來，不做則已，一做就要一鳴驚人，幹勁十足。平常也喜歡說驚人之語，在言詞上也易得罪人，有時也會反覆無常的給人賠不是。

命宮有破軍者，一生有多次開創格局，喜歡往前衝，喜創業，是破祖離鄉才能發達的人，因為破耗多，故事業會先破後成，也易無法守成而再破。

凡是命宮有破軍的人，從一出生開始，就會面臨複雜的環境，也會面臨家族或家庭的衰落，或環境的變遷，這是在那個時間點上和空間裡，在時空的交叉點上需要此人來打拚、爭鬥。倘若此人八字財多，命理格局好的，命、財、官沒有刑剋的人，能從窮苦家庭中脫穎而出，白手起家，打出一片天下，也能創造極大的富貴。例

如鴻海電子公司的老闆郭台銘，又例如前大陸主席江澤民先生都是命宮中有破軍星的人。

還有一種破軍坐命的人，他的出生就預言了家庭的敗亡，或父母離婚、家裡四分五裂、家庭破碎等事情，這就是命中財少、刑剋多或是破軍居平陷之位入命宮的人所有的命格了。也有的人是來耗財、破敗家產的。例如有一位破軍化祿、地劫坐命寅宮的人，遷移宮是武相、天空，嘴巴很會講，一生一事無成，常遊說周邊的人出錢做生意，讓他做老闆，於是周邊的朋友、妻子、父母的錢全讓他挖光、敗光，最後成了人見人怕的人。因為破軍化祿就是為了破耗、花錢而找錢，想找就找得到，又有地劫，找來的錢又被劫財了、破耗了，是故會拖累、耗敗周圍所有的人，成為親友的大害。

又例如張學良是武破、祿存坐命巳宮的人，一出生便面臨龐大複雜的大家庭，和詭異複雜的東北局勢。父親張作霖一生辛苦，控制了整個東北，成為東北王，但隨後父親被日本人炸死，張學良投靠了中央國民政府。表面上看起來他是將東三省回歸中華民國政府，形成中國統一局面的功臣。但若以他自己的家族來說，他就是破敗家族、耗損家產的罪人。所以終其一生不敢再回東北，雖大陸多方邀約他死後歸葬東北，亦不敢再見江東父老與拜祭其父之墓前。

從命理學的觀點而言，每一個人的出生就顯示出在那一個時空的交叉點上所應運而生，反映時空需要的人物。如果家中生出財星坐命的人，表示家中需要有人來賺錢了。如果家中生出運星坐命如貪狼坐命的人，表示家中需要有好運的人來打拚了。如果生出天機坐命的人，表示家中需要聰明和隨機應變的人，家中的是非會多一些，需要有人來隨機應變。如果生出福星如天同坐命的人，表示家

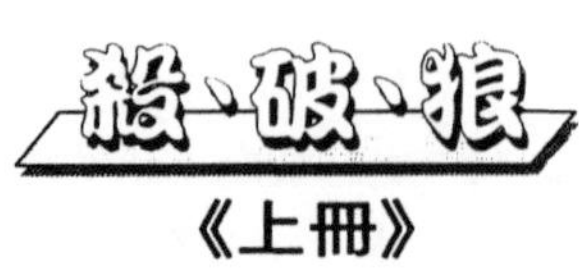

中小康，目前算好過，平平安安，不求發展，也無太大的麻煩。如果生出福星天相坐命的人，表示家中有一些麻煩、不和或不富裕，或有些零落，或父母婚變，環境複雜，須要此人來打理收拾殘局了。

例如陳水扁總統是廉相坐命的人，幼年家中窮困，就須要此人發奮圖強，出人頭地，才會為家族帶來興旺。

子女是父母所生，是父母所賦予的生命，倘若你生到命格財不多，或是你認為不好的命格，其罪在你，因為你沒有計劃生育，沒有在好運時再把他生出來，卻在自己運衰時把他生出來，自然反映了你當時的狀況。因此父母怨不得子女，子女也無法怨得父母。天命使然！什麼樣的家庭會生出什麼樣的子女，積善之家必有餘慶，這是必然的道理。因為積善之家會生出好命的子女，自然有餘福綿綿不斷了。

破軍在子、午宮入命宮時，為獨坐，破軍居廟，打拚能力特強，因財、官二位的七殺、貪狼也居廟，福德宮又是紫府，表示天生對政治和財富有興趣。夫妻宮是武曲居廟，表示會娶嫁財多、剛直的配偶。代表周遭環境的遷移宮又是廉相，周遭所遇到的人全是不太聰明、又能溫和、好脾氣的為他料理善後，因此此人打拚時所向無敵。他們的父母宮是天機陷落，多半出生於較窮或有麻煩複雜的家庭之中，全靠自己的打拚、開拓來白手起家，打出一片天下，算是破軍坐命中命格較高，較會成功的人，也能聚集財富，但一生必會有大起大落、起落分明的現象。也會先破後成，三十歲以前運不開，三十歲以後慢慢轉運。

破軍、擎羊在子、午宮入命宮時，破軍居廟，擎羊居陷，擎羊會和對宮的廉相，形成『刑囚夾印』的格局，因此你會懦弱、陰險、又多是非、官非，易做自做聰明又遭災的事。你的夫妻宮是武曲化忌、陀羅，本身對金錢的觀念不好，錢財不順，也會有身體傷殘，或有錢財麻煩及債務的配偶。你本性好爭鬥、自私，也會為自己帶來不愉快、不平靜的人生。一生多傷災、病痛，破相者稍可延壽，易不善終。

破軍化祿、祿存在子、午宮入命宮時，是『刑祿』、『耗祿』格局，錢財仍存不住。為人保守、小氣，錢只花在自己身上，對別人小氣。因你是癸年生的人，本命中是破軍化祿和祿存同宮，表示是『雙祿』格局，但只是為花錢、耗財而找錢花，財也是小財，找到的錢也不多，只有衣食之祿而已。你的官祿宮有貪狼化忌，故一生也事業不順利、保守、運氣古怪，無法有好的發展，工作易斷斷續續做不長。

破軍、文昌或破軍、文曲在子、午宮入命宮時，皆是窮的格局。**在子宮**，尚可主貴，亦可因不在乎錢財，努力打拚，有好的事業而生活平順。**在午宮時**，昌曲居陷，表示亦無才華也不精明，窮的較徹底，做薪水族有固定薪資才可平順。有此命格的人，皆不重錢財，亦有窮思想，也會為人小氣、破財、耗財較多，不會賺錢。所用的方法也都是先用耗財多的方法來做事。

破軍、左輔或破軍、右弼在子、午宮入命宮時，你的福德宮有另一顆右弼星或左輔星和紫府同宮，表示有人會幫著你破耗及打拚，也天生有人會幫著你享福、聚財。因此在工作上會有平輩貴人幫忙做事、賺錢，在生活上也會有人幫著花錢、耗財，或存錢供你花。也因此你能做更大的事業，有領導能力。但也可能破耗更大，入不敷出。這要看你命中的財是多、是少而定了。財多的人能做大事業。財少的人，是來破敗家產的人。也要小心傷災多，和一生有重複多次的開創事業。

破軍、火星或破軍、鈴星在子、午宮入命宮時，表示本命好爭鬥、是非多，常有意外突起的爭端和災禍。你的脾氣急躁，有特殊、怪異的聰明，反覆無常，有奇計，一生常在戰鬥之中，不平靜。也易有突發的傷災、病痛、怪病，突然來，又突然走了。你在破財和打拚時，也是突然要破財或突然有一陣子想打拚。你的破耗會多一些，不是錢財破，就是身體破，因此常要小心才行。

破軍、天空或破軍、地劫在子、午宮入命宮時，你的夫妻宮會有另一顆地劫星或天空星，表示你天生思想超脫、不實際，有異於常人的想法，會接近宗教、哲學、玄妙的學問知識，也會有特異的

聰明，如對數學、物理有天分，你一生想得到的東西常是太高超，幾乎是常人無法達到的目標。因此你也可能窮其一生在追尋，也可能一生一事無成。在錢財上是破耗多，存不住錢的，也要小心傷災、病痛、癌症等問題。

破軍在寅、申宮入命宮時，為獨坐，破軍居得地之位，還算旺位，打拚能力稍弱，因遷移宮為武相，父母宮為空宮有陽梁相照，表示幼年出生的家庭狀況為小康形態的富裕程度。幼年時代是自己運不好，學習和打拚能力都會比較慢，三十歲以後才會漸漸發展。此命格的人，多半愛享福，命格多半主貴，少有帶大財者，而且夫妻宮是紫微，福德宮是廉府，喜歡用交際應酬來增高地位，一生生活也只在小康的境界。也多半在婚後家庭中享配偶所帶給他的福氣。**命坐寅宮的人**，因有『日月反背』的格局，會運氣更差一點，打拚力量也更少一些。**命坐申宮的人**，夫妻宮的紫微居廟，又有日月皆旺的格局，一生運較好，也會有地位高、錢財多的配偶來照顧他的生活。

破軍、陀羅在寅、申宮入命宮時，你的福德宮中有擎羊和廉府同宮，表示你長相不好看，較粗，頭臉有破相，或牙齒破爛，而且命中財少。只是靠家人給你的待遇而生活舒服一點。你也會比較悶、話不多、較笨、內心多思慮、多是非，但有話不說出來，不和人溝通。也會做事慢半拍、拖拖拉拉、不乾脆、喜歡享受，但未必享受得到。一生破財多、不聚財、耗費多。一生成就在中等格局就不錯了。

破軍化祿、祿存在寅、申宮入命宮時，為人保守、固執、小氣，表面上人緣還不錯，但會自私，為找自己要花的錢財而努力，又因被『羊陀所夾』，防人甚嚴，不容易相信別人。一生錢也存不住，和家人不和，只因官祿宮有貪狼化忌，一生也無事業，工作斷斷續續或不工作，靠配偶養活或寄人籬下生活。

破軍、文昌或破軍、文曲在寅、申宮入命宮時，為窮命，一生不富裕，耗財多，不會理財，為人自命清高，但自己亦無能力。**破軍、文昌在申宮時**，夫妻宮是紫微居廟、文曲陷落，表示會有口才不好、事業普通的配偶。**破軍、文昌在寅宮時**，夫妻宮是紫微居平、文曲居旺，表示會有口才好，但事業差一點的配偶。**破軍、文曲在申宮時**，夫妻宮會有紫微居廟、文昌居陷，表示會有長相粗但氣派或財力、地位不錯的配偶。**破軍、文曲在寅宮時**，夫妻宮是紫微居平、文昌居旺，表示會有斯文，但事業平平之配偶。

破軍、左輔或破軍、右弼在寅、申宮入命宮時，在你的夫妻宮中會有另一顆右弼星或左輔星和紫微同宮，表示你內心有堅強意志，超愛美麗、精緻、高尚的人、事、物，會特別挑剔，因此會破耗更凶，有人幫你破耗，又有人會供給你破耗，你的配偶會讚同供給你來破耗，會幫助你擺平一切的痲煩，更會幫你打拚、賺錢給你花。

破軍、火星或破軍、鈴星在寅、申宮入命宮時，表示其人脾氣火爆，好爭鬥，有怪異的聰明，一生起伏大，也多意外災禍、傷災或耗財。你打拚的方式就是以爭鬥來打拚，因此你一想打拚努力，就會有爭鬥事件，也會有傷亡和耗財的事。不打拚就沒事，也易與黑道接近。**在寅宮**，火、鈴居廟，表示你一打拚、爭鬥，很熱鬧，表面上是有錢可進，但實際是令其他的事正在要破財和遭災的。所以是有些得不償失。打拚的力量也會有一陣、沒一陣子的在進行。

在申宮，因火、鈴居陷，故好事、正面的事不太想打拚，打拚能力不強，災禍、耗財反而多，且本身財少，靠別人的時候多，能安靜的過日子，靜下心來，生活才會平順。凡是有破軍加火、鈴在命宮的人，都有意外傷災、車禍、病痛，也易有躁鬱症，宜寄託宗教為佳。

破軍、天空或破軍、地劫在寅、申宮入命宮時，你的遷移宮會有另一顆地劫或天空星在相照，所以你外在的環境容易財空、福空，或被劫財、劫福，內在的思想也會有耗空或劫耗的思想。你會頭腦不實際，有些天真，對錢財不重視，打拚能力不強，或不知如何打拚？要打拚到什麼程度才會有結果。亦是耗財多，又不容易賺到錢的狀況。你也會特別聰明、智商高，容易和宗教結緣，一生多傷災、病痛，有傷殘現象。

殺、破、狼《上冊》

破軍化權在寅、申宮入命宮時，破軍化權居得地之位，你是甲年生的人，**若命宮在寅宮**，你會有破軍化權、祿存同入命宮，遷移宮有武曲化科、天相，福德宮有廉貞化祿、天府，表示你的性格保守，又強勢愛掌權，周遭環境是很有辦法賺錢理財，又很懂得享受物質和精神生活的環境。但是會有太陽化忌、天梁在疾厄宮，故會有眼睛不好、高血壓、心臟病、腎臟病、糖尿病，會因健康問題阻礙了你的事業發展。因此你的打拚能力也受到限制。**在申宮**，本命宮是破軍化權，遷移宮有武相、祿存，也是本身有較強的打拚能力，但是周圍環境中的『財與福』規模很小，有一點桃花和稍微多一點的物質享受就很滿足了。也要小心健康問題，會造成事業上的起伏和阻礙。

破軍化祿在寅、申宮入命宮時，表示你一生想要錢花，就找得到錢來花，但是事業會起伏不順，運氣不好，做不長久。官祿宮有貪狼化忌。**命坐寅宮的人**，你事業不順的程度較嚴重，工作做不長久、會斷斷續續。**命坐申宮的人**，因官祿宮是貪狼化忌、祿存，有專業技能，仍能有工作，會做得久一些，但薪水不太多。

破軍在辰、戌宮入命宮時，因為你的遷移宮是紫相，所以你外在的環境還平和高尚、富裕，別人也會對你尊重，尤其你的父母會對你好。你本身是性格強勢的人，而且心中多計謀，善於打拚，愛賺錢，但在官祿宮中是貪狼居平，表示事業上的好運不多，因此需要你自身特有的計算和競爭之心，才會事業有成就。通常你會生在家世還不錯的家庭中，但也會一生起伏多。

破軍、擎羊在辰、戌宮入命宮時，你是乙年或辛年生的人，本命是『刑耗』格局，會有傷殘現象或身體不好，性格多陰險狡詐、好爭又懦弱、勞心勞力，易精神耗弱或失眠症。你的夫妻宮會有廉貞、陀羅，表示你雖用盡心機，但內在思想上，仍是計謀和智慧較笨和不如人的，也會常有百密一疏的狀況。一生中總有失去錢財或事業失敗之事，很難爬得起來。還好你會有一些家產或家業讓你耗敗，一生還不致於窮無立錐之地。要小心流年逢命宮有破敗、車禍、傷災、血光之事發生。

破軍、陀羅在辰、戌宮入命宮時，你會長得粗粗壯壯的，有破相，不夠秀氣。你也會比較笨、腦子不靈光，做事慢吞吞、拖拖拉拉。心中是非多，有些古怪、心中有話也不說出來，愛想東想西，有精神上的折磨。你的福德宮中會有擎羊和武府同宮，表示你本命中是刑財刑格，命中的財會少一點，也容易煩惱、消耗健康的財。

丙年生的人，會有廉貞化忌在夫妻宮，表示頭腦不清楚、內心的問題多，會找到是非多、爭執多、糾纏不清的配偶。亦容易有精神疾病。**戊年生的人**，命坐辰宮，家中不富裕，只是小康型態，朋友間多是非、事業也普通。**壬年生的人**，福德宮有武曲化忌、天府、擎羊，一生財運不順，也不會理財，為財所困，難富裕，且多傷災、病痛。

破軍、文昌或破軍、文曲在辰、戌宮入命宮時，為窮命、有水厄，一生不富裕。**在辰宮**，為外表斯文或口才好之人，多讀書，增高學歷，能有平順的生活，為寒儒色彩的人物。**在戌宮**，外表粗俗、不會讀書、破耗更凶，窮得更厲害，為一不學無術之人。一生也難有成就。

破軍、左輔或破軍、右弼在辰、戌宮入命宮時，你的遷移宮會有另一顆右弼星或左輔星和紫相同宮。表示在你本命中有人會幫你打拚、幫忙你破耗，但你周遭也會有人幫忙你收拾殘局，幫忙你平順及做事，因此你會更忙碌，也具有領導能力，地位會增高。你會掃除舊的、不好的制度，喜歡改革和革命，也會有人幫你料理善後，幫你找錢，來讓你做出自己理想的事。

破軍、火星或破軍、鈴星在辰、戌宮入命宮時，表示你脾氣火爆、善於爭鬥，也易與黑道接近，本身是『刑耗』格局，也會刑剋到你周圍的福氣，是故會多意外之災，要小心有車禍、傷災，或是非造成的傷亡、傷殘，或破耗。你會脾氣古怪，又性急，不打拚而已，一打拚就驚人，但一生也是一陣子、一陣子的、斷斷續續的打拚現象。一打拚時，很熱鬧，就有是非多的現象，會進財也會耗財多，最終結算，也是不能平衡的，有耗損現象的。

破軍、天空或破軍、地劫在辰、戌宮入命宮時，你的福德宮會有另一顆地劫或天空星和武府同宮，表示你思想不實際，會清高及不重錢財，所以也享用不到太多的錢財。你的本命是耗空或劫耗現象，因此凡事都損耗成空。也會凡事想得太好，好高鶩遠，而實際做不到。會一生起伏，一事無成，會接近宗教，其人身體也易有傷災、傷殘現象、多病痛，亦會不長壽。

破軍化權在辰、戌宮入命宮時，你會氣勢強悍愛掌權、精力充沛。愛賺錢、又愛享受，賺得多，又花得多，也會桃花多。田宅宮有太陽化忌、太陰，有家宅不寧的現象，也會有房地產留不住的現象，也易有六親不合的現象，最後總是孤獨的。

破軍化祿在辰、戌宮入命宮時，你的官祿宮會有貪狼化忌，工作運不好，會斷斷續續，做不長久，或不工作，你本身是想花錢再找錢花的人，口才好，對朋友有影響力，也會有家宅不寧或子女不

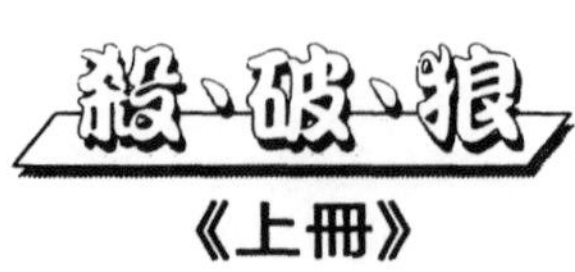

消的問題。一生成就不高。

紫破入命宮

當紫微、破軍入命宮時，會在丑、未宮，你是外表長相還氣派端正，但言行舉止大膽、為人狂傲、思想開放、敢說、敢做、也敢當的人。不在乎別人批評，也常對周圍的人不滿、意見多，但自己未必有改善的能力。你的財帛宮是武殺，是『因財被劫』的格式，官祿宮是廉貪，故一生多為藍領階級，職位不高，賺錢辛苦而不多。紫破坐命者，其夫妻宮為空宮，有廉貪相照，故婚姻多不美滿，有多次婚姻，亦會有不倫的感情事件，也會影響一生的運程和打拚的力量，使人生起伏不定。

紫破、擎羊入命宮時，表示你是好爭鬥、善於競爭、計謀多的

人。但擎羊和對宮的天相也形成『刑印』格局，因此你有時也常抓不到權力，掌不到權，有時也會懦弱，看起來溫和。實際上你的性格上是善於報復、有凶悍勁的。你的夫妻宮中有陀羅，夫、官二宮會形成『廉貪陀』『風流彩杖』格，因此你或配偶都會有不好或不名譽的男女關係。流年逢巳、亥年也會因色情事件而遭災，女子逢巳、亥年要小心受強暴。命坐丑宮的人有紫微、破軍化祿、擎羊在命宮，仍是『刑財』格局，財不多，破財、耗財更凶，官祿宮還有廉貞、貪狼化忌，一生為無用之人，工作機會少，會不工作，也會好吃懶做，不務正業，連累家人，挖家人的錢財。

紫破、陀羅入命宮時，表示你是外表頭大、又圓圓的，有點悶悶的，有點笨又強悍的人。**在丑宮時，命宮是紫微、破軍化權、陀羅，**表示你有很強的打拚力量，會頑固的蠻幹，自我意識強，自尊心

強，毫不聽別人的意見，即使做錯了也要強橫的蠻幹，愛掌權、管事。官祿宮有廉貞化祿、貪狼，在事業上仍會用一些人緣關係和手段來做事，但得財仍很少。且要小心因男女色情之事而遭災。**在未宮**，你的財帛宮會有武曲化權居平、七殺，表示你雖做事慢一點，聰明度也不夠，但性格強悍、喜歡對賺錢之事掌權，尤喜管財務，所能管到的錢不多，仍很辛苦。也表示你喜用政治上的力量來打拚賺錢，賺的也不多。

紫破、文昌、文曲四星同入命宮時，表示你是長相好、美麗、較斯文，也具有一些文化水準，或許會讀書，外表不粗俗的人，思想上也能精打細算，喜歡享福、不能做粗重的活，桃花重，容易落入男女情色之歡的生活之中，但你仍是一生窮命的人。你一直想賺錢，又不想太辛苦，精打細算只是算進不算出，喜歡享受，耗財花錢很凶，常不能滿足物慾，一生都在錢財方面很煎熬。

紫破、左輔、右弼四星同入命宮時，表示你具有領導能力和合作精神，會有左右手幫助你打拚，你也會很操勞，但能使你的地位增高，事業有發展，但你仍耗財很凶，開銷很大，因為也要養這些左右手，因此也有人幫你耗財。你喜歡改革、除舊佈新，更有人會幫助你達成。所以財、官二宮沒有另外的煞星進入的話，你仍能有事業和成就。反之，則左右手幫助你的就是壞事、災禍和耗財了。

紫破、火星或紫破、鈴星入命宮時，表示性格急躁、衝動、好爭鬥、脾氣火爆、沒有耐性，也容易言行粗暴，易和黑道接近。也容易有突發的災禍和傷災，身體容易受傷，也容易傷殘。工作容易不長久，一生的運氣容易一段時間好、一段時間壞，不能連續的順利。你也會一陣子想打拚、一陣子又很懶，打拚力量不能持續，因

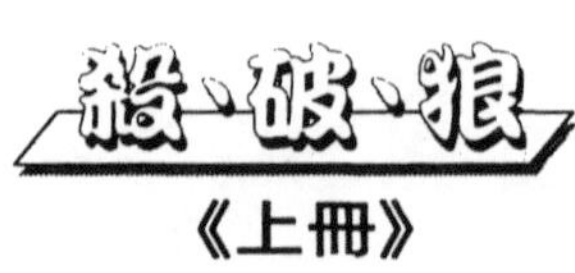

此人生中會有較多的不順利和耗財之事。

紫破、天空或紫破、地劫入命宮時，在你的財帛宮會有另一顆地劫星或天空星和武殺同宮。表示你天生思想不實際，有時也會聰明過了頭，有時是好高騖遠，因此你會賺錢不順利，有時候做白工賺不到錢，有時是太聰明又用不對方法賺不到錢，有時是懶得打拚賺不到錢。你易接近宗教，或藉用迷信的方式來賺錢，但你一生財不順，常鬧窮。

武破入命宮

當武曲、破軍入命宮時，你會身材瘦高或瘦小。武曲居平、破軍也居平，這也是『因財被劫』的格式，因此你一生財不豐，耗財多，常有窮困現象。你的財帛宮是廉殺，官祿宮是紫貪，表示你在賺錢方面智慧不高，只會苦幹、蠻幹，在工作上機會雖不多，但能平順有好的發展，地位也能增高。你適合做軍警業或與錢財、理財無關的行業，只要按時領錢就好了。武破坐命的人若要管錢，只能在軍警業中管軍需用度才行，不能自己做生意，肯定會破耗和賺不到錢。

武破是一種窮的命格，所以此命格的人，非常小氣吝嗇，連說話也小氣，做事行為保守、內向，除非『命、財、官』三方有強勢的星，如化權、化祿或羊陀、火鈴進入，才會強悍起來。武破坐命，以在巳宮較好，在亥宮有『日月反背』的格局，一生多了兩個不順的大運，命運較差，窮的時候也久一點。

武曲化權、破軍入命宮時，你是庚年生的武破坐命者，你的外表瘦型、剛硬、有權威，你喜歡掌權、管錢，待人處事也很具有政

治性，凡事你要掌握主控權才順心。你也容易在政治環境中打拚和生存。但你在管錢時，會管的不是大錢，是小錢。在管事時，倒反而能管大事、主導大的政治爭鬥，在事業上會有一定的成就，能出人頭地，或有名。但在相對所得的財富上並不很多。

武曲化科、破軍化權入命宮時，你是甲年生的人，表示你外表長相為帶有剛直型的斯文，有權威，做事速度快，有決斷力，稍會理財，特愛打拚，因為自信心強，和特喜好自己掌握花錢耗財之權力，喜歡付錢給別人時的那種權威感，因此愛管事。你一生也會有些成就，財帛宮有廉貞化祿、七殺，自己手邊所經過的錢財仍不多，是過路財神，而且喜歡賺和自己的喜好、癖好有關的錢財，只為自己的愛好而打拚。

武曲化忌、破軍入命宮時，你是壬年生，命坐巳宮的人。在遷移宮有天相、祿存。表示你是性格保守，環境保守，理財能力不好，在錢財上有是非、破耗，賺錢不易，一生只在平復債務或錢財是非的人。你的官祿宮有紫微化權、貪狼。你的命格亦能主貴，但不重錢財，能在事業上爭權位，一直都有工作可做，但最好不要管錢財，有專業技能，便能生活順利。

武曲化忌、破軍、祿存入命宮時，你是壬年，命坐亥宮的人。你天性保守、小氣、錢財不多，較窮困，也會節儉吝嗇，你的祿被沖破了，只有衣食之需的財祿。雖然官祿宮仍是紫微化權、貪狼，但一直只是有工作可做而已，大錢未必賺得到。

武曲、破軍化祿入命宮時，你是癸年生，命坐巳宮的人，遷移宮有天相、陀羅，表示你周遭的環境是看起來溫和、有點笨、慢吞吞，可以過日子，但不富裕的環境。你常想打拚，卻無力。每天都在找錢來花，或在找錢來投資，但不一定找得到。你的官祿宮是紫微、貪狼化忌，工作會起起伏伏、斷斷續續，容易常換工作，做不長或做不成。

武曲化祿、破軍、陀羅在巳宮入命宮時，你是己年生，命坐巳宮的人，你的福德宮有天府、擎羊，官祿宮是紫微、貪狼化權，你喜歡在工作上打拚，也在工作上稍有好運，喜掌權管事，但你天生勞碌、又有點笨，只是人緣好一點，所進的財也不多，能做主貴和注重名聲、地位的工作，雖慢一點，也會有成就。適合做武職或奔波勞碌的工作，仍不適合做生意或與金融、數錢、算錢有關的工作。

武曲、破軍化祿、陀羅入命宮時，是癸年生，命坐亥宮的人，你的福德宮是天相、擎羊，表示你又笨、又愛用心機，一生都在為

找錢來花在努力，你的官祿宮是紫微、貪狼化忌，工作上的機會不佳，你本命中的財少，做事的智慧不多，會不工作，或有一陣子、沒一陣子的工作，須有專業技能，做薪水族才能平順，破財多，理財能力不好，會東想西想，做不成事。

武破、祿存入命宮時，你是小氣、保守、財不多的人，此命格仍是『祿逢沖破』的格局，**命坐巳宮，丙年生的人**，有廉貞化忌、七殺在財帛宮，會有金錢是非和官非，財不順，常鬧窮。**戊年生的人**，官祿宮有紫微、貪狼化祿，稍有財，但是衣食之祿，在工作上的機會稍好，能有工作能稍進財，生活小康，略舒適。**命坐亥宮，是壬年生的人**，本命是武曲化忌、破軍、祿存，『祿逢沖破』的更厲害了，一生不會理財，有錢財是非和政治鬥爭，不順利。為人保守、頭腦不清，人生較無法開展。

武破、文昌或武破、文曲入命宮時，為窮命，帶水厄。武破、文昌在巳宮入命的人，會長相斯文、好看，為人精明、聰明、格調高，**在亥宮坐命時**，精明、聰明、格調、長相都較普通。你的官祿宮會有紫貪、文曲，表示你在工作上仍有糊塗、頭腦不清的地方，好像口才不錯，但事情不分輕重。也不重錢財，故一生不富裕。武破、文曲在巳、亥宮入命宮時，皆口才好，有才藝，官祿宮有紫貪、文昌，也會糊塗、自命清高，做事不知輕重緩急，不重錢財，因此一生不富裕，是窮命。

武破、左輔或武破、右弼入命宮時，在你的官祿宮會有紫貪和另一顆右弼星或左輔星同宮，表示你本命是有人在幫助你窮困又忙碌操勞來打拚，在工作上也有人來幫忙平順、增高，和多一點好運。因此你會有志同道合的好朋友、同志和你一起過窮日子和一同努力打拚工作。衣食能無缺，錢財是否能多一點，還是要看八字命中的財是多是少而定了。

武破、火星或武破、鈴星入命宮時，表示性格暴躁、衝動、性急、好爭鬥，一生中的意外災禍多，也容易有錢的時候少，耗財、窮困的時候多。你易與黑道接近，性格較凶暴，喜挑釁別人，遇事又沈不住氣，為人較粗俗。**命坐巳宮時**，火、鈴居廟，你會有古怪的聰明，可靠聰明而得財，聰明還可向正面發展。**命坐亥宮時**，火、鈴居陷，你古怪的聰明會向負面發展，錢財耗得更凶、更窮。會常有想不開的念頭，與石俱焚，也易有精神疾病。

武破、天空、地劫四星同入命宮時，你是四大皆空之人，會在宗教中棲身，為僧道、神職人員。**命坐巳宮時**，劫空居旺，會頭腦聰明，智商高，喜歡哲學，亦會有數理方面的才華。**在亥宮**，火、鈴居陷，有不良的聰明。此種命格的人多幼年夭折，活不長。即使能長大，也一事無成。

殺、破、狼《上冊》

廉破入命宮

廉貞、破軍入命宮時，你會眼大、嘴大、輪廓分明，一般的長相多不好看，但也有長相不錯的，具有西洋美的人。因廉貞居平、破軍居陷，會瘦高，骨架大，或骨骼硬的體型。在性格上，平常不喜說話，很陰沈，但實際上口才不錯，說話較狂妄。為人衝動，被刺激時，份外衝動。性格堅強，能吃苦，會破祖離鄉，能白手起家。因官祿宮為武貪，易橫發橫破，一生的命運是大起大落型的人。

廉破坐命的人多半出生在紛亂、戰亂、窮困的年代，或家族及家庭衰敗、破爛，父母不在了，或父母離異、家庭破碎，或家庭窮困等的環境之中，而且幼年窮困、少衣食，在窮困中爭扎生活，才活出一條命的人。可見他們活的意志力是多麼堅定了。因此世上的事也很少會難得到他們的。就像大陸總理朱鎔基就是廉破坐命的人，幼年父母雙亡，由叔父養大，家窮，幼年生活辛苦，靠自己的打拚而爬上高位。台灣的立法委員林重謨、林瑞圖和台北縣長蘇貞昌也都是廉破坐命的人。

二〇〇四年台灣的總統大選，陳水扁總統的競選搭檔雖一直遲遲不公佈，但多半會選擇現任的副總統呂秀蓮，因為這是運氣的考量。呂秀蓮是貪狼、文曲坐命辰宮的人，是好運星坐命的人，一生運氣較好，倘若選舉在二〇〇三年，他則會選蘇貞昌，因為蘇貞昌在未年行『武貪格』的流年運，運氣較好，有暴發運。但在二〇〇四年（猴年）則是陽巨運或空宮運，運氣不濟、多是非。其他的人選政治氣勢較弱，難以抗衡選舉爭鬥的凶險。

廉破坐命的人，好爭鬥，有廉貞這顆星時，喜與政治為伍，但廉貞居平，表示智謀和企劃能力不強，也表示會有陰險不善的思想與爭鬥。破軍居陷時，表示會不顧一切的打拚，也會不顧一切的破耗。因為廉破坐命者的遷移宮都是天相陷落，所處的環境不好，會窮和每下愈況的惡劣，因此必須在爭鬥中找生機。一生也有太多的不順利，故而他們也不會相信別人，對人多疑善變，在對自己有切身的利害關係時會講信諾，但一般的做人處事上，則未必會講信諾，因外表剛直、說話直接、有草莽氣息，大多數人仍相信他們是講信諾的。

廉破坐命的人，一生麻煩事多，因為他們所處的環境就不好，

多是非和破破爛爛的，環境中又多無福可憐、窮困、頭腦又不清楚的小人。雖然自己很喜歡打拚奮鬥，卻常有力不從心之感。他本身處理事情的方法也不好，沒有較好的智慧和智謀，因此多勞碌、破耗，始終都是在料理善後，愈做愈破，愈做愈多，忙個不完，也忙不停。廉破坐命的人，也容易說大話和狂妄的話語，藉此虛張聲勢來壓倒別人。他們容易有傷災、身體有病痛、車禍、開刀，身體的狀況也是破破爛爛的，常與醫藥為伍。

廉破坐命者，若接近宗教，亦有善心。因為他們所處的環境不佳，常與窮困、病痛、傷災之人接觸，是最容易接觸到低下環境之百姓的人。因此在醫院的義工行列或是宗教救濟貧窮災難的義工行列中，你可看到最多的廉破坐命的人，因為他們真的是身歷其境，感同身受的。故而最容易發慈善心的人，也就是他們了。

廉貞化祿、破軍化權入命宮的人，是甲年出生的人，命坐卯宮時，有擎羊同在命宮，和對宮陷落的天相相照，**命坐酉宮時**，擎羊和陷落的天相同在遷移宮，因此是『刑印』格局。其人會表面強悍、古怪，有一些桃花，愛掌權管事，愛打抱不平，說話大膽、也妄狂，做事很積極、激烈，但實際上內在心裡是懦弱的，也常管不到事、掌不到權的，亦會東戳西戳、戳到厲害的角色就懦弱收手了。其官祿宮有武曲化科、貪狼，會做表面好看的工作，運氣也不錯，但做不長久。常因自己陰險、算計不到的一面，或環境險惡而失去工作，一生常不順利。此命格的人，因僕役宮有太陽化忌、巨門，會與朋友、部屬不合，多遭陷害，而影響事業。前立法委員林瑞圖就是命坐酉宮，甲年生的人。

廉貞、破軍化祿入命宮的人，是癸年生的人，其人口才好，會說會騙，一生錢財不富裕，會為錢財騙人，為破耗、花錢來找錢，但一生起伏，難成大事。其官祿宮為武曲、貪狼化忌，工作不長，或無工作，常想創業，到處找人投資，僕役宮是太陽、巨門化權，朋友會受其慫恿而吃虧破財。

廉貞化忌、破軍入命宮時，其人頭腦不清，一生易遭是非、官非。其人身體亦不好，有血液方面的疾病，一生也有多次開刀。此命的女子愛做整容手術，會臉型變化，像換了一個人。其人易耗財多，一生不富裕，常與窮困為伍，即使暴發偏財運，也會很快的暴落花光了，一生不順暢的日子多，也易有精神疾病。

廉貞、破軍、擎羊入命宮時，你是庚年生的人，**命坐酉宮**，你會性格陰險、毒辣，但又懦弱，命格較陰。你的身體不好，也易有傷殘現象，或多傷災與開刀事件。因為官祿宮有武曲化權、貪狼，在事業上尚會有掌權及發大財的好運，但你本身破耗嚴重，多思慮，內心又笨，多煩惱，能賺到錢，但自己不一定能享受得到。而且你會小氣、自私，也存不住錢。仍會窮困、財少。

廉破、祿存入命宮時，你是乙年或辛年生的人。你會小氣、自私、保守，本命仍是『祿逢沖破』，故有衣食之祿，也未必會有大錢，即使有也存不住。如果有文昌、文曲同宮或在對宮相照的人，一生所能享用的財更少，一生只是窮命，稍有文化和口才而已。若能有固定的工作，仍能生活平順。你也會身體不好、較衰弱、多傷災、性格膽小，常覺得會被人欺負的感覺，六親不和，沒有安全感。

廉破、文昌或廉破、文曲入命宮時，在酉宮，文昌、文曲居廟，你的外貌長相還斯文、美麗，且有文化氣質，口才好，為人精明幹練，但是窮命，會做有名無利的工作，或賺自以為有氣質的錢財，有某方面清高的固執，是故在錢財方面會賺得少。**在卯宮時**，文昌、文曲居平，長相、斯文、氣質都有一點，但較普通，仍是窮命，也不精明幹練，智慧也較弱，故賺不到較多的錢。

廉破、左輔或廉破、右弼入命宮時，在你的財帛宮會有另一顆右弼或左輔星和紫殺同宮，表示你在錢財上有機會增加打拚的力量，也有人幫忙你打拚多賺一點錢，在本命中你喜歡改革、顛覆，也有平輩的人來幫助你用各種奇怪的方法，甚至是不善的手段，或惡劣的態度來得到你所想要的東西。此命格表面上看起來是對自己有利的，但對別人或周遭的人來說就不利了，會耗別人的財和自己的財。你也會容易傾向和有權勢的人交往，也容易和不法之徒走得近。

廉破、火星或廉破、鈴星入命宮時，你是脾氣古怪、性急、衝動、火爆、好爭鬥，易與黑道與不法的事情有關。**命坐酉宮時**，火、鈴居得地之旺位，你會有古怪的聰明，也對科技時髦的事物有興趣。**命坐卯宮時**，火、鈴居平，古怪的聰明不多，亦會偏向不好的事情。你一生多意外災禍和是非爭鬥，不平順。也會意外受傷，傷殘的危險。

廉破、天空或廉破、地劫入命宮時，你會有高智商，特別聰明，但你的官祿宮會有另一顆地劫星或天空星和武貪同宮，因此你會暴發運不發，也會思想不實際，清高或想法天真，好高騖遠，在工作上會起起伏伏、不順利，也會容易轉業或失去工作、錢財少。你容易接近宗教，或在宗教中棲身，就會做得長了。

破軍在財帛宮

破軍入財帛宮時

當破軍入財帛宮時，你是命宮中有貪狼星的人，表示你會在錢財上打拚，努力與爭奪、鬥爭，會用一切大膽的方法，包括不重道德、不重面子、不重親疏、交情的方法來賺錢、爭利益，但在理財和用度上卻無法掌握。這主要是因為你們喜歡享福，內心的價值標準較高，喜歡貴的、精緻、美麗的東西較多，要貪心的東西較多，另一面又好大喜功，喜歡聽好聽的話，也容易買到貴的東西而耗財。

破軍入財帛宮時，賺錢會很辛苦，要用心和體力一同辛苦打拚才賺得到，更需要先付出、先投資才有收獲。也容易買到破的壞的，沒價值的東西。不過你們天生運氣好，會有人常送東西給你們，那就不是破的、壞的，而是有價值的東西了。因為要是不好的東西，你們也不會收。

破軍入財帛宮時，你會喜新厭舊，不重視物品本身的涵意和價值，想得到時愛的很，得到手時就不希罕了。因此你常掉東西，常壞東西，在生活上較浪費，存不住錢，也不喜歡別人來管，尤其不喜歡別人來幫你管錢，怕受控制，不過你們都會有很會存錢的配偶來幫你們守財，來讓你花，而且你們也較好命，會有家財供你揮霍，你還有好運來找錢，因此錢財在你來說問題就不大了。

破軍在子、午宮入財帛宮時，你是貪狼居廟坐命辰、戌宮的

人，你一生好運，因遷移宮是武曲居廟，故一出生便在富裕有錢的家庭環境之中，自然你賺錢的環境也高級，花錢的能力也是高級的花費。你會先投資、先花費耗財，才賺得到你想得到的東西或錢財。你在賺取利益方面的打拚能力特強，一生也有好運來讓你打拚賺錢，賺的、花的都是大錢。要有人幫你做守門員，幫你守財時，你才會富有，你的配偶就是你的財庫守門員。

破軍、擎羊在子、午宮入財帛宮時，表示你在賺錢上競爭多，賺錢不易，耗財又多，理財能力特差，你也會在錢財上懦弱，管不到錢，常鬧窮，沒錢可花，一有錢，錢又很快的不見了。**丙年生的人**，你有廉貞化忌、天相在福德宮，表示你天生糊塗、多是非、腦袋不清楚，因此容易被人控制，沒錢賺，也沒錢花。**戊年生的人**，你雖有貪狼化祿在命宮，但為人油滑，會有陀羅在命、遷二宮出現，表示環境並不富裕，自己又笨，所以賺不到很多錢，故會手邊無錢，有困境。**壬年生的人**，會有武曲化忌、陀羅在遷移宮中，環境中即有金錢是非，政治鬥爭，故也窮困賺不到錢，且常有欠債的困擾，一生不順利，工作會起伏或斷斷續續。

破軍、祿存在子、午宮入財帛宮時，是『祿逢沖破』的格式，**在午宮時**，你會小氣保守，只賺一些自己生活所需的錢財，喜歡存錢，但存不住，總有問題要耗財花費。**在子宮時**，有破軍化祿、祿存同宮，表示錢財很保守的在賺，但總為要花錢的事情去找錢來花。你的命宮有貪狼化忌，表示頭腦不清楚，運氣不佳、保守、賺錢機會不多，一生為周轉過活，為找錢而忙。

破軍、文昌或破軍、文曲在子、午宮入財帛宮時，手邊一直財窮，無法做生意或賺錢少。在子宮時，尚能做文職工作，會清高，但

手邊不富裕。在午宮時，會做粗重不高尚又錢少之工作，也常賺不到很多錢。其人會小氣，只對自己大方，但手邊仍常無錢財可用。

破軍、左輔或破軍、右弼在子、午宮入財帛宮時，你的遷移宮會有另一顆右弼星或左輔星與武曲同宮，其人在錢財上有人幫忙打拚，也有人幫忙破財，但破耗錢財較多，賺的較少，會入不敷出。但你的環境中是財多富裕，又有人在錢財資助你，所以你找錢、花錢也很大方。倘若你命格主貴，就會做一番大事業。你會做爭鬥性強、複雜，或人際關係複雜的工作。倘若命格不高，也容易賺不善的錢財或花費在不善的事物上。

破軍、火星或破軍、鈴星在子、午宮入財帛宮時，你在錢財上的爭鬥多，較火爆、急躁，但錢常進不來。錢財也是有一票沒一票的進財。你容易賺與黑道或非法的錢財。在午宮時，火、鈴居廟，意

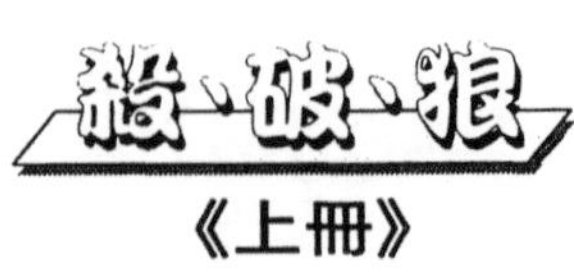

外之財稍多一些。**在子宮**，火、鈴居陷，錢財難進，耗財凶。你亦會熱鬧時打拚、忙碌，安靜時無財可進。你的財來的快、去的也快，也常有意外之災的花費多。

破軍、天空或破軍、地劫在子、午宮入財帛宮時，你在賺錢、用錢時皆頭腦不實際，太天真，不容易賺到錢，但耗財凶，錢常容易花掉，又接不上或掉錢，因此常鬧窮。你的遷移宮中有另一顆地劫或天空和武曲同宮，表示你周遭的環境是看起來有錢，但不一定真有錢的，你也會向外打拚取不到錢。更容易頭腦空空，工作不利，常失業或中斷而鬧窮。一生起伏不定。這是你的打拚能力，眼光和價值觀出了問題。

破軍化權在子、午宮入財帛宮時，你的遷移宮有武曲化科，福德宮有廉貞化祿、天相，你是甲年生的人，你會在錢財上掌權、打拚，但強力要破耗，會為桃花和物質生活破耗。你的環境是用金錢堆積起來的富足高貴的環境，因此花費大，還好你有家財可應付。你是賺得多，花得多的人。

破軍化祿在子、午宮入財帛宮時，你是癸年生的人，你的命宮是貪狼化忌在辰、戌宮，當財帛宮在子宮時，會有祿存和破軍化祿同宮，是頭腦不清，對錢財小氣，但會為想花錢而找錢來花的人。一生周轉度日，所找的錢是小錢。在午宮，有祿存在福德宮，財帛宮只有破軍化祿，也會為想花錢而找錢來花，找的錢是大錢，但本身性格保守，也找不到太大的錢。

破軍在寅、申宮入財帛宮時，你是貪狼坐命子、午宮的人。你在賺錢方面因破軍居得地之位，打拚力量不是很強，雖仍耗財，耗財的規格也小一點。你的遷移宮是紫微，**命坐子宮的人**，環境高尚、優雅，生活富足、舒適，不必花太多力氣就有錢賺，或有人會供給你優渥的生活。**命坐午宮的人**，生活普通，仍平順夠用。你們都是愛花錢，守不住財。理財能力不佳的人，你的配偶是你的財庫，但為人小氣，你會有一點痛苦，但也為你保留了一些財力。

破軍、陀羅在寅、申宮入財帛宮時，你在賺錢上不聰明，會慢進財、拖拖拉拉，又處理錢財不好，你的夫妻宮會有廉府、擎羊，是『刑財』的格局，表示你的財庫也破了，因此你的內心常有不好的觀念，因此得財不多，也耗財多，更造成自己的錢財可花用的少，及留不住財。

破軍、祿存在寅、申宮入財帛宮時，在寅宮，是甲年生的人，財帛宮有破軍化權、祿存，表示你在錢財上很愛打拚，喜歡掌權主控，但是一種保守性質的主控，又是想花又不敢花，最後還是破耗、留不住的用錢方式。因此你也會常為錢煩惱，生性小氣，但又頑固不認錯，錢還是沒有了。**在申宮**，你是庚年生的人，在你的福德宮會有武曲化權、天相，你本命中財多一點，生活舒適、愛享受，在錢財上小氣、保守、愛花錢、花小錢，錢是一點一滴流出去的，也未必留得住。因為也是『祿逢沖破』的格局，本命中的錢財也不真多，故也易耗財。

破軍、文昌或破軍、文曲在寅、申宮入財帛宮時，手邊常鬧窮，你也會清高、賺不到錢。因為你的遷移宮中會有另一顆文曲或文昌和紫微同宮。**破軍、文昌在寅宮為財帛宮時**，表示你是環境普通、吵雜，周圍的人口才好，而你自己是計算能力不佳，有些糊塗的人，故會理財不佳，又賺不到錢。**破軍、文昌在申宮為財帛宮時**，你是環境雖高尚，但不熱鬧，有點悶的環境，你會自命清高，不想賺錢而財窮。**當破軍、文曲在寅宮時**，你的遷移宮有紫微、文昌，表示你周圍的環境是普通平順，氣質高，有文化氣息的環境，但你的口才不好，不精明又耗財多，故無法有好觀念來賺錢。**當破軍、文曲在申宮為財帛宮時**，表示你的環境是表面上高尚卻粗俗的，而你又用清高的方法來賺錢，自然賺不到而財少了。

破軍、左輔或破軍、右弼在寅、申宮入財帛宮時，表示有人會幫忙你平順、過好日子，也有人輔助幫忙你花的錢比幫忙你賺的錢多，因此你的虧空會變大，花錢會更凶。你的遷移宮會有另一顆右弼或左輔星和紫微同宮，表示也會有人會幫助你平順、平復債務，只是你旁邊的人會叫苦連天。

破軍、火星或破軍、鈴星在寅、申宮入財帛宮時，表示你有突發事件要破財。你也會賺爭鬥凶的錢，或與黑道有關，或賺不法的錢。你在進錢時很古怪，會有一票、沒一票的。**在寅宮時**，火、鈴居廟，還偶有意外之財可進。**在申宮時**，無意外之財，但意外破耗會變多。有此財帛宮時，你也會愛買時髦流行的東西而耗財。手邊的錢留不住，也常鬧窮。

破軍、天空或破軍、地劫在寅、申宮入財帛宮時，在對宮你的福德宮會有另一顆地劫或天空和武相同宮，表示不打拚時，本命也財空了。打拚強一點、努力一點，才會生活平順享福。你在錢財上不會用太多腦子想，常不實際，愛花到錢財空空才罷休，因此手邊常沒錢，你也一生常在窮困之中煩惱錢。不會存錢，也賺錢少。

破軍在辰、戌宮入財帛宮時，你是貪狼居平坐命寅、申宮的人。你天生運氣並不特別好，賺錢辛苦，且賺不多，你更喜愛享福，因遷移宮是廉貞居廟，故環境中爭鬥多，賺錢辛苦。你的夫妻

宮為武府，配偶有錢可供養你，所以也不必吃太多的苦了，你不會理財，又喜歡享福，自然在打拚能力上就不強了，所賺的錢也會不多。

破軍化權在辰、戌宮入財帛宮時，你的命宮或遷移宮會有祿存進入，因此你會性格保守、小氣，運氣不多，但在錢財上愛掌權和賺錢，因遷移宮又會有廉貞化祿，你所賺的錢多與人緣桃花或色情方面的事有關。會賺到一些錢，也會花費在男女色情之事上，錢財仍是存不住。

破軍化祿在辰、戌宮入財帛宮時，你是癸年生的人，你的命宮有貪狼化忌，故會頭腦不清、運氣差、多是非，會為花費而找錢來花，因此虧空會大。找來、借來的錢也不長久，工作會起伏，做不長。

破軍、擎羊在辰、戌宮入財帛宮時，你一生都在為錢財煩惱，進財少、破財凶，手邊常窮困。你的遷移宮有廉貞、陀羅，表示你環境中多競爭，環境又破爛不佳，你自己也會笨、不夠聰明，因此只會花錢、敗財，不容易賺到錢。而且你每逢辰、戌年，便要破產一次，要從頭再起，十分辛苦。

破軍、陀羅在辰、戌宮入財帛宮時，表示你在賺錢和花錢上頭腦笨、破財多，不會賺，錢財會慢進，或拖拖拉拉、不順利。**丙年生的人，財帛宮在辰宮時**，你的遷移宮有廉貞化忌，環境中多是非、官非，使你賺錢不順。**戊年生的人**，你的命宮有貪狼化祿，你雖圓滑，仍理財能力差，會有一點錢財的運氣，但仍會破耗不存，手中仍拮据沒錢。**財帛宮在戌宮的人**，是壬年生的人，會有武曲化忌、天府、擎羊在夫妻宮，自己會頭腦不清，又會擁有錢財困難、又有是

非麻煩和債務的配偶，也會窮困沒錢。

破軍、文昌或破軍、文曲在辰、戌宮入財帛宮時，會有另一顆文曲或文昌星和紫相在你的福德宮出現，表示你天生愛享福，所以錢財常窮困，手邊的錢財少。**在辰宮時**，尚會賺高尚的錢，自命清高而打拚不力。**在戌宮時**，是不會理財，計算能力不佳，工作不力而賺不到錢，能花費的錢也少。

破軍、左輔或破軍、右弼在辰、戌宮入財帛宮時，你的福德宮會有另一顆右弼星或左輔星和紫相同宮，表示有人幫助你享福，也會有人幫助你打拚，更會有人幫助你破財。你會找到氣味相投的人來一起賺錢、一起玩樂花錢。錢還是存不住。

破軍、火星或破軍、鈴星在辰、戌宮入財帛宮時，你賺的錢是一票、一票的，花得比賺得多，常有意外耗財的狀況，也喜歡買時髦流行的東西，因此你賺的錢常是非法或與黑道有關的錢財。錢財花的更快。**在戌宮**，火、鈴居廟時，尚偶有意外之財，也有意外之災。**在辰宮**，意外耗財之事更多，但無意外之財。

破軍、天空或破軍、地劫在辰、戌宮入財帛宮時，你的夫妻宮有另一顆地劫或天空和武府同宮，表示在你的心中有時就不實際，對錢財大意，因此手上常破耗成空，也會手上常無錢可花，你要多用腦子想錢，以及想賺錢的事，手上才不會太空。你的理財能力太差，須用心學習，減少消耗，才會順利。

紫破入財帛宮

當財帛宮時是紫微、破軍時，你是廉貪坐命的人。你會很喜歡打拚，但是用高尚的方式打拚，也就是說，有些低俗的事你是不愛

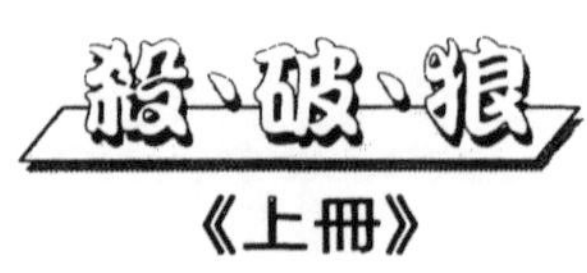

做的，要做就要做大事，但是很多大事是輪不到你做的，所以你容易說的多、做的少。在賺錢方面也只是普通的賺錢方式，沒有新意，多半做薪水族賺薪水之資。在花錢、用錢方面，你也是會花得多，又會買些價錢高貴、喜歡漂亮、精緻的東西，所買的東西價錢都比別人貴。也會用先投資的方式來賺錢，常常是花的比賺的多。所以不適合做生意，以軍警業為最佳。做文職會辛苦，財不多。

紫破、擎羊在丑、未宮為財帛宮時，表示你在賺錢時十分競爭，有強烈的爭鬥，賺錢不順利，破財多，或有思想上頑固的特殊想法而賺錢沒那麼多，花錢卻要花最好的、最貴的，會有錢財不順，或遭劫財的現象。同時財帛宮的擎羊和福德宮的天相形成『刑印』格局，會造成你在錢財上管不到，不能掌財權，在錢財上有懦弱現象，所以你自己的錢會管不好，會交給別人管。你也會不想

管，只想花錢，理財能力不好，平常花不到錢，一有錢在身上，就很快的不見了，花掉了。

紫破、陀羅在丑、未宮為財帛宮時，表示你在賺錢上不靈光，會自有主見，自做聰明，或內心有怪異想法而刑財。你的夫妻宮會有天府、擎羊，表示你內在思想就是一種『刑財』的方式，因此在賺錢方面會拖拖拉拉、進財慢，又會為某些自以為對的事而頑固的耗財，在錢財上常不順利。理財能力差，破財、耗財多。

紫破、文昌、文曲四星同在財帛宮時，你是自命清高的人，思想又不實際，很喜歡享福，不願意賺花勞力太多的錢，也不願意賺聽起來、看起來不算高貴的錢，會錢財緊縮、較窮，但花錢大方，會靠別人供給你錢花，而自己不去努力賺錢。

紫破、左輔、右弼四星同在財帛宮時，有人會幫你打拚賺錢，也有人幫你拚命花錢，你多半靠人生活，自己不太努力做事去賺錢，你也會自命清高，高高在上的去命令別人努力工作去賺錢給你花。

紫破、火星或紫破、鈴星在丑、未宮入財帛宮時，你在賺錢工作上爭鬥多，會有一票、沒一票的去賺錢，也會有一票、沒一票的進財，**在丑宮時**，還能進一點財。**在未宮時**，進財少，常有意外花費。你們都是容易窮一陣子、好一陣子的人，但常為錢財困擾，也會衝動破財。

紫破、天空或紫破、地劫在丑、未宮為財帛宮時，你的官祿宮會有另一顆地劫星或天空星和武殺同宮在官祿宮，因此你是在工作上想打拚時，才會努力工作賺錢，不想打拚時就不努力賺錢。更會花錢多，錢財空空，變少時，或錢財不順時，才想努力工作去賺

錢。稍為錢財順利一點，你就鬆懈下來不想工作了。

紫微化權、破軍在財帛宮時，你是壬年生的人，在官祿宮有武曲化忌、七殺，因此你在工作上常有財務糾紛或欠債的問題，你一直在努力平復錢財上的漏洞。你愈工作積極，錢財漏洞愈大。你也會常不工作或斷斷續續的工作。你喜歡掌握錢財或掌握花錢的主控權，但易破敗家產，最好少管一點、安份一點，會平順。

紫微、破軍化權在財帛宮時，是在未宮，是甲年生的人，你的官祿宮有武曲化科、七殺，表示你在事業上易從事和政治相關的工作在打拚，在錢財上你喜歡掌權，喜歡握有花錢消耗的主控權，倘若你任職公家機關，花的是公家的錢，你仍會為自己賺到不錯的待遇和些許財富。倘若你是自己做生意，則錢財進出平平，能多賺一些就多花一些，也會收支不平衡。**在丑宮**，有紫微、破軍化權、陀羅入財帛宮，官祿宮仍是武曲化科、七殺，表示講究賺錢時工作之格調，打拚賣力的程度較差一點，賺錢的手法較笨，進財慢，但仍想管錢，強力破耗多。

武破入財帛宮

當武曲、破軍在財帛宮時，你是紫貪坐命的人。你的理財能力不好，賺錢辛苦、耗財多，在賺錢時又爭鬥多，會有政治上的爭鬥，適合做武職來賺錢較會順利。你常常手邊較窮，或是過路財神，沒辦法掌握或擁有較多的錢財，會為錢煩惱。你也會自命高尚而不瞧得起賺錢之事，也不喜歡和人爭錢財。你的官祿宮是廉殺，表示你會做不太花腦筋，只要花勞力的工作，因此賺錢能力不強。不過你們都會找到較有錢的配偶會支持你們。

武破、陀羅在財帛宮時，是丁年生，財帛宮在巳宮的人。你的夫妻宮有天府、擎羊，表示你在內心中便有『刑財』觀念和思想，思想不實際，故錢財會破耗多，存不住，又窮、又破，享福也享不多。**己年生，財帛宮在巳宮時**，你的財帛宮中有武曲化祿、破軍、陀羅，你的命宮是紫微、貪狼化權，表示你本性氣勢強、好掌權，也自命高尚，運氣也較好一些，你會非常愛做事打拚，成就會高一些，稍能進財，是主貴的格局，但仍在錢財上有破耗，仍不適合管理錢財，也會管不好，你會有自知之明，請別人來管。**癸年生，財帛宮在亥宮時**，你的財帛宮有武曲、破軍化祿、陀羅。表示錢財上較窮又破耗多，會為花錢和耗財之事而找錢來花。你的命宮有紫微、貪狼化忌，你是頭腦不清，一生機會不佳之人。因此常容易被騙錢，或工作起伏不佳，而又需要花錢來找錢花。你的夫妻宮也是『刑財』格局，這也表示你本命中財少的緣故。

武破、祿存在財帛宮時，是『祿逢沖破』的格局，可有很少的吃飯的錢，不富裕。**丙年生的人**，你的官祿宮中有廉貞化忌、七殺，表示你根本不會工作，或胡亂做，沒有才華，也沒有工作能力，也許有家財或配偶會養你。**戊年生的人**，你的命宮有紫微、貪狼化祿，你的桃花多、口才好，也能賺到衣食之祿，但財不多。**壬年生的人，財帛宮是武曲化忌、破軍、祿存在亥宮**，你的命宮有紫微化權、貪狼，表示你錢財上常有財務糾紛，也賺不多，是窮困格局，而你本命是喜歡做大事業或高貴事業的人，因此你一定會做一些事業讓你破產背債，而你一生在平復債務中度過。

武破、文昌或武破、文曲在巳、亥宮為財帛宮時，你的命宮會有另一顆文曲星或文昌在命宮和紫貪同宮。表示你手邊常窮困沒錢，是『窮』的格局。當財帛宮是武破、文昌時，表示你天生糊塗，但口才好，賺錢講究格調，會為自己辯白，賺錢和花錢都講求高尚，因此賺不到錢，收入不多，卻破耗、花費多。當破軍、文曲在財帛宮時，你本性斯文、美麗、高尚，注重氣質，不會賺粗俗的錢財，在花錢上如流水，也常窮困沒錢。你們都是不會賺錢的人，因為不想太難看的賺錢，自命清高所致。

武破、左輔或武破、右弼在財帛宮時，在你的命宮會有另一顆右弼星或左輔星和紫貪同宮，表示在運氣上會有人幫你們運氣好，過好日子，在錢財上也會有人幫你破耗及窮困，錢財不多。因此你會更勞碌，想要貪心的東西更多，例如貪富貴、貪地位，貪權力等的事物，也因此你會花費更多的錢財，但也稍微有一些人會幫你平順及找錢。但這種人並不多。

武破、火星或武破、鈴星在財帛宮時，表示你在錢財上爭鬥多，是窮爭惡鬥的形式，因此會更窮一些。也會一要賺錢時，就有爭鬥發生了，不賺錢時，就較平靜無事。你也易賺與黑道有關或不法的錢財。在財運上是破耗多、進財少的。**在巳宮時**，還偶有一票進帳。**在亥宮時**，常無進帳。你的理財能力差，也會衝動耗財，喜買時髦物品。

武破、地劫、天空四星同在財帛宮時，表示在錢財上空空如也，你會手邊無錢財，會不管錢，讓別人做主管錢，自己毫不操心，自己只管花錢，但也花的少，沒錢可花。你會接近宗教，或在別人供養生活的環境中過日子。

廉破入財帛宮

當廉貞、破軍在財帛宮時，你是武貪坐命的人。你本身在錢財上有好運，但理財能力極差，花錢的方式也如流水，不聰明，又破耗多，錢財留不住。你思想頑固，自視甚高，容易被騙，也容易因強悍的主觀想法來破財。你是靠運氣來賺錢的人，運氣好，你會找對了職業，有專業能力做複雜和爭鬥多的工作來賺錢，但在賺錢上的打拚能力與智慧不高。運氣不好時，就賺不到錢。你們一生中常在起起落落之間，也在錢財困窘和財富之間打轉，你們須要配偶的輔助才會平順。也常要等很久才會有錢，但有錢一陣子，又會暴落，又在等待下一個有錢的日子到來。一生在暴起暴落間起伏不定。

廉破、擎羊在卯、酉宮入財帛宮時，甲年生的人，財帛宮在卯宮，會有廉貞化祿、破軍化權、擎羊在財帛宮，表示你在錢財上會受到一些事務的刑剋，例如你喜歡賺與享受或桃花有關，又爭鬥多的錢財，也會破耗多，強力為桃花破耗，或花錢小氣，但會為自己的享受來花錢，在賺錢能力上又不強。你從小家境不好，生活辛苦，環境不佳，若是從武職會有平順的生活，一生在事業上也未必很順利，故本命的財還是不多的。不過你在羊年會有暴發運，能多得一些錢財，來平復其他年份所受的窮困。**財帛宮在酉宮，是庚年生的人**，財帛宮是廉破羊，但你的命宮有武曲化權、貪狼，所以你有極強的暴發運，會在丑年暴發，但暴落也很快，你的遷移宮有陀羅，表示你周圍就是一個笨又破爛強悍的環境，所以用惡劣方法爭財、劫財的人很多。你的財運就是劫財凶的財運，因此富有時的時

間不長，而耗財多、窮困的時間長。

廉破、祿存在卯、酉宮入財帛宮時，是『祿逢沖破』的格局，你在錢財上是窮困，只有衣食生活的錢財。你的家中會有長輩管錢理財，控制你的花費，因此你賺的錢會交給長輩處理，自己很節儉，手中財少。

廉破、文昌或廉破、文曲入財帛宮時，在你的官祿宮有另一顆文曲星或文昌星和紫殺同宮，表示你會做文職，或賺有氣質、格調的錢，你會自命清高，有的錢你不賺，因此手邊常窮困無財。你也會等待運氣暴發時，再有一大筆錢。平常你仍是耗財多，理財不佳的。

廉破、左輔或廉破、右弼入財帛宮時，在你的官祿宮會有另一顆右弼星或左輔星和紫殺同宮，表示你在事業上有人幫你打拚努力賺錢，在財運上也有人幫你破耗，因此你會勞碌、拚命工作來支付開支，你的開支會非常大。

廉破、火星或廉破、鈴星入財帛宮時，你手中的錢財常來得快、去得快，手中常沒錢，也存不住，你的理財能力差，賺錢是有一票、沒一票的賺，也容易賺與黑道有關、不正當的錢財。**在酉宮時**，常偶有意外之財。**在卯宮時**，意外之財少。常有意外之災讓你花錢破財。你本身對金錢的價值觀不佳，只是碰運氣在賺錢，也沒有專業技能，因此工作易不長久，或做做停停，容易一生被債務纏身。

廉破、地劫或廉破、天空入財帛宮時，你的命宮會有另一顆地劫星或天空星和武貪同宮。表示你的腦子空空，或有怪異思想使你的運氣轉變，看不到財，而你手中的錢財也破耗成空或被劫財成

空。你會工作斷斷續續，不長久，手中常窮困無錢。你也會沒有暴發運和偏財運，如果賺和宗教有關的錢財會有錢賺，但也財來財去，一生起伏不定。

破軍在官祿宮

破軍入官祿宮時

當破軍入官祿宮時，你七殺坐命的人，表示你在工作上十分賣力打拚，工作型態是爭鬥多、花費力氣多的，也要十分賣力才能成功的。而且也會是工作環境或工作性質及工作內容都會複雜、混亂、變化多，或是常先是不好的狀況，或破爛、不成功的狀況，再慢慢做些一些成績出來，要經過一些磨練及挫敗、起伏，才會走上成功之路。

當破軍在官祿宮時，你會做流動性大的工作，例如眼前的事物變化很快，如運輸業、客運交通業或服務業，或是要東奔西跑的行業，會有一些不穩定、不確定的工作。(屬於勞力和流汗的工作)

當破軍在官祿宮以爭鬥的型態出現時，你會做武職，以軍警業的工作來賺錢過日子。你若是做文職，也會做到要勞心勞力、花很多精神和智謀才能有上進機會的工作。在工作中會有很多的競爭者，彼此鬥法、鬥智，要鬥得過，才會有成功或高陞的機會，你工作的環境也會複雜或混亂。

當破軍在官祿宮以複雜、混亂的型態出現時，你做的工作會是零碎產品、樣數多，或工作繁複或組裝、組合的工作，或是修理、

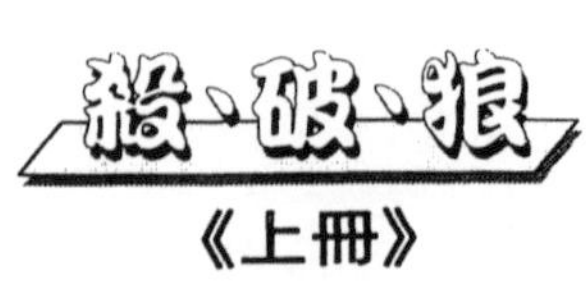

整理的工作。例如做電子業的人，零件繁多雜亂，要組裝。也有人會做鐵工廠、工作場所破破爛爛不氣派。

當破軍入官祿宮時，你做事的態度不會很仔細，會有些粗糙，是想做就衝動的去做，不會想的太多，也不會思慮周詳，並且覺得會花一點力氣、精神、心血或投資一些錢財去做也沒關係。因為在你的思想中就認為凡事都是要先付出代價，才會有結果的，因此不在乎投入精血或精神或是錢財、時間這些有形的或無形的付出。也因此在工作及事業上會必須耗費你先天的資源才能有所獲得。更會形成一種先破而後成的形勢格局。況且你本命是七殺坐命的人，在性格上會慢一點，稍笨一點，頑固一點，比別的命格的人稍不夠露光（命宮有鈴星、擎羊的人有其他的聰明），這也是造成你必須花比別人多的力氣和比別人多的時間、金錢，才會成功的原因。而且你天生愛做、打拚能力強，又很堅持用自己的方法來做，有一定的行事風格，又愛管事、負責，肯擔當，做壞、做錯了，都不會逃避責任，是故容易堅持到最後的成功，也容易耗費精力較多了。

當破軍入官祿宮時，你什麼行業都能做，不會怕麻煩，或髒亂，但多受環境的影響，環境好的，就會做高尚或財多的工作或事業。環境不佳的，就會做低俗、低下或財少的工作。**當身宮落入官祿宮，又是破軍時**，你能做低三下四的工作，或破爛、與血光有關、或爭鬥性的工作，甚至為奴僕、看護、家丁、傭人等工作，你都可以。只要能賺錢你都不在乎地位的高下。而且你是一生勞碌奔波的人。

破軍在子、午宮入官祿宮時，你是七殺坐命寅、申宮的人。本身命格較高，為『七殺朝斗』格或『七殺仰斗』格的人，你的遷

移宮是紫府，外在環境高尚、富裕，故你打拚的事業以爭權奪利的事業為主。也會在較高層次的地方打拚賺錢。因破軍居廟，只要沒有文昌、文曲在夫、官二宮出現，你都會有較好的收入，打拚會有成果，也能賺到大錢。有昌、曲在夫、官二宮時，會有清高思想，**在子宮**也會從事和文化有關之事業，**在午宮**則會做較粗俗的工作，也賺不到錢。

破軍在子、午宮入官祿宮的人，巳、庚年生的人，會事業有成就，亦有暴發運。甲年、丙年、壬年、癸年生的人多一生起伏。乙年、丙年、壬年生的人錢財不順利，會較窮，命中財少。

破軍、擎羊在子、午宮入官祿宮時，在工作上爭鬥多，而且破耗、不吉較嚴重。會有傷災、傷殘、死亡之事易發生。一生容易耗財破產，一蹶不振，也容易做與血光或爭鬥有關的工作。更容易工作斷斷續續不長久，或失去工作、不工作。你更會懦弱怕事、負擔不了責任，更會無法掌權做主，凡是猶豫不決、沒有用。這是因為擎羊和夫妻宮的『廉相』形成『刑囚夾印』之惡格所致的，故你一生無大事業，一工作就多是非災禍，根本做不了什麼事，也容易懦弱怕妻。

丙年生的人，有廉貞化忌、天相在夫妻宮，形成『刑囚夾印』帶化忌之格，不但多是非、官非、易挨告、被訴訟，且易有血光、傷災致死，或被殺死之虞。**戊年生的人**，工作不順利是『刑囚夾印』格，但財帛宮有貪狼化祿，尚有暴發運，及賺錢機會多，在工作上雖不利，但有意外之財。**壬年生，官祿宮在子宮的人**，也是『刑囚夾印』之格局，其人的福德宮有武曲化忌，沒有暴發運且較窮，天生命窮，但遷移宮有紫微化權、天府，表示環境中仍有人會幫助他可生活得下去的資源，有人會幫助你平順，只是他自己沒有工作的能力而已。

破軍、祿存在子、午宮入官祿宮時，其人是丁年、己年、癸年生的人。表示其人在工作上打拚很保守，並不會做太大的努力。而且這也是『祿逢沖破』的格局，在工作上所得之財也少。只是普通衣食之祿而已。**丁年生的人**，家財少，且生子不易。**己年生的人**，在錢財上有好運，且能暴發大的偏財運，本命中財多一些，只是工作，仍是保守、不太賣力的。**癸年生的人**，有貪狼化忌在財帛宮，官祿宮是破軍化祿和祿存同宮，是想做、想賺錢、要找錢，就有的賺，但必須去工作、去行動，及有人介紹才能有工作。一般來說賺錢機會仍不佳，也常會失去機會，也沒有偏財運，一生財還是少的。

破軍、文昌或破軍、文曲在子、午宮入官祿宮時，表示工作上賺錢少，亦表示思想不實際，打拚力量用不對地方。**在子宮**，文昌、文曲居得地的旺位，表示你自命清高，還算精明，會做與文化、口才有關的行業，但仍有觀念上的不實際，會賺錢少、或賺不多。**在午宮**，文昌、文曲居陷，表示你不精明、較笨，會做較粗重的工作，或工作做不太好、較粗糙，在計算能力上也不行，思想又不實際，會工作不長久、斷斷續續，也會做白工或失業、不工作。

破軍、左輔或破軍、右弼在子、午宮入官祿宮時，你的遷移宮會有另一顆右弼星或左輔星和紫府同宮，表示在你的工作上或周遭環境中有人幫忙你一起打拚賺錢，但實際在工作上，是也有人幫助你破耗和開疆闢土，及搗蛋破壞的。你如果做正當、賺錢的行業，可以做推銷工作、或修理、資源回收、移除重建、爆破消耗等工

作，會有好幫手，幫你去搗毀移除，但在工作上會花很多錢。如果是做坐辦公室，自己高高在上的指揮，而不親自下去做事的人，雖也有人幫你打拚，但也會幫你花費多，不一定賺得到錢。另一種就是不做正業的人，反而有人會幫你賺多一點錢財。當然你付出的代價也很大。

破軍、火星或破軍、鈴星在子、午宮入官祿宮時，表示在事業上爭鬥多、破耗多，你也會一陣子、一陣子的打拚，有時很打拚奮鬥、有時又會停不下來、慢下來。你在工作上也會做一陣子、停一陣子、斷斷續續。**在子宮**，火、鈴居陷，工作常不順，會有意外之災或是非多，賺錢也是有一票、沒一票的。**在午宮**，火、鈴居廟，偶而會有意外之財，但不長久，也會場面火爆、是非多。更容易做與黑道或不法之事有關的行業。

破軍、天空或破軍、地劫在子、午宮入官祿宮時，在你的福德宮會有另一顆地劫星或天空星和武曲同宮，表示你天生的命格享用是『財空』或『劫財』的模式，而你在工作上是『耗空』或『劫耗』的模式，是故你的思想上有怪異、超脫和常人不一樣的聰明及思想，因此在工作上會打拚不力或不打拚，因此本命中所能享用的財少，你會工作斷斷續續、不長久，或不工作，易失業、思想不實際、好高騖遠，也不願改善，事業多起伏不順。

破軍在寅、申宮入官祿宮時，你是七殺坐命辰、戌宮的人，你自幼家境不好、環境中最多是小康而已。官祿宮的破軍也只是在得地之位而已，故你的打拚能力不算強，只是普通。你會做一些用勞力的工作，或複雜、爭鬥多、競爭激烈，或破爛要收拾殘局的工作。賺錢不太多。因為你的夫妻宮是武相，代表你內心中只想要的是生活平順的錢財而已。故你想要的不多，雖也愛賺錢，但錢財的格局不大，你愛享受較多。因此在事業上的打拚是適可而止的。

破軍、陀羅在寅、申宮入官祿宮時，你會做更粗重、破爛、是非多、繁雜或低下的工作。賺錢也不多。你天生在工作及學習上的智慧不高、較笨、沒法子做高尚、精細的工作，做用腦不多、用勞力較多的工作較適合你，也適合做軍警業會較舒服。你一生的成就也會不高。**官祿宮在寅宮時**，你的遷移宮是廉府、擎羊，而福德宮是紫微化科，表示你周圍的環境是陰險、刑財的環境，而你自己很有方法享福，自然不會太在工作上打拚。**官祿宮在申宮時**，你是辛年生的人，遷移宮仍有擎羊，是刑財格局，兄弟宮是太陽化權、天梁，會有長兄照顧你，讓你享福，故你也不需要做太多事了。

破軍、祿存在寅、申宮入官祿宮時，你是甲年或庚年生的人。

甲年生的人官祿宮在寅宮，有破軍化權、祿存入宮，而你的遷移宮中有廉貞化祿、天府，你是一個講究精神享受的人、桃花多，你在事業上雖愛打拚，但是保守形態，賺錢並不多，但意志力強、頑固也強，喜歡只為自己做，賺自己所擁有的、少少的錢財。因此你較會自己做事業賺錢。**庚年生的人**，夫妻宮會有武曲化權、天相，對賺錢特別有興趣，也會找到會賺錢的配偶一起努力賺錢，但你仍沒有配偶賺的多，你仍是做保守的賺錢工作。

破軍、文昌或破軍、文曲在寅、申宮入官祿宮時，你的工作是賺錢少、較窮的工作。**在寅宮**，文昌、文曲居陷，表示會做較粗俗、而計算能力不好、較粗重的工作，也易常做白工，工作會做不長久、易失業或斷斷續續，賺不到錢。**在申宮**，文昌、文曲居旺，表示會做清高錢不多的工作，你仍精明、計算能力好，但觀念不佳、自命清高，故賺不到錢，也會自願做白工，為了名聲，而不拿錢。

破軍、左輔或破軍、右弼在寅、申宮入官祿宮時，會有另一顆右弼星或左輔星在福德宮和紫微同宮，表示天生有人會幫你享福，也會有人幫你打拚、出力，更會有人幫你破耗。所以你在工作上很忙的時候，有人幫你破耗花錢。你在享福不做的時候，有人會去幫你打拚，也會幫你花錢破耗，所以你做與不做，都會有人幫你破耗，你在事業上就是一種虛耗多的形式，一定要做與耗損有關的行業，才會賺到錢。並且這些人會愈幫愈忙、工作愈多，也會扯出一大堆爛攤子出來。但也會有人幫你收拾殘局，而賺到錢。

破軍、火星或破軍、鈴星在寅、申宮入官祿宮時，表示你在工作上爭鬥多，會有突發事件不順利，會做有一票、沒一票的工作。

也容易從事非法的工作。**在寅宮時**，火、鈴居廟，容易有工作時很熱鬧，也多鬥爭。沒工作時很安靜，也沒有爭鬥。**在申宮時**，火、鈴居陷，表示工作上多爭鬥，而且爭鬥常使工作終止，造成消耗和不順利。

破軍、天空或破軍、地劫在寅、申宮入官祿宮時，在你的夫妻宮會有另一顆地劫或天空星和武相同宮，表示你天生頭腦不實際、打拚不著力，或不知道如何打拚。做事會起起伏伏、斷斷續續，不長久。而且你也容易晚婚或不婚，早點結婚，你的工作會做得久一些。你的頭腦有怪異聰明，你會該做的不做，不該做的做一堆，不太管別人的感受。所以思想上和做事方法上常有和社會搭不上線的狀況，更會不工作、偷懶。

破軍化祿在寅、申宮入官祿宮時，你的財帛宮會有貪狼化忌，表示你在鎌錢方面不利，沒有太多的機會，會保守、賺不多，而且在工作上是要做才有錢財，不做就沒有錢賺，也沒有錢花的形態。此官祿宮仍不可做生意或投資，會揹債且血本無歸。只能做上班族。

破軍在辰、戌宮入官祿宮時，你是七殺坐命子、午宮的人。你一生很愛錢，會為錢打拚，只要賺錢的事，你都愛，不太在乎工作形態和內容。因此適合各式各樣的工作。但工作大多是奔波形的，或需要投資消耗形的，你的財帛宮是貪狼居平，表示你在財運上的運氣並不多，你只用一種老實、辛苦的方法去賺錢。也會用一些具有計謀和規劃的方法去賺錢，因此你的工作態度是像公務員一樣，一板一眼的，你喜歡做固定、有計劃性的、規劃有階段性的目標去努力的工作。也喜歡為在你自身能掌握的範圍內所能做到事而努力，不喜歡做虛虛實實、狀況不明或不實際的事情。你在工作上講求價值感，必須有價值才會去做，沒有價值時，寧可休息也不動一下。各行各業你都適合做，但以你的八字喜忌為重。喜用神要金水的人，則以做與金融、金屬、運輸、流動和水的性質有關的行業，容易賺多一些錢。八字中喜用神要火的，要做五行屬火或火有關的行業，容易賺多一點錢。

破軍、擎羊在辰、戌宮入官祿宮時，你的事業上爭鬥多，破耗多，必有大敗的時候，你的福德宮有廉貞、陀羅，表示你在事業上雖用盡心機，但本身頭腦不聰明、企劃能力不好、又會自做聰明、不服輸，或是有不好的想法和觀念而使你會失敗。事業上的起伏很大，而且你又會拖拖拉拉，做事不乾脆，好鬥又鬥不過別人，容易一打拚就破耗多、利益少，不打拚、損失還不會那麼多，因此久而

久之，便不一定愛工作了。行運官祿宮時，就是破產的時候。

破軍、陀羅在辰、戌宮入官祿宮時，你的遷移宮中會有擎羊和武府同宮，表示你外在的環境有刑財現象，原本財多的，反而變小一點的規格了，而且環境多爭鬥，有人和你爭財，賺錢會較不易。一方面你在工作上會拖拖拉拉、慢吞吞、腦筋固執、較笨、還不服輸，會破耗多，所做的事會是與破爛醜陋、雜亂、髒亂、傷災、死亡、災害有關的工作。工作不太高級、地位也不高。**丙年生的人**，有廉貞化忌在你的福德宮，表示你腦袋不清楚，易惹官非、是非，一生享不到福，智慧很低。**戊年生的人**，有貪狼化祿在財帛宮，賺錢機會較好，賺錢會多一些，財運稍好。但仍是一個小格局刑財的環境之中的狀況。**壬年生的人，官祿宮在戌宮**，其遷移宮是武曲化忌、天府、擎羊，其人一生環境窮困，工作又不利，做事會斷斷續續、財運困難，其人也較笨，老想發財，但卻不知如何做事和工作，故一生窮困。

破軍、文昌或破軍、文曲在辰、戌宮入官祿宮時，你是子時或午時生的人。同時在你的僕役宮或兄弟宮有天空、地劫會出現，表示你沒有朋友或兄弟，在事業上也是『窮』的格局，你會行為保守、工作上賺不到什麼錢，或賺少少的錢，或做一些不實際的工作。**在辰宮時**，昌、曲居得地之位，工作會是文職、讀書學歷高，但不懂得賺錢。**在戌宮時**，昌、曲居陷，讀書學歷差，會做粗俗的工作，或不工作，也賺不到什麼錢，打混過日子。

破軍、左輔或破軍、右弼在辰、戌宮入官祿宮時，你的夫妻宮會有另一顆右弼或左輔星和紫相同宮，表示你很得平輩的人的幫助，在事業上有人幫助你一起打拚，也有人幫助你破耗。在工作上

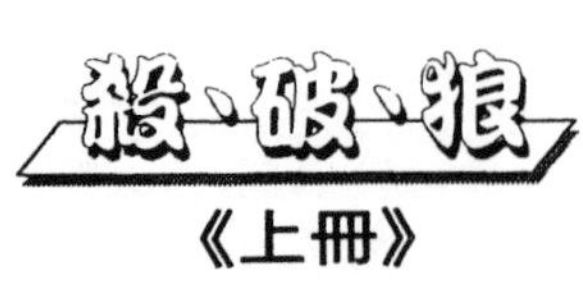

會有領導能力，但要看對人，要小心因人而發及因人而破敗。在婚姻上，你有賢內助，配偶會幫忙你打點事務或做善後工作，但亦要小心第三者的介入，易有感情糾紛。

破軍、火星或破軍、鈴星在辰、戌宮入官祿宮時，表示你工作上爭鬥多、意外事件及損失會變多，並可能與非法的、黑道的事情有關。**在辰宮**，火星、鈴星居陷，意外災害多、消耗多、打拚時多對自己不利，工作上的付出，收回成果少，容易衝動的破耗。**在戌宮**，火、鈴居廟，會有一票、沒一票的打拚，偶有意外之財，也會有意外衝動的耗財，也會入不敷出，及有意外之災，小心車禍，性命的損失。**在辰宮**，性命及身體上的破耗會較嚴重。**在戌宮**，其人會聰明得多，有怪怪的聰明。

破軍、天空或破軍、地劫在辰、戌宮入官祿宮時，你的遷移宮會有另一顆地劫或天空星和武府同宮，表示你會思想不實際，在工作上容易做白工，白打拚或不打拚，在你的環境中你也常看不到財在那裡。你會好高騖遠，想一些奇怪的事。表面上你的智商高、聰明一流，但聰明得怪異，你適合做哲學家、思想家或與科技有關的工作。但一生較難成功、也較難有結果，會半途而廢，做不長，或不工作，或將家財耗盡而失敗。

紫破入官祿宮

當官祿宮為紫微、破軍時，你是武殺坐命的人。你喜歡忙碌的工作，打拚、奮鬥力強，主貴。會做到高階主管或負責人的位置。但本命不適合做生意，否則會賺錢辛苦，賺的少，因為你的財帛宮是廉貪，手中可運用的現金少，周轉不順。此命格的人，多半為薪

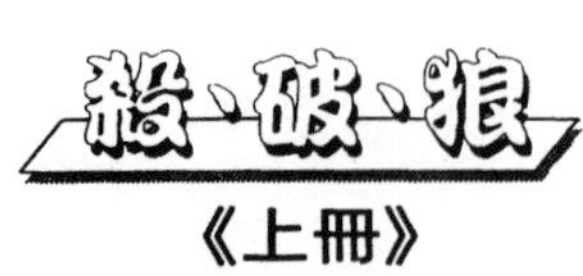

水族或軍警界、法律界的人，在錢財無慮的狀況下，能做大事，事業有成就。因其理財能力欠佳，做與金融有關的行業，會一身為財所困、爬不起來。

紫破、擎羊在丑、未宮入官祿宮時，你的福德宮有陀羅，本身比較笨，且操勞。**在丑宮，你是癸年生的人**，官祿宮有紫微、破軍化祿、擎羊，表示你在工作上是爭鬥多、不順、工作起伏大，破耗多，想要工作、打拚，就必須付出更多的代價，在工作上只是名義好聽，在錢財上常得不到自己想要的價值，因此有些工作你未必想做，你的財帛宮有廉貞、貪狼化忌，且雙星俱陷落，財運極差，沒有機會得財。並且命格中還有『廉貪陀』帶化忌的格局出現，要小心邪淫桃花影響你的一生。故你常失去工作機會，或不想工作。

在未宮時，丁年生的人，你的福德宮有陀羅，財、福二宮形成

『廉貪陀』、『風流彩杖』格，夫、官二宮又形成『刑印』格局，故你一生不太管事、做事斷斷續續，或賺一些和色情、風化有關的錢財，或靠人過日子。

在未宮，己年生的人，你的命宮有武曲化祿、七殺。你的財帛宮有廉貞、貪狼化權，福德宮亦有陀羅，雖官祿宮是紫破羊，表示本命雖是『劫財』的格局，稍有餘潤，但錢不多，又愛掌財權。會掌握一些不高級的錢財，在工作上仍是懦弱無權、工作不順利，或不想工作的形式。

紫破、陀羅在丑、未宮入官祿宮時，你的遷移宮有擎羊和天府同宮，表示周遭環境就是『刑財』的環境，會不富裕、較窮。**在丑宮時，是甲年生的人**，你本命是武曲化科、七殺坐命酉宮的人，官祿宮有紫微、破軍化權、陀羅，你的財帛宮有廉貞化祿、貪狼，有

『權、祿、科』在三方，做武職或法律訴訟，不重錢財，才可有大發展。在事業上能有強勢的力量。本人也會較斯文，事業有成。做文職或財經工作會斷斷續續、有起伏。**在未宮，你是庚年生的人**，本命是武曲化權、七殺坐命的人。遷移宮仍是天府、擎羊，你十分愛賺錢，喜掌財權，但環境即是『刑財』格局，財少，是故事業上爭鬥多，且是一種慢、笨、陰險的爭鬥，你必須花十分大的力氣去打拚，也用了一種不聰明、很笨的方法來努力，會有一些成果，但成果並不算好。做武職或法律業，能掌權、事業會大一些。做文職或財經工作、事業格局小。

紫破、文昌、文曲四星同宮在丑宮或未宮入官祿宮時，表示你在工作是財窮的格局，會清高自持，自以為高尚，要看是什麼事才打拚，不會隨便付出勞力來辛苦努力。你不一定工作，或做不賺錢的工作，或做賺錢少的工作，做做停停。**在丑宮時**，昌、曲居廟，你十分精明，想等待機會才做事，你也會想做看起來漂亮，但賺錢不多的事，你的思想不實際、做事也不長久。**在未宮**，文昌居平、文曲居旺，你在工作上說得多、做得少，也不精明，計算能力也不佳，常不做事，或做錢少、不實際的工作。

官祿宮有紫微、文昌、文曲時，也易做與色情有關，做別人的小老婆、靠人過日子維生。

紫破、左輔、右弼四星同宮在丑宮或未宮入官祿宮時，表示你在事業上有平輩的人來幫忙，你會有領導力和合作能力，事業上有人相助，升官更易，做事更勤奮勞碌，你在事業上所花的精神大，但要小心身體不佳。左輔、右弼是五行屬土的星曜。在命、財、官三方出現，其人皆會有土多蓋水的問題，會有腎臟較弱或腎臟病，及眼目不佳的問題，故不能太勞累。

紫破、文昌、文曲、左輔、右弼六星同宮在官祿宮時，表示其人是靠桃花情色為生、靠人過日子，未必會工作。如果有配偶，就靠配偶生活。如無配偶，是做妾及吃軟飯過日子的人。

紫破、火星或紫破、鈴星在丑、未宮入官祿宮時，你在工作上爭鬥多，常有突發的爭鬥，或有一票、沒一票的工作，會有起伏及斷斷續續的狀況，也會有意外災害及損傷，更會做與政治或不法之事有關的工作。

紫破、天空或紫破、地劫在丑、未宮入官祿宮時，你的命宮會有另一顆地劫星或天空星和武殺同宮，表示你天生智商高，有怪怪的聰明、思想不實際，想做時，就會打拚、努力奮鬥、不想做時，就不想動。你也會做與宗教或哲學有關的工作。或做與慈善有關的工作。在賺錢上並不一定有興趣。你會斷斷續續的工作或中途轉行，一生都在尋尋覓覓你的人生目標。時運好的時候，你也會有大鳴大放的機會，但常時運不濟，也更容易一生默默無名。

武破入官祿宮

當武曲、破軍入官祿宮時，表示你的工作和政治、錢財沾了一點邊，但智慧不高。打拚不對地方或打拚不對目標，你是廉殺坐命的人，本身會較悶、較頑固，表面看起來溫和，實際脾氣古怪。你在工作上會蠻幹使力，也容易白花力氣。倘若你在公家機關、軍警機關管財務是很好的，也能一板一眼不越矩，但會愈管愈少，故你做出納、發放薪資、物資的工作較好，武破在官祿宮，本身是『因財被劫』，屬於『窮』的格局，是故你的聰明才智不高，也會偶有衝動而使工作有損失。武破在官祿宮時，也表示工作上爭鬥多，是一種剛硬的爭鬥，損失的就是錢財。你也會在環境複雜的、破爛的、紛爭多的地方工作。實際上你的打拚能力不強，也不一定會管事，你多半懦弱怕事，工作環境中有你、沒你都沒有差別。所以你的職位一直不高。做文職時，是可以糊口的職業，做武職、軍警業則稍有發揮、官位也會不高。

武破、陀羅在巳、亥宮入官祿宮時，你的遷移宮有天府、擎羊，表示你外在的環境是『刑財』格局，環境不富裕，小人多，爭財的人多。**在巳宮，丁年生的人**，子女宮有巨門化忌，田宅宮有天同化權，表示自己才華少、家中是小康的型態、能生活，但子女少，或家中不和，自己又較笨，會依賴家中生活較多，工作常起伏，會愈做愈窮。

在巳宮，己年生的人，官祿宮是武曲化祿、破軍、陀羅，財帛宮有紫微、貪狼化權，遷移宮有天府、擎羊，表示其人在錢財上好管錢，也有好運，但環境仍不太富裕，在工作上，也是好管錢、賺錢。但常有損耗、慢進的問題，因此只是小康、有衣食，稍有工作能力的而已。

在亥宮，是癸年生的人，官祿宮是武曲、破軍化祿、陀羅，其人遷移宮是天府、擎羊，財帛宮是紫微、貪狼化忌，在工作上會愈做愈窮，還會找錢來破耗，一生財運不好，做做停停，和錢財離的遠，但口才好，會遊說別人來資助他，故負債的窟窿也很大，不工作反而是好的。或做武職虧空國家的錢，自己的損失較小，但可能會坐牢。

武破、祿存在巳、亥宮入官祿宮時，你在工作上也賺不到什麼

錢，而且智商不高、保守、能力不強。

在巳宮，丙年生的人，有廉貞化忌、七殺在命宮，表示你頭腦糊塗，常有官非、是非或血光問題，讓你的事業發展不開，賺錢很少，有衣食而已。

在巳宮，戊年生的人，你的財帛宮有紫微、貪狼化祿，你會在工作上保守，但賺錢機會多一些，故會偶有臨時突發的賺錢機會，有時是買股票賺到一點錢，有時是父母給你的錢，但並不是工作上得來的財運。

在亥宮，是壬年生的人，你的官祿宮是武曲化忌、破軍、祿存，在你的財帛宮是紫微化權、貪狼，表示你在工作上常不順利，『祿逢沖破』，會有錢財困擾和是非災禍，也會不工作或做做停停。你在財運有平復的力量，長輩會資助你錢財，或幫你還債。最好修身養

性，少耗費錢財，即使工作也賺不到什麼錢，反而會造成負債。

武破、文昌或武破、文曲在巳、亥宮為官祿宮時，你會做文職，賺辛苦又高貴的錢，性格清高，但工作是文質氣息重，但賺不到什麼錢，工作是窮困多複雜的工作，也沒有什麼發展。

武破、左輔或武破、右弼在巳、亥宮為官祿宮時，你會有另一顆右弼星或左輔星在財帛宮與紫貪同宮。表示有人在錢財上幫助你平順、多一點好運，也多貪一些，但在工作上也會有人幫助你多窮一些，多破耗一些，也幫著窮打拚一些、爭鬥多一些。所以你在錢財上會平順、過得去，但實際在工作上是愈做愈糟的。你也會讀書時就斷斷續續，工作時也斷斷續續，凡事做不長久，要做好幾遍，愈做愈窮。

武破、火星或武破、鈴星在巳、亥宮為官祿宮時，你在工作上

爭鬥多，工作斷斷續續，有可能與黑道和非法之事有關。**在巳宮**，火、鈴居廟，你會有特殊古怪的聰明，但未必用在正途，會有意外之財，但意外災禍也多。**在亥宮**，火、鈴居陷，意外災禍多，無意外之財。無論在巳宮或亥宮，皆要小心車禍傷災和意外爭鬥的傷災。

武破、地劫、天空四星同在巳、亥宮為官祿宮時，會不工作，無事業，容易寄身宗教，四大皆空。

廉破入官祿宮

當廉貞、破軍在卯、酉宮入官祿宮時，你是紫殺坐命巳、亥宮的人。表示你會做爭鬥多的行業，或是用腦不多，只用蠻幹就能成功的行業，或是做複雜、破爛的行業。你會在工作環境複雜、凶悍或工作環境很亂、不整齊的地方工作，或是零件、商品多而複雜的環境工作，或是工作須要一點一滴慢慢訓練、練習而成的工作。各行各業都可能。

有廉破在官祿宮時，你的智慧不算高，你也不太在乎名位，會從基層做起，但也會參與環境中的政治爭鬥，而且你會大膽、不在乎失敗，也不在乎難看，會為工作拚下去。通常你會對自己的期望不高，事業也會起起伏伏、先敗後成。也可能一生默默無名，你們一生波瀾多、成功也不會太長久。

廉破、擎羊在卯、酉宮入官祿宮，你在工作上爭鬥多、事業不順，一生失敗的機會多。**在卯宮，是甲年生的人**，有廉貞化祿、破軍化權、擎羊同在卯宮為官祿宮，表示你在工作上會用盡一切方法來掌權和享受一點財，但是爭鬥多，又有『刑囚夾印』的格局，會懦

殺、破、狼《上冊》

弱、受欺負、愛管，反而多惹事，或是有刑剋破財，問題重重，事業起伏大，也易遭災不順，得財也很少。**廉破、擎羊在酉宮為官祿宮時**，你在事業上爭鬥多，常不順，會不工作或做與爭鬥、血光、救難、死亡有關的工作，你在財帛宮有武曲化權、貪狼，你不在乎工作的惡劣環境，只要有錢賺就好了。但工作仍會斷斷續續不長久。有失業或停頓的時候。

廉破、祿存在卯、酉宮入官祿宮時，是『祿逢沖破』，財很少。你在工作上會做保守的、低下的、打雜或破爛的工作，賺錢少，只夠糊口、家中不富裕、較窮，常等待偏財運的暴發，才能帶給你略多一些的錢財。

廉破、文昌或廉破、文曲在卯、酉宮入官祿宮時，你所做的工作都是窮又繁雜或破爛的工作，當文昌、文曲在卯宮時，文昌居平、文曲居旺，有『廉破、文昌』時，你是頭腦不清、計算能力不好的人，有『廉破、文曲』時，是口才好、話多但無用，賺不到什麼錢的人。**在卯宮時**，也會職位低落，或不工作或工作能力不佳，讓人看不起。**在酉宮時**，昌曲居廟，你會做清高、賺錢不多，較窮的工作，你仍會精明幹練，計算能力好，但價值觀和別人不一樣，會做文職工作，也會有起伏和不順利，此格局皆要小心水厄。

廉破、左輔或廉破、右弼在卯、酉宮入官祿宮時，會有另一個右弼或左輔星在你的命宮和紫殺同宮。表示你天生忙碌愛打拚、愛競爭，也會有人從旁協助你更忙、更努力。在事業上亦會更增忙亂、破爛、競爭、爭鬥。你會天不怕、地不怕，也不怕和惡勢力競爭和爭鬥，做武職、軍職業能除暴安亂，否則會做與黑道同流合污的事情。做文職會愈忙愈亂，無法休息，你一邊忙碌打拚，另一邊則有人搗亂、幫倒忙，因此不做、不忙還好，愈做愈破敗、消耗。虧錢也多。

廉破、火星或廉破、鈴星在卯、酉宮入官祿宮時，事業上會有突發的爭鬥和災害，你也易做與黑道、不法有關的工作。更容易和下層社會中不良份子有瓜葛。在事業上易突然倒閉、做不長。**在酉宮時**，偶有意外之財，但破的更凶。**在卯宮時**，常無固定工作。在工作上根本無法賺到多一點的錢財，反而耗財更凶。

廉破、天空或廉破、地劫在卯、酉宮入官祿宮時，在你的財帛宮有另一顆地劫或天空星和武貪同宮，暴發運、偏財運都不發，財運少，也會較窮。你的工作斷斷續續、常不工作，或做與宗教有關的工作。你會思想不實際、工作能力差，亦可能一生起伏、靠人過日子。

廉貞、破軍化祿在卯、酉宮入官祿宮時，你是癸年生的人，在你的財帛宮會有武曲、貪狼化忌，你的財運不佳、暴發運不發，在工作上亦是聰明度不佳，會為自己愛破耗、去找錢來破耗，喜歡做老闆，但常失敗、虧錢，仍喜歡做，你的財、福二宮會有擎羊進入，表示天生財少、勞碌，只是耗財的人，本身享受不到財，卻一昧的固執，因此工作起伏多、不長久，做薪水族能糊口，做生意仍敗得很慘。

第三節　貪狼在『命、財、官』對人的影響

有貪狼在『命、財、官』時，表示你一生靠的就是運氣。有運氣時，打拚能力強、賺錢多、工作賣力，但一定要向外去奔波、東奔西跑，不能靜止，否則就會運氣不通順了。更表示在你的人生結構上，就是因為有貪心，才能造成衝動而奮發進取。倘若沒有這股『貪』的力量，你就根本不想動、也不想競爭，或不想獲得了。

貪狼是人緣、桃花、機會和運氣，故貪狼在『命、財、官』時，**在命宮時**，就表示這些桃花、機會和運氣是在本命中所帶的。其人會善於利用這些優點，也會享受這種優點來過一生。**在財帛宮時**，

這些桃花、機會和運氣就在財運上展現。在官祿宮時，這些桃花、機會和運氣就在事業上展現。因此只要有貪狼居旺在『命、財、官』中出現，就表示有運氣存在了。其人一生都會忙碌於運氣的撮合之中。運氣好不好對一個人的影響很大，不論在大事如工作運、金錢運、人生成就上是如此，舉凡生活小事上亦有影響。命盤中貪狼居旺的人，在停車困難的地方找車位都好找。貪狼居平、居陷的人，常在小事上也遇到不順。因此貪狼不止在『命、財、官』對人有影響，在任何事務上都會對人有影響。

貪狼在命宮

貪狼入命宮時

當貪狼入命宮時，你很會察言觀色，喜勘察運氣的好壞，會挑選時間來展現你強悍的氣勢。通常是在你對某事某物有偏好時，就會採取爭奪的強悍架勢，一般的時間，你會蓄勢待發，展現從容優雅的姿態在等待機會的到來。貪狼居旺入命宮的人，這種狀況最顯著。貪狼居平、居陷時，是想爭、想搶奪而搶不到的好機會。

貪狼居旺的人，會個子較高、身材好，也會胖壯。貪心、野心都較大。貪狼居平的人身材普通高度，有的也會矮小。廉貪居陷坐命的人，又會瘦高或瘦小，尤其有地劫、天空同在命宮，或相照命宮的人，個子會不高。命宮或命盤上之貪狼不旺的人。都容易有不實際的想法和貪念，想貪而貪不到。

一般來說，**家庭中出生一個貪狼居旺坐命的人，都會為家庭帶來好運氣**。生出一個貪狼居平（在寅、申宮坐命），則不一定，也常感覺不到好運氣。生出一個紫貪坐命的人，會平順、好過一點，並無大好的運氣，是他自己運氣好、討人喜歡、別人沒感覺。因紫微居旺、貪狼居平的關係。若生出一位廉貪坐命的人，則家中正開始走下坡，或正在倒霉，或正窮困、爭吵不合。若出生一位武貪、火貪、鈴貪坐命的人，則會為家庭帶來突然的好運和財運。

有一位上校的軍官，他深知自己有暴發運及偏財運，但始終不能確定自己的出生時辰。我告訴他能確定他是子時生的人，他卻說父母堅持他是丑時生的人。子時生的人是紫貪、火星坐命酉宮的人，丑時生是機陰居平在申宮坐命的人。其父母告訴他，當他出生時，是在一個下著滂沱大雨的深夜，又住在鄉間，交通很不方便，當母親要生產時要去醫院，奇怪的是，才要出門雨就停了，而且不容易叫到車的鄉下，居然出現一輛計程車，很順利的來到醫院生產。這件事一直讓父母津津樂道。實在運氣太好、太順利了。所以我斷定此人定是子時生的人沒錯！而且他幼年家窮，父母宮是巨門陷落、文昌化忌、擎羊、鈴星，表示父母頭腦不清、又善於說謊。丑時生的人，則沒有暴發運，也會在生產中沒有那麼順利。他的父親在他出生以後換到比較好的工作，才能養得起他。在十二歲左右走天機、太陰、陀羅運時入軍校幼校讀書，成為職業軍人，未來也會有做高官的發展。倘若是丑時生的人，則不會有這些運氣了。我也斷定，在他的家中也只有這麼一位事業略有成就的人。其他的兄弟姐妹都沒他好，彼此也感情淡薄。

另外有一位婦女正逢婚變，要為新生的男嬰算命，希望由於男嬰的出生能挽救婚姻，並讓孩子的父親從大陸回台。但是這個男嬰是廉貪坐命的人，希望甚微渺茫。孩子的父親終於回台了，但是回來辦理離婚手續的，給了一筆錢就立刻走人了。這位女士說：『孩子的福德宮是天相呀！為什麼還有這種狀況呢？』福德宮是天相，表示愛享福、愛享自己找得到福氣。但他的父母宮是巨門居旺，父母愛吵架、口才好、父母不合，因此這個小孩的出生，正印證了當時家中的氣氛而出生的。幼年以及一生運氣都很差。

美國總統小布希也是廉貪坐命的人，也證明他的父母也是不合的，其人雖當上美國總統，這是家族和幕僚團隊的功勞，競選過程十分辛苦也打破美國歷年的紀錄。當選之後立刻遇到九一一恐怖事件，帶給美國人空前的災難，這不但是他自己運不好所致，也是全美國人命運不濟了。所幸四年快過去了，倘若美國國運繼續衰弱，還會選到命運差的人來做總統。

貪狼坐命的人，因為多慾望、喜歡的東西多、好高吟，『命、財、官』有文昌居旺的人會附庸風雅。命格中文昌居陷的人，仍較粗俗。其人號稱多才多藝，但實際東沾一點、西沾一點，上至天文、下至地理，無所不通，好談天說地，自視甚高，博學而不精。學什麼東西都點到為止，非常馬虎，決不能做精細的事物，也不喜歡做太精細的事情。因為桃花重，最喜歡做的事就是人際關係中的

交際應酬之事。其人的愛憎之心極重，略帶偏激，也會觀察對自己的利害得失而與人有關係淺薄之分。一般來說，貪狼居旺的人，會從不得罪人，氣氛不好時，便會閃躲溜走。運氣不好的時間、地點都看不到他的身影。運氣好、大家高興時，都有他在。是一個很能錦上添花，無法雪中送炭之人。而且他們也天生運氣好，有災禍、吵架、倒霉的時候，他都碰不到。有好事時，他就會在場。廉貪坐命的人，則是倒霉、吵架、紛爭時有他在場，好運時則碰不到他。

貪狼坐命的人，酒色財氣都愛，只有命、遷二宮有天空或地劫或有化忌的人，會輔正。做事性急潦草、不定性、喜大場面、好大喜功，也喜歡報喜不報憂，喜歡談自己運氣好的事，不願意談自己倒霉及運不好的事。而且他們永遠不會把自己內心的心事與人分享，就連父母、手足、配偶都不太願意講，十分神秘，也害怕別人

知道他內心的想法。貪狼坐命的人，喜歡研究算命之事，要預測自己的運氣，但又害怕別人太瞭解自己，或對自己不利，因此多半自己研究、看書，但又性急、想快想知道答案，因此有些人還是會找算命家論命。紫貪坐命的人最怕別人知道他的秘密、想聽又怕聽，算命時間最短，也會找不同的算命師問不同的問題，再來綜合考證。

貪狼坐命的人，耐力不長久，性情急躁，不適合做長期投資或需長期訓練的事。常常一件事若要等很久才有結果，就會早早轉行放棄，去碰別的運氣去了。或是轉換環境或人、事，到別的環境中去找運氣去了。

貪狼居旺坐命的人，因運氣好、好爭，適合做軍警業，打仗也容易打勝仗，且不精複雜事務，喜分層授權，可做將領級的職位。

大陸國防部長遲皓田就是貪狼坐命的人，氣勢很旺，也會為大陸的軍事帶來強勢的力量。

貪狼坐命的人，因貪狼五行屬木，也會做教育、藝術方面的工作，又是桃花星，也會有人在酒店上班，亦有偏財運，容易在證券公司工作。有貪狼化忌，或是有祿存在命、遷二宮的人，就會行為較保守，也會做專業技能或上班族的工作了。

貪狼坐命的女子，古時以其為淫蕩，無媒自嫁的命格，好淫慾、多風流、好貪，為不美之命格。現今社會開放，社會層面反而喜歡這種大膽、不扭怩、敢做敢當、不麻煩、行動力強、敢愛敢恨，心中想要的，就直接去攫獲的性格。

貪狼坐命宮的人，不論男女，都善於處理男女感情之事，而且他們從小、從唸幼稚園時代便開始練習男女情愛之事，很會談戀愛，也容易喜新厭舊，常換對象。稍長，也很早對肌膚之親有經驗，對於情人分手時的處理也十分高明，分手後仍能做朋友。凡是有配偶是貪狼坐命的人，你是無法要求配偶會潔身自愛、從一而終的。他們有非常多的戀情和男女關係是你所不知道的，保密功夫到家的，所幸的是，貪狼坐命的人少有同性戀的問題。

貪狼在子、午宮入命宮時，你的遷移宮是紫微，以貪狼坐命子宮人最好，因遷移宮的紫微居廟，你一出生就會在地位高、生活富裕的家庭之中，一生的享用很富足，別人也會對你尊敬有禮，只會你挑剔別人，別人都對你順從，提供最佳的服務。你一生都不為財愁，生活無憂。而且你的桃花多、人見人愛、爭相向你獻殷勤。你的慾望多、打拚能力並不強，而且很多時間浪費在人緣交際和談戀愛之上。你也會有家產的支持，持續努力，也會有一定高地位的成就。不努力的人，也會有旁人帶給你的高級生活。你的命雖好，但也不適宜換太多配偶，以免喪失了自己的好運。

貪狼、擎羊在子、午宮入命宮時，你是丙、戊年或壬年生的人。**丙年生，命宮會在午宮**，你的運氣會稍差一些，因是『刑運』格局，你會性格略保守、或頭腦不清、會多疑陰險，用腦過多，你的夫妻宮有廉貞化忌、天府，心中多是非也會與配偶不合，本命的機運不佳，命中的財也會少一些。身體也易有傷災、病痛，事業會不順。**命坐午宮，戊年生的人，會有貪狼化祿、擎羊在命宮**，雖然命中有一點祿，但仍是『刑運』和『刑財』格局，為人會奸滑、不實在，夫妻宮仍有陀羅和廉府同宮，內心的想法也是『刑財』格局，內心也會比較笨，把要打拚、對自己有利的事看做是不利的事，把偷懶、佔便宜的事看做是要打拚、對自己好的事，因此所得不多，也

易投機取巧，做事少成。**命坐子宮是壬年生的人**，你的遷移宮有紫微化權，但福德宮是武曲化忌、天相，表示你會出生在權勢高，或家中父母很嚴厲的家庭，但本命是財少、財不順利的人，你常頭腦不清，有時會孤假虎威，有時會意氣用事。你也會愛掌權、管事，做生意，但錢財常破耗，但會有人為你收拾爛攤子，也能平安度過。

貪狼、祿存在子、午宮入命宮時，你是丁年、己年或癸年生的人，你會生性保守、小氣、吝嗇，少與人來往。**丁年生，命坐午宮時**，你的父母宮是天同化權、巨門化忌、擎羊，和父母緣份薄、不合，或被送養別人家，幼年運不好，長大以後才慢慢運好。你一生會做上班族的工作。**己年生，命坐午宮的人**，你的命宮有貪狼化權、祿存，福德宮有武曲化祿、天相，你本命財多，自己喜掌權，有好運，但保守，與家人不和，結婚以後有自己的家庭以後才會有好運。你會白手起家，自己打拚一片天地。**癸年生的人，命坐子宮**，命宮中有貪狼化忌、祿存，財帛宮是破軍化祿居得地之位，你一生性格內向、保守，運氣不強，會做專業固定的工作、不太會向外發展，理財能力不好，在財運上只是要打拚才有錢賺，想花錢就找得到錢花，是一個普通命格，尚能過富裕小康生活的人。

貪狼、文昌或貪狼、文曲在子、午宮入命宮時，在子宮，因文昌、文曲居旺，你會外貌斯文、口才好，但仍有政事顛倒糊塗的狀況。對錢財很精明，但對人生成就和前途、做事方面則不太行。在**午宮**，因文昌、文曲居陷，你會外貌較粗、理財、算錢不精明、糊塗較厲害，財運和人生成就都會較差。

貪狼、左輔或貪狼、右弼在子、午宮入命宮時，你的福德宮會有另一顆右弼星或左輔星和武相同宮，表示有人會幫忙你有好運，或貪心的慾望更多，也會有人在錢財上幫助你享受更多。因此你會運氣更好，得到更多的機會、得到更多的錢財。八字主貴的人，你也會有領導能力、享受更多的權勢、地位和富貴。八字差的人，會愛衣食享受、花錢浪費，一生無大用。

貪狼、火星或貪狼、鈴星在子、午宮入命宮時，你是『火貪格』或『鈴貪格』坐命的人。你會脾氣古怪、性急、做事快速、有暴發運、偏財運。**命坐午宮的人**，因火、鈴居廟，會臉紅紅的，偏財運更強。**命坐子宮的人**，因火、鈴居陷，臉會較白，暴發運和偏財運不會有在午宮的人那麼大。但也非常不錯了。你們都是一生起伏較大的人，會大起大落，在子、午年暴發。丑、未年是較不好的年份。

貪狼、天空或貪狼、地劫在子、午宮入命宮時，你的夫妻宮會有另一顆地劫或天空和廉府同宮，表示你非常聰明、智商高，但不實際。本命是『運空』或『劫運』的格式，內心是『劫財、財空、官空、劫官』的格式，所以你會好高騖遠，看不清機緣，容易錯失機會，一生機緣不湊巧，也會多幻想、少行動、多說少做、事業起伏不順，或斷斷續續不長久，亦會常改行、換工作。

貪狼在寅、申宮入命宮的人，貪狼居平，運氣並不強。而且你的遷移宮是廉貞居廟，表示環境是陰險、多爭鬥的環境、政治性濃厚。你的打拚能力不強，但會運用計謀找對自己有利的事情。你的夫妻宮是武府，因此會找有錢的配偶來帶給你優渥的生活。你天性喜愛享福、也享得到福，福德宮是紫相。所以你一生都會運用智謀來幫你找豐足的錢財和享福的地方。前立法委員、也是緋聞主角的璩美鳳小姐就是此命格的人，未來也會找到富有多金的配偶。

貪狼、陀羅在寅、申宮入命宮時，會長相粗壯、較醜，頭腦也會不好、較笨。因命、遷二宮，形成廉貪陀『風流彩杖』格，其人好色、好淫慾，會為此破敗前程。又因為貪狼居平、陀羅居陷的關係，會陰險悶悶的、心中藏有許多不好的詭計，不說出來。你的福德宮中有紫相、擎羊，一生正事做不好、環境又差，愛享福又享不太到，性格懦弱，又自私自利，一生靠配偶照顧的時間多。

貪狼、祿存在寅、申宮入命宮時，**在寅宮**，是甲年出生的人，會有廉貞化祿在遷移宮，有破軍化權在財帛宮，有武曲化科、天府在夫妻宮，雖為人保守，會賺與情色有關的錢財，女子易為人做小老婆，男子也會靠女人發跡。**在申宮時**，是庚年生的人，在你的夫妻宮有武曲化權、天府，你幼年環境不好，結婚後會懦弱怕妻，家中由妻子掌權管錢，你也容易入贅妻家來生活，妻子是有錢的人。此命的女子也會嫁入財力雄厚的家庭，受丈夫管束控制。

貪狼、文昌或貪狼、文曲在寅、申宮入命宮時，你會表面斯文，或附庸風雅，其實是政事顛倒、頭腦不清的人，一生一定會做一些錯誤的決定，而讓別人記得清楚。此命格**在寅宮時**，你是外表粗俗、或口才不好，及小精明、計算能力很差的人。糊塗的層次較厲害。**在申宮時**，因文昌、文曲居得地之位，因此你會外表略斯文、口才好、略具才藝，會對錢財精明，但仍會有做事糊塗的狀況。你也會狀似陰險、多計謀、善於鋪排爭鬥之事。也會做暗中鬥爭之事。

貪狼、左輔或貪狼、右弼在寅、申宮入命宮時，你的夫妻宮會有另一顆右弼星或左輔星和武府同宮。這表示在你的本命有一種輔助好運多一點的力量，而這種力氣是源自於你自己內心中的一種能增強富裕、圓融的原動力，而你對錢財較關心，因此比別人在財運機會上多享受一點。另一方面，你天生有好的配偶運，配偶會為你帶財來，並幫助你更發富，有錢可花。你也會本身具有協調能力，容易和別人合作，共同圓融的處理事情，因此凡事也都輕鬆容易，成功的機會比別人快速。

貪狼、火星或貪狼、鈴星在寅、申宮入命宮時，表示本命就是『火貪格』或『鈴貪格』的人，你會性格古怪，但會有暴發運和偏財運。**以命坐寅宮**，火、鈴居廟的人，暴發最快速和偏財運較大。**命坐申宮的人**，因火、鈴居陷，都暴發運稍弱，所暴發的錢財也沒前者多。你是性情急躁的人，好動、不定性、喜東奔西跑停不下來。也容易有暴起暴落的人生，並且也容易有精神方面的疾病。

貪狼、天空或貪狼、地劫在寅、申宮入命宮時，你的遷移宮中必有另一顆地劫或天空和廉貞同宮。表示你本命宮是『運空』或

『劫運』格式。而環境中是『官空』或『劫官』格式。（廉貞是官星，也是事業之星），也就是說：當你腦中思想不實際的時候，好高騖遠，想貪又貪不到的時候，當時你的周圍環境就是企劃能力不好、智謀空空，或有怪計謀、怪聰明而使工作和機會失去。另一方面，也是說，當你環境中有智慧不高、能力不實際、光說不練、想得太美，根本做不到時，就是你本身運氣很差，根本沒有運氣的時候。所以你會一生多起伏不定，一定會有多次失敗或過窮困日子的經驗。因為你天生腦子少根筋，因此根本無法改善你的這種不實際和好高騖遠的思想。你也容易中途轉行或失業，找不到人生目標。

貪狼在辰、戌宮入命宮的人，是貪狼居廟坐命的人。因遷移宮有武曲居廟，其人一出生便出生在富裕的家庭中，是天生富貴的人。武曲也代表政治，所以你也會出生在有權力、地位的政治家庭之中。你天生有好運，一生有多次暴發機會，本命坐在『武貪格』上，你會性格剛直、強悍，善於抓住機會，也擅於掌控權力和財富，更會運用權力來增加財富。但你是個不善理財的人，會嫁娶到家世背景好的配偶，配偶就是你的財庫，會幫忙你理財、儲存。因此結婚對你來說很重要，也是日後人生中財富累積的重點。**己年生的人**，有貪狼化權在命宮，遷移宮是武曲化祿，**庚年生的人**，有武曲化權在遷移宮中，都是大富之人。**戊年生的人**，雖命宮有貪狼化祿在命宮，但有『廉相羊』、『刑囚夾印』格在福德宮，仍是不美，財富不易留得住。

貪狼坐命在辰、戌宮的人，雖非常聰明、才智具備，但財帛宮是破軍居廟、官祿宮是七殺居廟，在錢財上仍破耗多，在事業上會做辛苦、勞碌，不必太花腦子的工作。你也會好爭鬥、好貪、好爭鬥、殺伐、性格強硬。你的中心思想和價值始終是以金錢、權勢、利益為出發點的。故此命格的人，多半做將領、軍警業、政治人物、生意人等工作。此命格的人之桃花為人緣桃花，不像在子宮的貪狼坐命者，有那麼多的男女情愛的桃花。

貪狼坐命的人，都會外緣桃花多，人緣好，但與人保持適度的距離，不會隨便告訴別人自己內心的想法，只有會對配偶偶而透露一些，就連父母、兄弟都不太會講，因此內在精神會常有空虛感。

貪狼、擎羊在辰、戌宮入命宮時，你的夫妻宮有陀羅和紫府同宮，表示你本命是『刑運』格局，運氣會差一些，易煩惱、多思慮、做事進退沒有恆心，自己本身的身體也會不好，易有傷災。在代表你內心思想的夫妻宮中是『刑財』格局，因此你的內心也會笨一點、財少一點。你彷彿強悍好爭、貪得更凶、用腦更多，但想的

都不實際，也容易與事實有出入，故貪不到。你也易嫉妒，更增自己感情上的不順，離財較遠。你更會不知如何把握機會，或讓機會溜走，故你一生所得之財和利益會少很多，但你仍會在富裕的環境中生活。

貪狼、陀羅在辰、戌宮入命宮時，在寅宮，你的福德宮有擎羊和廉相同宮，是『刑囚夾印』的惡格，你也會天生懦弱、較笨，易受欺負，也易遭官非，好運氣拖拖拉拉不來。自己也容易發悶，影響了運氣到來。

命坐辰宮，丙年生的人，有廉貞化忌、天相、擎羊在福德宮，是『刑囚夾印』帶化忌在福德宮，表示天生糊塗，也易有傷殘現象或血光之災而傷殘，午年更易傷殘致死。你一生是非多、運氣太不好，生活雖過得去，但事業做不大。

命坐辰宮，戊年生的人，命宮有貪狼化祿、陀羅，福德宮仍是廉相羊、『刑囚夾印』格，人緣和財祿機會稍多，但仍會懦弱，要小心官非、是非災禍等。

命坐戌宮，是壬年生的人，遷移宮有武曲化忌，福德宮仍是廉相羊、『刑囚夾印』，一生財不順，有金錢是非、懦弱、易受欺侮、有官非，也容易出身在財窮或落沒、倒閉的家庭之中，一生較困頓、運不開。

貪狼、文昌在辰、戌宮入命宮時，其人會頭腦不清楚，有些糊塗、政事顛倒。**在辰宮**，外表斯文、美麗、文化水準高，也精明幹練、計算能力好、運氣也好，但仍會做一些自以為是的糊塗事。**在戌宮**，外表粗俗、不美、文化水準低、不精明、計算利益的能力差，運氣稍遜，較常做糊塗事。

貪狼、文曲在辰、戌宮入命宮時，其人會頭腦不清，有些糊塗或政事顛倒。在辰宮，會口才好、愛表現才藝，因文昌在對宮（遷移宮）中是陷落的，表示外在環境富裕但粗俗，故其人也會粗俗，愛講糊塗話。**在戌宮**，會本身口才差、無才藝，因文昌在對宮是居旺的，其人會在富裕、有文化的環境中成長，也會較斯文、美麗。副總統呂秀蓮，即是貪狼、文曲坐命辰宮的人。

貪狼、左輔或貪狼、右弼在辰、戌宮入命宮時，因有另一顆右弼或左輔星會在其對宮遷移宮中出現，如無其他煞星在對宮和三合宮位上，其人天生有人輔佐，更增好運，在外多得數倍的錢財。其人天生有領導力，也會有聚集財富的力量，在『武貪格』暴發運上，也有人相助暴發得更快、更大，故其人主大富之人。財富億萬，並一生好運連連，無人可擋。

貪狼、火星或貪狼、鈴星在辰、戌宮入命宮時，此人本命具有雙重暴發運是『雙重暴發格』。其人性格古怪、少與人來往，脾氣急躁，易怒、情緒不穩定，但常有意外好運，一生得財容易，會愛財，又不在乎財，也會耗財凶，人生大起大落、起起伏伏。更容易不做正常的工作，或有獨特的癖好、喜時髦的用品，或科技產品，愛聽音樂、為人較孤獨，其人也會有怪怪的聰明，與人格格不入。

有貪狼化祿加火星或鈴星入命宮時，人也古怪，但人緣略好，也會和人交往，人生亦是起落分明，有怪怪的聰明和癖好，得財容易，也容易耗財。

貪狼、天空或貪狼、地劫在辰、戌宮入命宮時，是『運空』或『劫運』的格式，你的福德宮會有另一顆地劫或天空和廉相同宮，表示天生的享用是『福空』、『官空』、或『劫福』、『劫官』的格式，因此你會頭腦空空、掌握不住好運，更享受不到福氣，本身用腦不多、工作多起伏、頭腦不聰明，或太聰明了都不實際，也不會理財，對錢財觀念奇特，故財不多。你一生工作起伏大、易不工作，或做做停停，也看不到好運在那裡。你是個想法天真、或智商高，卻多說少做，做不成功的人。

紫貪入命宮

當紫微、貪狼在卯、酉宮入命宮時，你會外表氣派、美麗、身材好，胖瘦適中。你特別有桃花人緣，有異性緣，有吸引人的特質。你的財帛宮是武破、官祿宮是廉殺。你的理財能力不好、花錢較凶，手中的錢財少，你的事業上是用腦不多、用勞力較多的行業，最適合做軍警業。因為你命宮中的紫微居旺、貪狼居平，所以

你天生喜歡享福多一點，實際上貪心少一點，所以你在人生的目標上比較重視自我的需要，也重視享受。

貪狼是一顆多才多藝之星，居平時，才藝並不算多，紫微是帝王星，主掌權和制化與平順的力量，兩星同宮在卯、酉宮時，是一方面想掌權、一方面愛展露才藝（但是一些粗糙的才藝），是一些和人際關係有關的才藝。一方面桃花多、易生感情困擾，也容易成為一個風流好色之人。倘若有化忌、天空或地劫同宮，或在對宮相照抵制時，能輔正，桃花少一點，或轉變成正派的人緣桃花，其人就會正派了，也會將注意力轉變到事業上去了。但其人一生的機緣也會改變，變得不太多、也不太大了。其人一生的成就也會減少。

紫貪坐命卯、酉宮的人，除非有紫微化權、貪狼化權，會在事業上有發展，要不然是因貪狼化忌、文昌化忌或文曲化忌或劫空抵制失去桃花，否則都會因桃花的問題，而減少其一生之成就。

紫微化權、貪狼在卯、酉宮入命宮時，你是壬年生的人。在你的財帛宮有武曲化忌、破軍，表示你本命是愛掌權管事，但錢財上常有困難和錢財是非、不宜做生意，一生事業會有起伏、破耗，宜做薪水族或軍警業較好，否則為一生為平復債務而痛苦打拚。在你的子女宮或田宅宮會有擎羊星進入，有家宅不寧之事，但你有紫微化權在命宮，能有強力平順及趨吉避凶的力量，但你一生都會在平復財運危機之事在努力。

紫微化科、貪狼在卯、酉宮入命宮時，你是乙年生的人，**在卯宮坐命時**，有紫微化科、貪狼、祿存在命宮。**在酉宮坐命時**，命宮是紫微化科、貪狼，而遷移宮有祿存星是獨坐。你們都是性格保守、小氣的人，喜歡講道理、有自己一套處世方法和做人的理念，不喜和人多有瓜葛，常孤獨保守，因為有『羊陀相夾』的關係，你們會和幼年時代的家庭緣份淺，容易分離和不合，和結婚以後的家庭較親密。你的人生是保守的形態，你一生都會小心翼翼的過自滿自足的生活。

紫微、貪狼化權在卯、酉宮入命宮時，你是己年生的人，你會性格強勢，好管事掌權，一生的運氣也較好，你也會掌握機運，一生在事業上有發展。在你的財帛宮有武曲化祿、破軍，你仍適合做薪水族，會有較好的財利，受聘做大企業的負責人，分層負責，也很適合，能替公司帶來好運。自己創業，會成敗不一。**命坐卯宮的**人，在官祿宮有『廉殺羊』的格局，要小心在工作中受傷而傷殘或喪命。也會有工作斷斷續續、不長久、辛苦而爭鬥多或做不下去的問題。**命坐酉宮時**，夫妻宮有天府、擎羊，亦要小心感情問題，會影事業，及夫妻宮是『刑財』格局，又夫二宮形成『廉殺羊』，亦可能因本身內心的思想不實際或太偏執，也會造成事業上的阻礙和漏失。亦要小心工作上的傷殘或外出時車禍喪命的危險。

紫微、貪狼化祿在卯、酉宮入命宮時，你戊年生的人，**命坐卯宮**的人，在你的福德宮有祿存和天相同宮。**命坐酉宮**的人，在你的財帛宮有祿存和武破同宮，表示你雖外表圓滑、桃花多，實際上你是保守、小氣、有些自私的人。你的田宅宮或子女宮也會有擎羊進入，亦會有家宅不寧的問題。你一生中會有很多機運得一些財，但人生格局也不大，只是普通命格的人。更會因桃花太多的問題，而影響到事業上的奮鬥打拚能力。

紫微、貪狼化忌在卯、酉宮入命宮時，你是癸年生的人，你會性格保守、桃花較少、性格略微古怪或孤獨，外緣關係較差，機運較不佳。在你的財帛宮有武曲、破軍化祿，或武曲、破軍化祿、陀羅，表示錢財不富裕，會為愛花錢或要花的錢而找錢，容易耗財多、透支或虧空，理財能力不佳，也會造成自己方面的困擾。並且在你的夫妻宮或官祿宮會有擎羊進入，是『刑財』格局，也會思想不實際，得財會少，或工作斷斷續續、做做停停、不長久或不工作，有心情上的鬱悶。

紫貪、擎羊在卯、酉宮入命宮時，在卯宮，是甲年生的人。在**酉宮是庚年生的人**。這是『刑官』和『刑運』的格局，你會陰險、多思慮，也會身體不好，一生也容易運氣不好。你更會因想得多，凡事太操勞思慮而裹足不前，或保守不想動。也使在人生平順的力量減弱。**命坐卯宮的人**，在財帛宮有武曲化科、破軍化權，在官祿宮有廉貞化祿、七殺，表示你在事業上一直想做一些和自己興趣有關的

事，才會打拚。但在錢財的獲得和應用方面則是一方面要賺漂亮、高尚的錢，一方面卻強力要破耗，因此你的工作與事業是必須花費精神大，卻收獲不多的。再加上你本身的運氣就比常人少很多。在人的性格上又有常畏懼別人欺負的小心翼翼與保守，是故一生所能發展的成就是不太大的。並且這也會阻礙你的桃花，或使桃花往邪淫桃花方面發展。這些問題也更不利你的人生成就了。

紫貪、祿存在卯、酉宮入命宮時，**在卯宮**，你是乙年生的人，命宮中有紫微化科、貪狼、祿存，你為人保守、小氣，但長相美麗、氣質好，有高貴的氣質，也有一切平順的做事方法與能力。化厄呈的力量強，你會與你父母、兄弟緣份薄，易離家發展較平順。**在酉宮時**，你是辛年生的人，你仍是幼年時與家人緣淺不和，但與自己結婚後的配偶、子女較親密的人生。你的子女宮有太陽化權，表示你的才華能得以發展，你的子女未來也會有成就，你必然是一個性格保守，不會做太大變化的人。

紫貪、文昌或紫貪、文曲在卯、酉宮入命宮時，你會長相美麗，但頭腦有某些方面的糊塗，亦容易有政事顛倒之事，**紫貪、文昌在卯宮時**，長相只有普通的美麗，文化氣質也普通，計算能力不太好。**紫貪、文昌在酉宮時**，你的長相份外美麗、文質氣質也好，計算錢財的能力也好，較精明。只要在子、午、卯、酉四方宮位中有祿星（化祿或祿存星）進入時，你會具有『陽梁昌祿』格，學歷會增高，就會有比常人高人一等的成就，生活水準也會較高。**有紫貪、文曲在卯宮**，你的口才很好、才藝較多，但無論有紫貪、文昌或紫貪、文曲在命宮時，你的財帛宮都會有另一顆文曲星或是文昌星與武破同宮，表示手中的錢財都很窮、不多，你會思想清高、對金錢的價值觀也會不實際，會做一些賺錢不多的行業。

紫貪、左輔或紫貪、右弼在卯、酉宮入命宮時，你會有平輩的貴人來幫助你，使你的運氣和機運增加。在你的財帛宮會有另一顆右弼星或左輔星和武破同宮，你在錢財上會有人幫你打拚，也有人你破耗多，因此你花錢更大方、錢財消耗的速度更快，因此你也會賺得多、又花得快。不過，也有使你平順的力量在幫助你補足這些消耗，因此你也會更操勞。

紫貪、火星或紫貪、鈴星在卯、酉宮入命宮時，你是性格古怪、急躁、又有『火貪格』和『鈴貪格』之暴發運的人。你的思想剛毅，會積極的掌權和貪好運，不在乎別人的感受，有自己獨特的思想，做事速度快、也較自私，對於自己沒利益的事或須慢一點才有收獲之事，你都不想參與和等待，做事也會急躁粗糙。你一生受暴發運大起大落的影響很深，好的時候會驕傲和不可一世，壞的時候，心情低瀰而衝動，愛時髦的事物，也只重視一些表面的人生目標。你會看起特別聰明，實際上是用腦不多，想事情仍不夠透徹的人。

紫貪、天空或紫貪、地劫在卯、酉宮入命宮時，本命是『官空』、『運空』或『劫官』、『劫運』的格局。你會有異於常人的聰明，也是有些古怪的聰明，你也會桃花少、人比較正派，少了男女情愛方面的糾葛，但要小心晚婚或結不成婚。你的思想會不實際、容易掌握不住運氣。在你的官祿宮會有另一顆地劫星或天空星和廉殺同宮，因此工作易不長久或不打拚工作。人生起伏大，更容易接近宗教，或做與宗教有關的行業。

武貪入命宮

當武曲、貪狼在丑、未宮入命宮時，你是性格剛毅、強悍、直爽、具有殊殊才藝，少年不利、先貧後富的人。性格也會慳吝小氣、勤勞、一生為勞心勞力之人。女命為武貪坐命時，會性格較潑辣、敢做敢當、性格爽直，適應力強，富於行動。勇敢、堅強。實際上，武貪坐命的人都具有這些特質。武貪坐命者就是『武貪格』暴發運格坐於本命宮的人，因此都具有暴發運和偏財運，但不發少年時，多在三十歲以後暴發，故少年時仍辛苦。有些武貪坐命者也會在三十歲以前暴發，但為數較少。武貪坐命者，個子中等，粗壯，如有瘦高或特別矮小者，則命格有瑕疵或『命、財、官』會有刑剋。

武貪坐命的人，財帛宮都是廉破，官祿宮是紫殺，其人行動力強，對錢財敏感，尤其對和錢財有關的好運特別敏感，熱衷賺錢，對錢財和利益的價值觀獨特，注重付出與收獲的比例。有些人覺得他們是對財勢利的人。但他們的理財能力不好、懂得橫衝直撞的去賺錢與掌握賺錢的時機。但財、福二宮都不好，福德宮是天相陷落，是故一生操勞、自己享受的少，也不易存住錢財，一生是大起大落的形式。如果身宮又落於財、福二宮的人，會更辛苦、倍嚐艱辛，存不住錢。

武貪坐命的人，大多數幼年家庭不算太好、不太富裕。家中誕生這樣命格的人，表示家中快發跡了，快有好運了，因此家中有一個武貪坐命的人，也會為家族帶來財富或光耀門楣之事。例如國畫大師張大千先生是武貪坐命未宮的人。又如蔣夫人宋美齡女士是武

貪坐命丑宮的人，皆是替自己的家庭和家族帶來財富和名聲、地位的人，也讓他們的家族後人得到庇蔭。武貪坐命者適合做軍警武職，能為將相，也適合做生意人，能暴發財富。

武曲化權、貪狼坐命宮時，你是庚年生的人，**命坐丑宮的人**，你的財帛宮會有廉破、擎羊。**命坐未宮的人**，你的福德宮會有天相陷落加擎羊。表示你天生愛掌財權，或有政治上主宰的能力，運氣也超級好，但是主貴的命格。在財運上則是『刑印』的格局，而且是『刑囚夾印』的格局，在財運上會懦弱管不到錢，也管不好錢，破財凶。因此你做武職、軍警業會有做武將的才華，只要不牽扯錢財，仍能做大官，功業彪炳，有超高的地位，但小心在卯、酉年因財務問題有官非、遭貶之事發生。做生意人時，你會有暴發大財富，為億萬富翁的機會，會暴起暴落，也可能在卯、酉年有官非災禍、啷噹入獄，因此要小心。

武曲化祿、貪狼化權入命宮時，你是己年生的人。命坐丑宮的人，遷移宮有擎羊，命坐未宮的人，命宮有擎羊入宮。你們是運氣極好，財祿多，又能掌握權力、控制力，極能掌握機運，會藉機運翻身的人，你們極有權謀、智慧高、思慮多，會一生勞心勞力。爭權奪利，比別人辛苦，但也能為自己奪得財利和權力，只是身體會差一點，但小心保養，仍會長壽。像張大千先生和蔣夫宋美齡女士皆是己年生，此命格的人，也都享受到極大之富貴與權勢，但一生操勞，不停息。

武曲、貪狼化祿入命宮時，你是戊年生的人，在你們的夫、官二宮有祿存進入，表示你的人緣極好，機會多，機運好，會為你帶來一些財富，但你的內心和先天聰明上仍保守，因此事業的規模會不大，會保守，因此你只會在一些人緣上圓滑或在財祿上努力一些，並不想做太大的事業。

武曲化忌、貪狼入命宮時，你是壬年的人，在你的官祿宮有紫微化權、七殺。夫、官二宮也會有祿存進入，你會頭腦不清，且是一個常在錢財上有困擾、是非或不順的人，雖有一些運氣，但也被錢財問題給擾亂了。你在事業上也會保守，亦會愛掌權，你會對錢財問題不實際或清高，命格主貴的人，又不太重視錢財的人，仍能在事業上打拚有成就。太愛財的人，又會被錢財困擾，則一生不順，事業起伏，或易轉行，便一生無大發展了。你沒有暴發運和偏財運，理財能力也不佳，只有靠自己打拚，在專業上增地位，才能平順財運。

武曲、貪狼化忌入命宮時，你是癸年生的人，命坐丑宮時，會

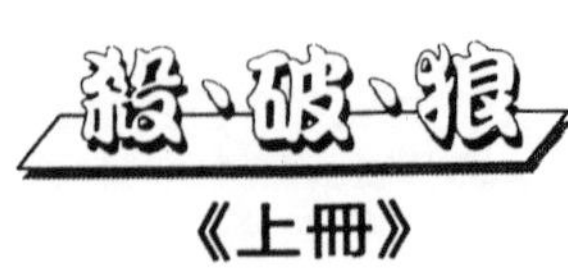

有擎羊同在命宮，命坐未宮時，會有擎羊在遷移宮。你們全是因『刑運』格局而刑到財的人。你的財帛宮是廉貞居平、破軍化祿居陷，會為破耗花費而找錢，但也常找不到錢。你的本命或環境不好，易遭受災害，或有傷殘現象，丑、未年就是關鍵，大運、流年、流月三重逢合，就易遭災而亡，你沒有偏財運，縱然有，可能就是遭遇災禍致死的理賠金了。

武貪、擎羊在丑、未宮入命宮時，命坐丑宮時，是癸年生的人，有武曲、貪狼化忌、擎羊在命宮，一生如前述之內容。**命坐未宮，丁年生的人**。父母宮有太陽、巨門化忌，和父母不和、緣薄，易送與人養子，夫妻宮有天府、陀羅，會外表有智謀，但心性慢，用腦過多，本身是『刑財』、『刑運』的格局，仍影響自己一生的財運，易不順和多起伏，也會身體不好。**命坐未宮，己年生的人**，有武曲化祿、貪狼化權、擎羊在命宮，一生多財祿、運氣好，有權謀，但本命仍有刑剋、財留不住，耗財凶，一生中還是有起落分明、財來財去的運勢。

武貪、陀羅在丑、未宮入命宮時，命坐丑宮，你是甲年生的人，命宮中有武曲化科、貪狼，你的財帛宮是廉貞化祿、破軍化權，在你的福德宮中有天相、擎羊，雙星俱陷落，也是『刑印』的格局，因此你是外表稍微斯文、有氣質、喜歡管錢理財，實際上管不好錢財，會把錢財花到一些無用的、自我享受的方面去。而且天性懦弱，容易被欺負，只是自己強力愛破耗而已的命格，你雖有『武貪格』暴發運，但破耗更凶，也是性格懦弱，容易被管束欺負，是自己無法任財的人。**在未宮**，是庚年生的人，你的命宮有武曲化權、貪狼、陀羅，而福德宮有天相、擎羊，你本身也是有超級暴運會暴發大財富的人，但本性仍會懦弱，易受人控制，自己仍無法享用多一些的錢財，且易身體傷殘，或遭災。

武貪、文昌、文曲四星同宮在丑、未宮入命宮時，在丑宮，昌曲居廟，你是精明幹練、長相漂亮，具有文化氣質的人，但也常有糊塗之事，會在觀念上糊塗。在未宮，文昌居平、文曲居旺，你的文化氣質與美麗之程度較差，仍會有。你的口才好，計算能力不佳，也不太精明幹練、糊塗之事較多。你們都有暴發運，且能暴發在文質事物上。你們的桃花也較多，會有愛情困擾。在打拚能力上也會受桃花之影響而降低。

武貪、左輔、右弼四星同宮在丑、未宮入命宮時，表示有平輩貴人相助，使你的財多、運好，『武貪格』暴發運也會得人所助，爆發得又快又大。你具有領導能力，會有很多人來相助使你運氣好、賺錢快，因此你的好運會比別人更增加十倍以上。

武貪、火星或武貪、鈴星在丑、未宮入命宮時，表示是『雙暴發運』格，你具有『武貪格』和『火貪格』或『鈴貪格』的雙暴發格，因此一定會暴發好運。得財、得機運比平常人多數十倍或數百倍之多。你也是性格古怪的人，和人難相處、性急衝動、頑固、自以為是，但是你本身有很敏銳的敏感力，會知道好運和財運在那裡，也會知道暴發的時機，但你的暴發運要十二年才會發一次，是故你會長處在等待的時間之內，更增加了你的躁鬱情緒，因此你也容易得躁鬱症。不過，你的夫妻宮是天府，配偶會安撫你的情緒，也是你的財庫，會完全支撐你的人生境界。

武貪、天空或武貪、地劫在丑、未宮入命宮時，在你的財帛宮會有另一顆天空星或地劫星與廉破同宮。你的暴發運不發，是破格，也是『財空』、『運空』或『劫財』、『劫運』的格局。因此你會頭腦不實際，對錢財、運氣大異於常人而有古怪的想法，你也可能有其他方面異於常人的聰明及智商，但對理財、賺錢和掌握運氣就是失之交臂，因此在你的手中掌握不到金錢。就是有大錢給你，你也留不住，破耗很凶。你也容易在工作上起伏多、做做停停或多次轉行，一生不容易抓到正確的目標，也易窮困。

廉貪入命宮

當廉貞、貪狼入命宮時，因代表智慧、謀略、企劃的廉貞是居陷落的，因此你會做人沒主見、幻想多、意見多、自己能力差、多說少做，自以為很能幹、眼高手低，易一生一事無成。也會心直口快、常得罪人、人緣不佳、處處討人厭。此命格的女性有野性美、性格潑辣、桃花特多、易成邪淫桃花。女性有此命格時，易成奴僕，或做賣淫行業。如果命格中有『陽梁昌祿』格的人，也能有高學歷，會唸書，但人緣仍不好。

廉貪坐命的人，理財能力不好，常性格懦弱、猶豫、想貪而貪不到，也喜歡參與政治爭鬥，但運氣不佳、也難爬上高位，只適合做軍警職，才有參與競爭的機會。做文職，會一生無大成就。其財帛宮是紫破，官祿宮是武殺，表示在工作與事業上必須付出勞力血汗多，但收穫少，只有衣食之祿。在錢財的賺取與應用方面，是好大喜功、不實際的，好面子但破耗多，喜歡賺高尚但不實際之錢財。但所花的也是耗費大、破耗多、價值昂貴的花錢方式，易入不敷出。**廉貪坐命者，易與酒色財氣接近**，在家庭教育上較欠缺，也難以管教。品行較不好，其人愛享福，多說少做，命格中夫妻宮最

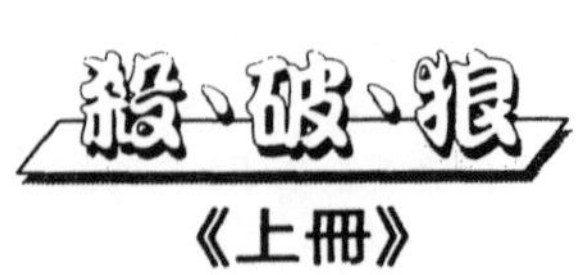

好，有配偶會幫他料理事務，也能幫他存錢。能注重婚姻的人會較多享福。感情問題複雜的人，會一生飄泊。

廉貪坐命巳宮的人會比坐命亥宮者命格高一點，八字配合的好，也會有成就。因廉貞五行屬火，貪狼五行屬木，坐於巳宮，木火旺，命格會較高一些。坐於亥宮屬水之宮位，命格更低，智慧更低，貪赧之念更多，更易做出邪佞之事出來。

一個家庭中若出生到廉貪坐命者，表示此家庭將要倒大霉了，也將要分東離西或貧窮崩潰了，或有災禍即將發生。此人是順應時間點而出生的人，並不是他要帶來這些問題，而是問題早已發生、醞釀，而他出生的時機不好，正好碰上這個壞時機點而已。

廉貪坐命者，最怕生於子、午時，有地劫、天空或有陀羅在遷移宮內，一生所處的環境差，頭腦空空，又有特殊古怪的聰明，有陀羅在命、遷二宮時，多為不正常關係下所出生的子女，一生讓人看輕，生活環境低下、惡劣。也容易幼年即遇災禍而亡。即使成長，也一生不順，為無用之人。

廉貞化祿、貪狼在巳、亥宮入命宮時，你是甲年生的人，邪淫桃花特多，在財帛宮有紫微、破軍化權，在官祿宮有武曲化科、七殺，你雖有『權、祿、科』、『命、財、官』之三合宮位上，但一生會為享受和桃花來花錢、賺錢，在事業上又講究格調、工作能力不強，而且僕役宮有太陽化忌，和男性的人緣差，常有是非，在男性社會的競爭力差，一生也難有表現。你也會在『夫、官』二宮出現羊、陀二星，人生也難平順、起伏很大。也易因桃花問題害了前程與家庭幸福。

廉貞、貪狼化祿在巳、亥宮入命宮時，你是戊年生的人，命坐巳宮時，有祿存同在命宮。命坐亥宮時，有祿存在遷移宮中，你是性格保守、小氣，但表面圓滑的人。你的疾厄宮有天機化忌，身體有問題，因命局中有『雙祿』格局，做薪水族有衣食之祿，你的人緣也稍好一些。

廉貞、**貪狼化權在巳**、**亥宮入命宮時**，你是己年生的人，**命坐巳宮時**，你的命宮尚有陀羅入宮，你是想掌權、想貪又貪不到及掌不到權的人。在福德宮會有擎羊和天相出現，是『刑印』的格局，因此會在錢財方面懦弱掌不到權，財祿也會少，只有外表氣勢強壯而已，工作能力也不太好。**命坐亥宮時**，在你的財帛宮是紫破、擎羊，耗財多，和相照的福德宮，又形成『刑印』格局，也掌握不到財，所以也是想貪而貪不到的人。

廉貞化忌、**貪狼在巳**、**亥宮入命宮時**，你是丙年生的人，你天生糊塗，有官非、身體也不好，有血液及身體傷殘方面的問題，**命坐巳宮時**，命宮有祿存進入，為『祿逢沖破』，本性小氣保守，和父母、兄弟不和，只有和配偶的感情較好，這也是你人生中的浮木，能幫助你過平順日子的人。**命坐亥宮時**，你的遷移宮中有祿存，你也會性格保守，有衣食之祿而已，身體不佳，人生起伏多端，工作不長久，如懦弱聽話，也會有配偶支持你，而有平順的日子過。

廉貞、貪狼化忌在巳、亥宮入命宮時，你是癸年生的人，你會頭腦不清、人緣極差，又笨、又是非多。**命坐巳宮時**，你的遷移是陀羅，環境窮困、破爛。**命坐亥宮時**，有陀羅在命宮，你們本命就是『廉貪陀』帶化忌，『風流彩杖』格帶化忌之人。表示你們出生即猥褻，出生不良，為不名譽之出生，一生也會因感情是非而遭災，命格低賤。在你的財福二宮有擎羊入宮，是『刑印』的格局，錢財不

順，也享受不多，財帛宮且是紫微、破軍化祿，故你是一生為找錢來花的人，工作能力不強，也不一定會工作，多半寄生於人下。

廉貪、陀羅在巳、亥宮入命宮時，其人出生不好、頭腦較愚笨、較悶、性子慢、做事愛拖拖拉拉，心中多是非、不聰明還愛搞怪，喜用是非口舌來報復，本命就是『風流彩杖』格，天生好色，也喜用邪淫色情的方式來尋找對象，此命格為女子時，易為奴僕或妓女。因福德宮有天相、擎羊，是『刑印』的格局，一生懦弱、勞碌、破相、長相也粗俗，多落入社會底層在生活，一生也會因色情問題遭災。

廉貪、祿存在巳、亥宮入命宮時，命坐巳宮，丙年生的人，命宮是廉貞化忌、貪狼、祿存。**戊年生的人**，命宮有廉貞、貪狼化祿祿、祿存，前面都已說過了，請參考之。**命坐亥宮，是壬年生的人**，官祿宮有武曲化忌、七殺，財帛宮有紫微化權、破軍。此人一生性格保守、小氣、懦弱、與父母、兄弟不和，工作不順利，常不工作，易靠人過日子，或借貸維生，一生無成就，會靠配偶、子女過活。

廉貪、文昌或廉貪、文曲在巳、亥宮入命宮時，這些命格都是桃花重、腦子有些糊塗會政事顛倒的人。**命坐巳宮，有文昌居廟坐命**的人，會長相漂亮及斯文。在官祿宮有武殺、文曲，會在工作上做用口才打的工作。**命坐亥宮，有文昌居平在命宮的人**，外表長相普通，但仍帶文質氣息，也會做與口才有關但辛苦錢不多的工作。**命坐巳宮，有文曲在命宮居廟的人**，口才好、桃花多，在官祿宮會有武殺、文昌，會做文職且辛苦的工作。**命坐亥宮，有文曲在宮居旺的人**，口才也好、桃花更多、是非也多，官祿宮有武殺，官祿宮有武殺、文昌居平，會做文職辛苦的工作，工作能力差，凡上述這些命格的人，多富裕不實在，喜投機取巧，也易用桃花來賺錢。

廉貪、左輔或廉貪、右弼在巳、亥宮入命宮時，會在你的官祿宮中有另一顆右弼或左輔星和武殺同宮，表示你天生勞碌，天生會有一些輔助力量造成你的貪念，也會在工作上有一些助力使你更辛苦、得財少。你容易是別人養大的人，一生環境不佳，有很多事務使你的生活每況愈下，也會使你東忙西忙，忙不出所以然出來。表面上你好像很認真在打拼生活，實際上較糊塗，會一生忙碌沒有結果。這完全是兩顆輔星幫助你命運不足的地方之故。你也容易拿不定主意，性格懦弱，常做事不成功，要多做幾遍才會成功。

廉貪、火星或廉貪、鈴星在巳、亥宮入命宮時，你會性格古怪、人緣不佳、衝動、行為乖張，不易服管教，思想常有矛盾現象。本命屬於『火貪格』或『鈴貪格』的暴發運格，**命坐巳宮**，火、鈴居廟時，暴發運較大。**命坐亥宮**，火、鈴居陷，是最低層次的暴發運和偏財運。你更會多說少做、言語不實，在暴發運好運之後，就在等待下一次的暴發運和偏財運來。當你有暴發運暴發時，你會驕傲、不可一世，沒有暴發運時又畏縮可憐。有暴發運時，你也能做一些有用的事，人生會增高，會守不住、破敗得很快，會有大起大落的人生。

廉貪、天空、地劫在巳、亥宮同入命宮時，你會言語不實、好幻想，有特殊的高智商，但不能用正途上。你也易與邪佞之人交往，為人不實際，一生打混過日子，為無用之人。你可從事數理方面和哲學方面的工作，但做不長，與宗教接近較能穩定心性，不做惡事。

貪狼在財帛宮

貪狼入財帛宮時

當貪狼入財帛宮時，你是七殺坐命的人，或命宮中有七殺星的人。你會在錢財上有好運，賺錢機會多，也必須辛苦奔波，或常聯絡人際關係，必須鬧中求財，或奔波求財，才得到的多。倘若財、福二宮形成『武貪格』或『火貪』、『鈴貪』等格局時，你會具有暴發運。常有意外之財，而且在三十歲以後，暴發的錢財會很多，能成為『暴發戶』。當貪狼居廟、居旺時，你一生都有錢財上的好運，不會窮困。當貪狼居平、陷時，賺錢機會少、財運弱，手中經手的財不豐，易有窮困日子，人生也起伏較大。

貪狼在子、午宮入財帛宮時，是居旺，你是七殺坐命辰、戌宮的人，你會有不錯的財運，但官祿宮的破軍只在得地之位，表示打拚能力不太強。因為福德宮是紫微的關係，你會愛享福、享受，對錢財貪心，貪到你足夠有平順的小康生活境界時，你就滿足了。因此你另外貪的就是享福之事了。一般來說，你不會讓自己太累，賺錢與享福之事你會平衡的很好，也會計算你所付出之辛苦之代價。因此你是個小心、小氣，有點斤斤計較並保守的人，你所貪的東西，其價值和數量也不會太大太多了，而且你一定會拿得到、賺得到。

貪狼、擎羊在子、午宮入財帛宮時，在子宮時，你是壬年生的七殺坐命辰宮的人，你的夫妻宮有武曲化忌，天相，表示你的配偶不會理財，有錢財是非，也表示在你自己內心深處就對錢財的理念不好，不會理財，也不會賺錢，在財運上是『刑運』的格局，自然賺錢會較少，而且，運用的方式也不好，你會價值觀不實際，因此賺錢的方法不好，又愛享福，財運較差，也會影響一生的財福享用。

在午宮為財帛宮時，丙年生的人，在你的遷移宮有廉貞化忌、天府，表示你外在的環境多是非、官非，你本身是個頭腦不清楚的人，因此也不知道怎麼賺錢和用錢，常常是糊里糊塗的就把錢花掉了，而賺錢的速度和方法都不行，是故容易手邊常窮困。

在午宮為財帛宮時，戊年生的人，財帛宮是貪狼化祿、擎羊，表示你在錢財上機會不錯，錢有得賺，但也爭鬥多，也常有刑剋，你會賺與血光、爭鬥、是非、災禍有關，而錢較多的工作，會有一票、沒一票的賺。也容易工作做做停停。

貪狼、祿存在子、午宮入財帛宮時，在子宮時，你是癸年生的

人，會有貪狼化忌、祿存在財帛宮中，表示你手中的錢財，只有吃飯的錢財，賺錢方式保守，財運少，又常有是非，是『祿逢沖破』的格式，故財不多，只有衣食之祿。你在價值觀上會和常人不一樣，也常不實際，賺錢的機運不好，是會辛苦的賺些小錢而已。**在午宮時，丁年生的人**，有貪狼、祿存在財帛宮中，你賺錢的方式保守，另有好運，但仍會用自己的方式來賺錢，會做薪水族來賺不多的錢財，也較易做有專業技能的事，獨力工作來賺錢。**在午宮，己年生的人**，會有貪狼化權、祿存同在財帛宮中，你是個喜歡掌權管事，又保守、在錢財上能掌握好運，能獨掌財權的人，但是會賺自己能管得到的、小小的錢財，你不會貪心要賺大錢，你也會自己來管理儲蓄自己所掌握的錢財，但仍不會成為大富翁。

貪狼、文昌或貪狼、文曲在子、午宮為財帛宮時，你在錢財上有些糊塗，政事顛倒、理財能力都不好，會貪一些不實際的錢財，也會在錢財方面不誠實，或虛偽。**貪狼、文昌在子宮時**，你的計算能力稍好，但理財能力仍有瑕疵，內心會糊塗，能賺文質工作的錢財。**貪狼、文曲在子宮為財帛宮時**，會因口才和桃花賺錢，你會有文昌陷落在夫妻宮與武相同宮，表示你內在觀念的計算能力和價值觀不算好，仍有瑕疵，是故在理財方面仍有時糊塗要小心。**貪狼、文昌在午宮時**，你的計算能力不佳，也會賺粗俗工作錢財。**貪狼、文曲在午宮時**，你在賺錢上的口才和才藝均不佳，是眼高手低的方式在賺錢，你也會貪一些貪不到的賺錢機會而痛苦。

貪狼、左輔或貪狼、右弼在子、午宮為財帛宮時，在你的夫妻宮中有另一顆右弼星或左輔星與武相同宮，表示有助力在錢財上讓你多一些貪心和多一些好運，在你內心中也有幫助你理財的觀念，更有會理財的配偶做左右手能幫你理財，所以你在錢財上能得到的更多，賺的更多，也存的更多。

貪狼、火星或貪狼、鈴星在子、午宮為財帛宮時，這是『火貪格』或『鈴貪格』的格局，你在錢財上易發偏財運，能有大財富，在子、午年就是暴發的時機。在平常的日子之中，你也常有意外之財，你一生都有好的財運，不愁花用，非常幸運，但最好也會理財，才能保有財富。

貪狼、天空或貪狼、地劫在子、午宮為財帛宮時，在你的遷移宮中會有另一個地劫或天空和廉府同宮，故你在錢財上是『運空』或『劫空』的格式，而在周遭環境中是『官空』、『財空』或『劫官』、『劫財』的格式。你對錢財常有意外古怪的聰明和不實際，也常掌握不到賺錢機會，你在工作上常常斷斷續續不長久，也清高，

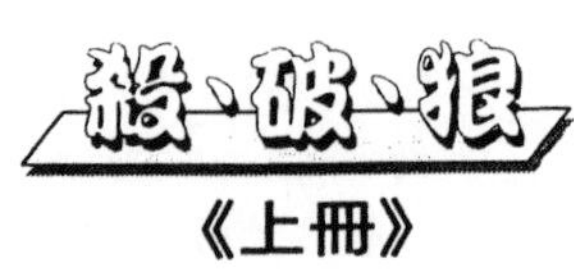

不重視錢財，是故不容易看得到或摸得到錢財，錢財常不順，理財能力也不佳。

貪狼在寅、申宮入財帛宮時，為居平，你是七殺坐命子、午宮的人，雖然你周圍的環境很富裕，但你的財運只是平平，不算太好，你的福德宮有廉貞，表示你要運用智謀、精心設計企劃才會有錢賺。你的夫妻宮是紫相，官祿宮是破軍居旺，表示你的內心很會理財，也會找對相合的配偶，供給你花用。你在工作上也會很重視打拚，因此仍可一生富足過優裕的生活。

貪狼化權在寅、申宮為財帛宮時，你是己年生的人，在你的命宮或遷移宮中會有祿存進入，表示你本性保守，很喜歡財權，或稍會掌握機會來賺錢，你們會在一定的規格境遇來賺錢，掌握錢，所以你的財富不大。但能富足生活。

貪狼化祿有寅、申宮時為財帛宮時，你是戊年生的人，表面上看起來你在錢財上有好運，能多得一些錢財。但會有擎羊在你的命宮或遷移宮中出現，你的本命是『刑殺』格局，不是刑剋自己，就是環境中的財變少、變小了。所以原本的財不多，但會有一些好運讓你得到，只會使你更勞祿而已。

貪狼化忌在寅、申宮入財帛宮時，你是癸年生的人，你的官祿宮有破軍化祿，表示你在錢財上常不順利，在事業上也是有一票、沒一票的在做，且工作上常耗財，是沒錢時，為找錢才工作，工作起伏大，又不長久。故錢財常困窘或多是非，賺錢機運多。

貪狼、**陀羅在寅**、**申宮入財帛宮時**，表示你在賺錢及理財上常拖拖拉拉，又較笨，財運不順，常耗財。你會賺粗俗、破爛、用腦不多的錢財。並且財、福二宮形成廉貪陀，『風流彩杖』格，你也容易因色情之事耗財，成賺與色情有關的錢財。

貪狼、祿存有在寅、申宮入財帛宮時，在寅宮為甲年生的人，你的福德宮有廉貞化祿，官祿宮有破軍化權，表示你在工作上十分會打拚，且能掌權，具有地位，而你在錢財上很保守、小氣、會賺，也會存錢，但工作型態是保守的，會用興趣來賺錢，只是賺錢的格局不大，適合做薪水族，或以專業能力來工作的方式來賺錢。**在申宮，你是庚年生的人**，在你的遷移宮中有武曲化祿、天府，你原本的環境就極富有，是故你賺錢的方式保守一點，但仍是財多，是有財富地位的，你容易在金融機構掌財政，過公務員一般的生活。

貪狼、文昌或貪狼、文曲在寅、申宮入財帛宮時，**貪狼、文昌在寅宮時**，你的遷移宮會有文曲和武府同宮在子宮，表示你周圍環境是熱鬧財多的，但你的計算能力不好，也會糊塗、不精明，財運不算好。**當貪狼、文昌在申宮時**，你的遷移宮中有文曲居陷和武府同宮，表示你周圍的環境是較安靜，有財，但略少一點，而你是偶有對賺錢糊塗的狀況，但是喜做文職、有計算能力的。

當貪狼、文曲在寅宮時，你的遷移宮是文昌居旺和武府同宮在子宮，表示你在錢財上會糊塗，運稍差，口才也不好，賺錢不太多的，而你周圍環境是精明、有文化氣質而富裕的環境。

當貪狼、文曲在申宮時，你的遷移宮中有文昌居陷和武府同宮在午宮，表示你周圍的環境是安靜、富足較粗俗，但財也略少的，你本身是有口才和才華，雖偶糊塗之事，但大多的時段，仍會用口才之才華來賺錢的。

貪狼、左輔或貪狼、右弼在寅、申宮入財帛宮時，在你的遷移宮中會有另一顆右弼或左輔星和武府同宮，表示在環境中有平輩貴人會幫助你增富貴、增財。在賺錢上，也會有平輩貴人幫助你增加財運上的好運。因此你一定會得到更優渥的生活和富足的。

貪狼、火星或貪狼、鈴星在寅、申宮入財帛宮時，你在財運上是有『火貪格』或『鈴貪格』的暴發運，在寅、申年，會暴發錢財，也會有大財富。平常也常有意外之財，一生能不為錢財困擾。

貪狼、天空或貪狼、地劫在寅、申宮入財帛宮時，你的福德宮會有另一顆地劫或天空與廉貞同宮，表示你的思想想法不實際，也容易讓財運溜走。只要你多用心在賺錢方面，你就會賺得到你想要的錢財了。

貪狼在辰、戌宮入財帛宮時，你是七殺坐命寅、申宮的人，你的財、福二宮坐在『武貪格』上，故有暴發運和偏財運，主大富貴，你在錢財上氣勢強悍，能賺強勢、競爭的財，也會有突發的好

運落在你身上讓你賺錢。你的福德宮是武曲財星居廟，表示你本命中財多，亦能享受大財。你天生的財有敏感力，知道賺錢要努力的方向。你周遭的環境本身就是高貴富裕的環境，因此你所賺到的錢，也是在這種高貴富裕的環境之中所賺的錢，自然財富所得也就高人一等了。另一方面你的官祿宮是破軍居廟，表示打拚能力也很強，如此有環境的配合再加上自己的努力，自然能享受的財富就是極高層次的財富了。你會一生不為財愁，想賺多少，只要付出勞力就有多少，物質生活充足順遂。

貪狼化權在辰、戌宮入財帛宮時，你是己年生的七殺坐命寅、申宮的人。你在錢財上有強勢愛掌控、掌財權的現象，你的福德宮有武曲化祿，這也形成命格中最強勢的暴發格，能暴發為億萬富翁。但是會有擎羊在你的夫妻宮或是官祿宮出現，形成『刑囚夾印』格，你會內在性格懦弱，或事業不佳，有時愛管錢也會管不到，更容易因事業或家庭問題而破耗。

貪狼化祿在辰、戌宮入財帛宮時，你是戊年生的人，也會有擎羊在夫妻宮或官祿宮出現，形成『刑囚夾印』格，你在錢財上有好運，能多賺錢，也是有財多的暴發運格，但是仍要小心事業不順和家庭中的問題，會有官非或傷剋。

貪狼化忌在辰、戌宮入財帛宮時，你是癸年生的人。在官祿宮有破軍化祿，亦會有祿存在夫妻宮或官祿宮出現。你在錢財上無好運，暴發運不發，在工作上是應付錢財耗損所賺的一點一點錢，更會保守的做一些賺錢不多的工作和行業。

貪狼、擎羊在辰、戌宮入財帛宮時，在辰宮時，你是己年生的人，在戌宮時，你是辛年生的人。你是在賺錢工作爭執多，運氣有刑剋，是『刑運』格局。雖有的賺但辛苦，而且常遭劫耗不順，在你的遷移宮宮中有陀羅和紫府同宮，表示外在環境中的財祿是破亂、有瑕疵、減少的，而且你也會性子慢，有點悶或孤獨，故在錢財上易爭不過或有貪不到的時候。

貪狼、陀羅在辰、戌宮入財帛宮時，你的夫妻宮會有擎羊和廉相同宮，是『刑囚夾印』的格局，你會內心懦弱，在錢財上會拖拖拉拉，財運會減低，也容易賺粗俗或粗重雜亂工作的錢財。你的『武貪格』暴發運有些時候會發，有些時候不發。

丙年生的人財帛宮在辰宮時，因夫妻宮有廉貞化忌、天相、擎羊。是『刑囚夾印』帶化忌的格局，你的內心會糊塗的厲害，也會擁有多是非、多官非或殘障的配偶。是故是你內心的問題會造成錢財上的不順。不過你的偏財運還是會發，只不過會慢一點或小一點

而已。

戊年生的人，財帛宮在辰宮有貪狼化祿，你的夫妻宮也是廉相、羊，為『刑囚夾印』格，會內心懦弱，打拼力量不足，也會造成財減少，或不順。你也有偏財運，暴發時，會慢一點，拖一點，但暴發時財富還不少。

壬年生的人，財帛宮在戌宮，夫妻宮也有『刑囚夾印』格，但你的福德宮還有武曲化忌。你是內心懦弱，打拚力不強，並且財福也不好。暴發運不發，財少，多錢財是非，也容易做粗糙、粗重的工作維生。

貪狼、文昌或貪狼、文曲在辰、戌宮入財帛宮時，你在錢財上會有些糊塗與政事顛倒之事。**貪狼、文昌在辰宮**，表示你對錢財計算能力還很好，還精明，有好運，會做文職的工作，得財也順利，會理財，只是偶而出錯，錢財還很多。**在戌宮**，文昌居陷，表示你的計算能力不好，雖有好運，但糊塗，進財會減少，也會做粗俗或粗重的工作。暴發運都一樣會發，但戌宮文昌陷落時，會發的小一點。

貪狼、文曲在辰宮時，你會糊塗，但口才好，會以口才得財運，能有才藝，暴發運會發揮，財運佳。**在戌宮時**，你沒有才藝和口才不好，也會影響暴發的小一點。

貪狼、左輔或貪狼、右弼在辰、戌入財帛宮時，你的福德宮會有另一顆右弼星或左輔星和武曲同宮，表示天生有人來幫助你的財福和財運，使你可得更多的錢財，因此你會更超級富有。你的暴發運也會暴發的比別人快又大，得到很大的助力。

貪狼、火星或貪狼、鈴星在辰、戌宮入財帛宮時，你在錢財上具有特殊的雙暴發運格，包含了『武貪格』和『火貪格』或『鈴貪格』兩種的暴發運。所以你常有意外之財，賺錢很容易，你本身性格也會古怪，用錢的方法也會古怪，你的理財能力也會有問題，一生會有大起大落的人生。

貪狼、天空或貪狼、地劫在辰、戌宮入財帛宮時，是『運空』或『劫運』的格式，表示在錢財上運氣容易成空或運氣被劫走，因此會賺不到什麼錢。你容易在錢財上腦袋空空，不重視錢財，或看不見錢在那裡？有時是看得到錢財，卻摸不到錢財的狀況。更會看到好機會，想奮力打拚時，卻又發現時機不好了或已過多，而賺不到錢財。因此容易兩手空空拿不到錢財。你在工作上也容易多起伏不順。也會影響薪水的收入。一生容易耗財多，卻賺錢少，你的暴發運也不發。

紫微、貪狼在卯、酉宮入財帛宮時，你是廉殺坐命丑、未宮的人。因貪狼居平，是故你錢財上的好運並不多，而是靠紫微這顆趨吉呈祥、化厄之星在撫平，使之順利。所以你只有一般普通的財運。又因為你的官祿官是武破，工作上賺錢不多，是窮的格局，再加上你生性節儉，所以大致上講起來，你只是在很少的薪水待遇下，把錢財理平順了而已。又因為你的是能吃苦耐勞、埋頭苦幹，不會太挑剔賺錢的方式，機運還不錯，但少有大財運。你也具有自知之明，貪的也不多，會用一種平和公正的方法，來貪自己應得之財。

你的理財能力也不算好，但是，可守現成的家業，中晚年以後愈耗愈多。如此的財帛宮是唯一在有貪狼星出現的財帛宮中能存到錢的財帛宮，因貪狼居平，又受紫微制化的結果。

紫微化權、貪狼在卯、酉宮入財帛宮時，你是壬年生的人，官祿宮有武曲化忌、破軍。表示你在錢財上愛掌權，容易找錢投資或做生意，但工作不順、窮困、又常有錢財是非，有家宅不寧和朋友間的糾紛，你的財運始終是在盡力打平，但總無法擺平的狀況。你一生活在被追債、欠錢的生活中，無法平復。你也會愛找錢來破耗，在事業上，不服輸，一生較痛苦。

紫微化科、貪狼在卯、酉宮入財帛宮時，你是乙年生的人。**在卯宮時**，會有紫微化科、貪狼、祿存同宮，表示你在錢財上很有方法的小氣、吝嗇和儲存，會將自己少少的錢保護得很好，也能將現成的家業用小氣、吝嗇的方法保護得很好。**在酉宮時**，有祿存在福德宮，表示你天生小氣、吝嗇、孤獨，你的田宅宮中有擎羊，父母宮中有陀羅，表示你家庭中有傷剋，家庭不合諧，父母較窮困，知識

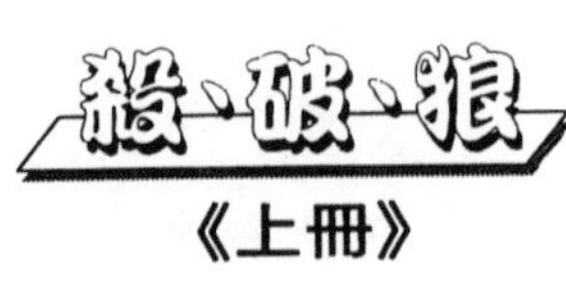

水準低，但是你會有方法來找到生活之資，讓自己能生活下去，也會愈過愈好。

紫微、貪狼化權在卯、酉宮入財帛宮時，你是己年生的人，在官祿宮有武曲化祿、破軍，你的命宮或遷移宮中有擎羊入宮，表示你身體不好，你天生財少，你在錢財方面愛掌權，也稍具一些好運，會做一些稍有財祿，但待遇不會太好的職業。你善於競爭，和同輩人的來往保守，有時也未必順暢，因此你在錢財上愛貪、想貪，因為環境的關係，也未必貪得到，只是還算平順的財運而已。

紫微、貪狼化祿在卯、酉宮入財帛宮時，你是戊年生的人，在你的夫、官二宮會有祿存進入，表示你生性保守、小氣，因此在工作上所賺的錢財是衣食之祿，夠糊口而已，雖然你的身邊常有一些賺錢的好運出現，但都是些小錢。表面上看起來，你會比一般同命

殺、破、狼《上冊》

格的人在錢財上的好運多一些，但你身體不好，也未必留得住這些錢財。

紫微、貪狼化忌在卯、酉宮入財帛宮時，你是癸年生的人，官祿宮有武曲、破軍化祿，你的命宮或遷移宮中有擎羊進入，是故你是天生財少，或身體有問題。你善於競爭，在錢財上面的機運不佳，又不會理財，你也不一定會工作，常為破耗而工作，工作時又造成更多的破耗，會有人為你擦屁股，有父母、長輩或朋友會為你解決一些財務問題。

紫貪、擎羊在卯、酉宮入財帛宮時，你是甲年或庚年生的人。

甲年生的人，財帛宮在卯宮，你會有武曲化科、破軍化祿在官祿宮，又有太陽化忌，在僕役宮，表示你在錢財上常不順，也機運不佳，在工作上講究有格調的打拚，但在男性社會中沒有競爭力，因此你會做一些辛苦、破耗，但利益不多之事，故錢財的獲得上較少而不順，會有錢財困擾，也無法保持家業。會耗損家業。**庚年生的人，財帛宮在酉宮**，會有武曲化權、破軍，僕役宮有太陽化祿，表示你在事業上愛掌財權，也會耗損一些錢財，又在僕役宮會中關係好，但你的遷移宮是天府、陀羅，環境中是財不多，又多破耗、刑財的環境，是故錢財上仍不順利。

紫貪、祿存在卯、酉宮入財帛宮時，你是乙年和辛年生的人。**乙年生的人，財帛官在卯宮**，有紫微化科、貪狼、祿存，前面已講過了。**辛年生的人，財帛宮在酉宮**，為羊陀所夾，你在錢財上會更吝嗇小氣，守著一點點家業過日子，但你的朋友會是有事業、有地位的人，也會為你帶來好運和財祿。

紫貪、文昌或紫貪、文曲在卯、酉宮為財帛宮時，你的官祿宮會進入另一顆文曲或文昌星和武破同宮，因此你會做較窮的工作，賺不到什麼錢，你在錢財上有些糊塗，對利益的估量能力不佳，理財能力也不太好，**但財帛宮在酉宮時**，會賺文質、高尚的錢財，也仍能有效的守住家業。**在卯宮時**，財不多，也不一定將家業守得好。

紫貪、左輔或紫貪、右弼在卯、酉宮入財帛宮時，在你的官祿宮有另一顆右弼或左輔星和武破同宮，表示你在工作上有助力幫你更勞碌及更窮，賺不到多少錢。但在錢財上會有助力幫你平順或多一點好運。武破是『因財被劫』的格局，有輔星同宮時，劫財更凶。

紫貪、火星或紫貪、鈴星在卯、酉宮入財帛宮時，你在錢財上有好運，常有意外之財。這是『火貪格』或『鈴貪格』之暴發運之格局。在卯、酉年都會暴發財運，適合做股票、期貨或買證券，能暴發大財富。在酉宮所暴發的財富較大，但此暴發運是不能和『武貪格』暴發運相提並論的，主要是貪狼居平的關係。

紫貪、天空或紫貪、地劫在卯、酉宮入財帛宮時，在你的命宮會有另一個地劫或天空星和廉殺同宮，你會有不實際的思想和理念，也會打拚些沒用的事情，或根本不打拚、不努力，在錢財上也常無好運，或運氣遭劫走，你也看不見財運，根本也不重視錢財。你會工作起起伏伏、做做停停，或不工作，手中可摸到的錢財少，更無法擁有家業。

武貪入財帛宮時

武曲、貪狼在丑、未宮入財帛宮時，你是紫殺坐命巳、亥宮的人。你在錢財上有好運，且好競爭、也好貪，錢財易大進大出，你也會小氣吝嗇，喜歡有錢，但不一定存得住錢，財帛宮本身就是『武貪格』暴發運的格式，最容易暴發在事業上得錢財，經過辛苦的工作才容易存得住，如果是直接暴發財運，則一生大起大落，財來財去，不長久。你們的暴發運大多數是十二年才暴發一次，所以等待的時間很長，當財、福二宮有化忌、劫空時，也會不暴發。

有些財帛宮時，你會賺錢很狠、很決斷，看準了賺錢機會，便下手一舉攫獲，不會手軟或慢吞吞。你也會不計較工作的低下或雜亂，破爛，只要有大錢賺，便主動投身下去做。要是錢太少，即使工作輕鬆，也不想做了。你在賺錢方面有強悍的意志力，在用錢上也會小氣、吝嗇，善於計算。但仍免不了在工作上的破耗，像喜歡做老闆，可是運氣有起伏，好運的時間不多，故多半破耗在事業上。

武曲化權、貪狼在丑、未宮入財帛宮時，你是庚年生的人，你的夫妻宮或官祿官會有擎羊進入。你錢財上天生有好運能掌握財權，也會有極強的暴發運，是故能得大錢財，但在夫、官二宮形成『刑印』格局，易內心懦弱，易遭欺負，在事業上的發展也不好，常破敗、耗損。因此你一生所持之錢財多半是在丑、未年暴發運所得之錢財，買股票、彩券、賭博都會為你帶來財運和財富，但容易破敗在事業上，故不可投資事業，以免有大損失，你也會工作做做停停，或不工作，一生也會有錢花。若愛工作反而會破敗窮困。

武曲化祿、貪狼化權，在丑、未宮入財帛宮時，你是己年生的人。在你的財、福二宮也會有擎羊進入，你天生能掌握好運，又能暴發大財富，但會耗財、漏財，或有小人劫財。你的命、遷二宮有陀羅進入。**陀羅在命宮的人**，是自己笨一點、慢一點，但不防礙暴發財運的機會，只是自己享受的少一點而已。**有擎羊在財帛宮及陀羅在遷移宮的人**，亦能暴發大財富。但此財帛宮與前者命格相比會少一些。(其人一生能暴發之財富，要看八字中帶財的多寡而定)

武曲、貪狼化祿在丑、未宮入財帛宮時，你是戊年生的人，會有祿存在你的命、遷二宮出現。你雖也能在錢財上有很多很好的機運，亦能暴發大財富，但你先天的財被『祿存』限制住了，所以你會保守、小氣、活動量也不大。因此你所暴發的財富也會有一定的規格，不過你會在賺錢上人緣很好也會運用人緣，會有手段來賺錢。

武曲化科、貪狼在丑、未宮入財帛宮時，你是甲年生的人，你會用很好的方法、很有氣質格調的能力在事業上暴發偏財運，得到大財富。在你的官祿宮有廉貞化祿、破軍化權，也會有擎羊在夫、

官二宮出現。因此你會內心懦弱，喜歡用自己的喜好或癖好來努力打賺錢。但這樣也稍微限制了你得財的幅度，也會讓你人生起伏大暴起暴落快，錢財留不住。

武曲化忌、貪狼在丑、未宮入財帛宮時，你是壬年生的人，在你的命宮有紫微化權、七殺。你是沒有暴發運和偏財的人，雖也有些賺錢機會和好運，但常有金錢是非，也易財不順，但你本命有平復一些災厄的能力，也意志力強，也愛享福，愛享受物質生活。你的命、遷二宮還有祿存進入，故你仍是保守、小氣、自私的人。所以你的打拚能力反而不強，只是從別處找錢來平復你麻煩的財務問題而已。

武曲、貪狼化忌在丑、未宮入財帛宮時，你是癸年生的人，在丑宮時，你的財帛宮中還有擎羊，表示暴發運不發，若突然暴發了，可能就是你的死劫！你一生財運的機運不佳，做固定薪水，是有專業能力的工作，會生活平順一點。在你的官祿宮有廉貞、破軍化祿，表示工作是為要為花錢而找錢而做的。也會做做停停，不長久。你一生會較窮困無錢。**在未宮**，你的福德宮有擎羊，天生勞碌、勞心勞力，享不到福，你的命宮有陀羅和紫微化權、七殺同宮，也表示你天生不聰明，較笨，會高高在上，做一些自以為是的打拚，然而錢財上多是非，有債務，一生為平復債務而煩惱不停，工作也不長久。

武貪、擎羊在丑、未宮入財帛宮時，在未宮是丁年、己年生的人，在丑宮是癸年生的人。己年和癸年生的人，前面已經說過了，請參考之。**丁年生的人**，你的遷移宮中有天府居得地之位，陀羅居陷，表示你外在的環境，是小康以下略有衣食的生活環境，不算富

裕，而你的財帛宮中有擎羊，雖是破格，但仍然會暴發財富，只不過未必有你想的那麼大。你也會是賺錢方面多競爭，會損失一些好運和錢財，你更會有家宅不寧或家宅空虛的問題，錢財留不住，會有大起大落的人生，幼年時期也不富裕。

武貪、陀羅在丑、未宮入財帛宮時，你是甲年或庚年生的人。甲年生的人，財帛宮在丑宮，有武曲化科，貪狼、陀羅，在前面已講過，請參考之。庚年生的人，財帛宮在未宮，會有武曲化權、貪狼、陀羅，在前面已講過，請參考之。

武貪、文昌、文曲在丑、未宮入財帛宮時，**在丑宮**時你的計算能力較好，較精明，**在未宮時**，你的計算能力不算好。但你們仍會在處理事務時，會有些糊塗、政事顛倒。但這也不妨礙你們的暴發運，而且會有些桃花來幫助你們得到暴發運。你們也容易在桃花關係上產生暴發運。

武貪、左輔、右弼四星同在丑、未宮為財帛宮時，表示有平輩的人會從旁協助你的暴發運暴發得又大、又快，使你多得更多的錢財和好運。

武貪、火星或武貪、鈴星在丑、未宮入財帛宮時，表示你的財運是雙暴發格的格式。會在事業上或財富上爆發的又快，得財更多，或事業往上衝，突然得到機會升大官或做大富翁，人生像雲霄飛車一樣直衝雲霄，你不但在丑、未年有暴發運，在平常時間也會有錢賺。但你容易做投機取巧的工作或生意。

武貪、天空或武貪、地劫在丑、未宮入財帛宮時，你的官祿宮會有另外一顆地劫或天空和廉破同宮，你的暴發運不發，在錢財上是用心在賺錢的事務上時，就會有好運，工作不用心時，便工作不

長久，做做停停。你到了中晚年的時候，會潛心宗教，你亦可能會做與宗教有關的工作，或根本不工作，錢也沒得賺。

廉貪入財帛宮時

當廉貞、貪狼在巳、亥宮為財帛宮的時候，你是武殺坐命卯宮或酉宮的人。你沒有金錢觀念也不重視錢財，在錢財的獲得與運用上比較任性，不會理財，也不會規劃。有些人還常掉錢，或是被人把錢偷走。你對於錢財的處理是一種懦弱及放任的態度。你的手中的錢財多，常不順，也容易為不必要的花費而耗財。你根本不想把精神放在與金錢有關的事物上。你本命是『因財被劫』格局的人，因此你本命中財不多，多主貴。你的官祿宮是些紫破，故而在事業上用心打拚會有高地位，自然錢財也會平順一些。

廉貞化祿、貪狼在巳、亥宮入財帛宮時，你的財運依然不太好，你是甲年生，武殺坐命的人。命宮有武曲化科、七殺。又有擎羊在命宮或遷移宮。你的官祿宮有紫微、破軍化權，故你擅於競爭，在工作上有強勢的打拚能力，能主貴，但對於錢財方面都講究格調，喜歡賺適合自己喜好及愛賺的錢財，所以有許多賺錢機會你是不屑一顧的，你只能做些自己喜歡的工作，賺一點薪水之資，略有進帳而已。

廉貞、貪狼化權在巳、亥宮入財帛宮時，你是己年生的人，你喜歡管錢，掌握財權，也喜歡掌握賺錢機會，但是你的財運不太好，想管錢管不到，也沒有什麼錢好來讓你管，即使有管錢的機會，你想去管，只是多是非，也不一定管得到。而且即使爭到管錢的機會，你會管得亂七八糟，錢愈管愈少。或是把錢管到沒有了。

或是輪到你管錢時，卻沒錢可管了，因此你的理財能力瑕疵很大。你也容易挪用公款或貪不正當的錢財。也更容易在錢財上製造大窟窿。一生錢財也不順利，耗財也凶，更會為桃花耗財。

廉貞、貪狼化祿在巳、亥宮入財帛宮時，你是戊年生的人。在巳宮時有祿存同宮。在亥宮時，有祿存在福德宮相照財帛宮，你是本性小氣，吝嗇之人，命格中雖有『雙祿』格局，會有一點小錢在手上流動，但始終是夠活命吃飯的錢財。你會對錢財有興趣，也會該花的不花，自私、貪赧無度。

表面上看來是有一點賺錢機會，但實際只是薪水之資，但一生吝嗇過日子，也未必真存得到錢。

廉貞化忌、貪狼在丑、亥宮為財帛宮時，你是丙年生的人，你會在錢財上頭腦不清。在巳宮時，會有祿存同宮。在亥宮時，會有祿存在福德宮中。你是本命財不多，小氣、吝嗇，只有吃飯活命的錢財，且錢財上有是非及官非。你是理財能問題很大的人，且會懦弱，易在錢財上遭人欺負，但你自己本身小氣，常為錢財生氣。而且你也易工作多變化起伏，賺錢運不好，會過窮兮兮的生活。

廉貞、貪狼化忌在巳、亥宮為財帛宮時，你是癸年生的人，在官祿宮星紫微、破軍化祿，又有擎羊在『夫、官』二宮出現，形成『刑劫』格局。你在財運上運氣不佳，也頭腦不清，常搞出一堆債務和是非。內心又懦弱，一生會為自己的債務和錢財是非來借錢還債而忙碌。你賺錢的伎倆也不好，腦子有問題，常是非顛倒，積非成是，因此常在窮困中度日，工作也不順利或不工作。

廉貪、陀羅在巳、亥宮入財帛宮時，是『廉貪陀』、『風流彩杖』格的格局，你容易賺邪淫桃花的錢，且耗財凶，常窮困，不富

裕，東拚西湊過日子。**在巳宮，己年生的人**，有廉貞、貪狼化權、陀羅在財帛宮，是愛管錢又管不好，把錢愈管愈少，或根本無錢來管，耗財又凶，常窮困的格局。而且會為邪淫桃花耗財，或賺淫邪的錢財，是非糾纏不清，也易有官非的格局。**在亥宮**，廉貞、貪狼化忌，陀羅入宮，是毫無賺錢機會，會以低下的工作或以淫邪的工作賺錢，又惹出一大堆是非、官非，是頭腦不清楚，生活常窮困的財運。

廉貪、祿存在巳、亥宮入財帛宮時，你是丙年、戊年、壬年生的人。**丙年坐的人**，財帛宮在巳宮，是廉貞化忌、貪狼、祿存，前面已說過了。**戊年生的人，財帛宮是在巳宮**，是廉貞、貪狼化祿、祿存，表示財很少，能有吃飯的錢，賺錢機會也不多，因你的本命宮有武曲化忌、七殺、官祿宮有紫微化權、破軍，天生對錢財的觀念差，會有錢財是非。但命格主貴，在事業上打拚不重視錢財，才能有好點的出入。使地位增高，自然有好的薪水度日才會平順，若一時的追求錢財，或一生的為錢財煩惱，則一事無成，一生都在為平復債務而煩惱。

廉貪、文昌或廉貪、文曲在巳、亥宮入財帛宮時，在你的命宮會有另一顆文昌或文曲星和武殺同宮，表示你會有頭腦不清的狀況，也會政事顛倒，亦有多虛少實的性格，**當財帛宮在巳宮時**，你會數字比較精明一點，容易做賺錢少、自認格調高的文職工作。**當財帛宮在亥宮時**，你對數字的精明度不高。理財能力更不好，也不精明，容易做一般普通的工作，賺錢少，也常有漏失損耗。

廉貪、左輔或廉貪、右弼在巳、亥宮入財帛宮時，在你的命宮會有另一顆右弼或左輔星和武殺同宮，表示你天生勞碌、賺錢不多，又有許多頭腦不清的事和周圍不好的輔助力量，讓你手邊更窮、更辛苦，你也會做一些與常理不合的事，在工作或賺錢上會複雜、是非多，或要多做幾遍才成功。因此財運會更不順。

廉貪、火星或廉貪、鈴星在巳、亥宮入財帛宮時，你的財運常不好，但是有偏財運（暴發運），常有意外之財或突然因有工作機會而稍進財。**在巳宮時**，偏財運較大，**在亥宮**，火、鈴居陷，偏財運為最低層次的偏財運，暴發較小，你手上的錢財常暴起暴落，來的快，去的快。也容易暴發前後都很窮困，暴發的時間也不長久，擁有錢財的時間不會久的狀況，而且你在暴發財運時，也有頭腦不清楚的狀況。

廉貪、天空、地劫、四星同宮在巳、亥宮為財帛宮時，表示你手中經手的錢財少到沒有，也根本不會有錢財在你手上經過。你是富家的窮人，或是在家庭中不管事的人。你天性懦弱，思想不實際，也未必有工作，或做做停停不長久。也未必享受到福氣，你也極容易成為沒有自主權，為人奴役的人。

貪狼在官祿宮

貪狼入官祿宮時

當貪狼入官祿宮時，貪狼居旺時，表示在工作上有好運，也在工作上多競爭、慾望多、好貪好爭，貪功，貪財，貪權力，主好動，奔波。在工作上較性急、潦草，只能做不精細、粗獷、用奔波、速度快、或是決策性來解決的事務性工作。無法做與手工或細緻有關的專業性技術形態的工作。

有貪狼在官祿時，你是命宮中有破軍星的人。你本命喜歡打拚，在工作上多半做與碰運氣有關之事務，倘若運氣碰的不好，你的事業形態就會衰落不振。運氣碰的好，你就會大發利市或前途燦爛。

有貪狼在官祿宮時，你也是好大喜功之人，以武職軍警業或政治行業較好，以文職較不好，做生意會大起大落，也會不長久。

有貪狼在官祿宮時，你也會用桃花人緣運用在人緣關係上來主導工作，也容易有『因人而貴』的事業狀況。當官祿宮的桃花星聚集太多時，會在娛樂或聲色場所工作，如演藝人員、酒店、舞廳等地上班，或靠人生活，給人包養之類的生活型態。

官祿宮是代表聰明才智的宮位，有貪狼星在官祿宮時，不論旺弱，都聰明、靈活、有奇智，但能不能展現在工作事業上創造出大事業的能力，則要看同宮、對宮及三方的組合有無刑剋。以及八字中帶財的多寡而定了。有貪狼在官祿宮出現時，其人幼年都聰明、善於應變，但不一定會讀書。因為學習能力是很強，但興趣多，容易分神，或喜歡其他多變的事物而精神不集中。更容易馬虎、或應付了事。這和破軍坐命者本性大而化之，萬事好的、壞的，都能兼容並蓄，喜歡不完美的美，和以醜怪、破爛而美的本性是相合的。因此有貪狼在官祿宮時，其人對人生的價值觀是有獨特見解，和常人有不相同的看法，做事不一定要做得太好，但貪和爭卻一定要得到，搶到手，也不計較用何種方法來搶到手的。**當官祿宮的貪狼居平或居陷時**，其人心中所想貪的東西和常人也不一樣。有的人貪名或貪利，但他所貪的可能是自以為是的享福或情色愛慾等的東西。

當貪狼在官祿宮時，你一定要出外碰運氣，才會有好運機會及發展的境遇，是故要離鄉至外地才會有發展，困守出生之地，或困守家中，人緣不開，財亦無發展機會。破軍坐命者的財都是向外爭戰，奪回來的財是故要離鄉才行。

貪狼在子、午宮入官祿宮時，居旺，你是破軍居得地之位坐命寅、申宮的人。因你是『夫、遷、福』是『紫微、武相、廉府』，表示你是本命有點財，周遭環境也有小康的富裕形態，而你的內心是有些高高在上、又愛享福的心態，打拚並不十分賣力、能力也不頂強的人。你在工作上有好運，你所希望在工作上所得到的運氣是主貴的運氣，因此你大多會做薪水族或公務員，以軍警業最適合，做生意時，你的理財能力雖會好一點，但仍耗財多，要小心。你是靠運氣而工作順利而得財的人。結婚後有配偶時，財會更多一些，

工作也會更順利一些。你也能因配偶而富貴或高陞。

貪狼、擎羊在子、午宮入官祿宮時，你在工作上會競爭多，爭鬥凶，是『刑運』格局，容易工作不順，做做停停或中途換工作，改行業，做不長久。**在子宮時，你是癸年生的人**，官祿宮會有貪狼化忌、祿存，你的命宮會有破軍化祿，表示你在工作上是不行的，運氣不好的，賺錢少的。這是『祿逢沖破』的格局，你本身是一個為要花錢消耗而找錢來應付的人。常寅吃卯糧，或先花出去，再找錢來填補，完全對錢財沒有價值觀和沒有理財能力的人。找到錢或有人投資，你就風光一陣子，找不到錢時，你就窮困、畏縮。工作會做做停停，事業做的愈久，虧空所造成的窟窿也就愈大，你也容易連累他人。

在午宮，是丙年生的人，你的福德宮中有廉貞化忌、天府，表示你天生糊塗、頭腦不清，但本命中稍有一點財，你常用很多腦子在事業上，但想的都是不實際或無用的東西，對工作及事業毫無幫助，只是徒增困擾而已。你的官祿宮是『刑運』格局，也反應了你本身的思想混亂而導致工作上的不順利或工作不長久。

在午宮，戊年生的的人，有貪狼化祿、擎羊在官祿宮，仍是『刑財』和『刑運』的格局，但略有財。你在工作上的機運不錯，也能找到優渥的工作，但會有小人或意外之事影響到你的賺錢機會，使你不順利。有時候也是你想的太多或自己想法不周全而影響到你的賺錢機會。所以你在工作上仍是起伏不順的，也會有一票沒一票，或有中斷或中途改行的現象，以做固定、保守的上班族為佳。

貪狼、祿存在子、午宮入官祿宮時，你是丁年、己年、癸年生的人。

丁年生的人，官祿宮在午宮時，你在工作上是保守、內向、較放不開的、能賺一點小錢。有固定的薪水，會有少少的運氣，就過得很快活了。你的朋友運不好，家中較窮、會影響你有這種工作的價值觀。

己年生的人，官祿宮在午宮時，你的官祿宮中有貪狼化權、祿存，你的夫妻宮有武曲化祿，你對事業有企圖心，但保守、喜歡掌權管事，會有富有的配偶和勢利的心態，你一心往上爬，但健康問題，和家中不和，會成為你事業上的絆腳石，你事業型態的規格是中等層級。

癸年生的人，官祿宮在子宮時，你的官祿宮中有貪狼化忌、祿存，你的命宮是破軍化祿，所以你要以薪水族、保守的姿態及專業能力才能平順和能糊口，但你天性是愛花錢、破財，是為花錢而找錢的人，所以工作常斷斷續續不長久、一生不順，也錢財少，易揹債、拖累別人。

貪狼、文昌或貪狼、文曲在子、午宮入官祿宮時，你在工作上會糊塗、政事顛倒，也易遭罷黜、事業有起伏不順現象。**在午宮時**，會做粗俗的工作，才華不佳，多出錯。**在子宮**，昌曲居旺，偶而也會精明，會做文職工作，稍有氣質的工作，但仍要小心有糊塗現象。

貪狼、左輔或貪狼、右弼在子、午宮入官祿宮時，在你的遷移宮中會有另一顆右弼或左輔星和武相同宮，表示在你的工作上會有很多人和事幫助你的好運增多，在你周遭環境中也會有人來幫助你增加財運和理財的方法。因此你具有領導力，會帶給自己較大的財富和在工作上具有統合的力量，也能做大事業。成功的機會比一般

人強太多了。

貪狼、火星或貪狼、鈴星在子、午宮入官祿宮時，你是在事業上具有暴發運的人，這是『火貪格』或『鈴貪格』的格局，會在子、午年時突然暴發好運，得錢財或事業上大發。但這是暴起暴落的形式，也要小心錢財和事業也會財來財去不長久。你在工作上會做有一票、沒一票的工作。每件工作會突然而來，又會突然結束，速度很快。你不可能做精細的工作，通常是一個案件、一個案件的接來做，你在工作上有突發的好運，也易爭鬥、競爭激烈、工作也會辛苦、勞碌、奔波。運好時，財多。運壞時，錢也耗得快、不易存錢。你也易做投機生意來賺錢、做股票、期貨之類的工作最適合，但要小心大起大落的問題。

貪狼、天空或貪狼、地劫在子、午宮入官祿宮時，在你的福德宮會有另一顆地劫或天空星和廉府同宮，表示你一生勞碌、享福不多，有特殊的、不實際的思想、愛東想、西想，因此工作是呈現斷斷續續、不長久，也易改行、做做停停的局面。你性格善變，沒有持續力，常一不平順就不做了。也易放棄原先很好的工作型態而易另謀發展，因此人生常處在開創時期，或停止不動的時期，故而始終沒有好的結果。人生的成就必是靠累積而成的。因此你要想清楚，不要常變、規規矩矩的認命做一個薪水族，生活也能平順，否則易窮困。

貪狼在寅、申宮入官祿宮的人，是居平，表示事業上的好運不多。你是破軍坐命辰、戌宮的人。你的『夫、遷、福』是廉貞、紫相、武府，表示你周遭的環境還不錯，命中也有一些財、懂得享受物質生活。你的內心多計謀，但工作上運氣不強。因此你也會賺到一點錢就開始享福了，先享受了再說。你在事業上的貪心也不多，家裡也可能有些家財，是故你本身花在事業上的精神並不大。你適合做軍、警業，或與政治、公務員有關的工作，也適合做專業技術人才。你做事更馬虎、不精細、喜歡用人際關係、交換利益的方式來工作，但人緣並不挺好，交換利益也不一定會成功。

貪狼化權在寅、申宮入官祿宮時，是居平的貪狼化權，雖在工作上稍有運氣，也愛掌權，但能管到的較少，也需經過嚴重的爭鬥和競爭才會掌到權。你在事業上會具有發展，你是乙年生的人，『夫、官』二宮會有祿存進入，心態也會保守，你的遷移宮有武曲化祿、天相，故賺錢會多一些，也會有人來幫你理財。你仍適合做武職或薪水族，能在穩定中發展事業。

貪狼化祿在寅、申宮入官祿宮時，你是戊年生的人，官祿宮在寅

宮時，會有擎羊在財帛宮和七殺同宮，表示賺錢少、爭鬥多又辛苦，工作機會，雖多一點，但不一定把握得住。**在申宮時**，因你的福德宮中有武府、擎羊，所以你天生福氣是『刑財』格局。在命宮會有破軍、陀羅，腦子較笨、賺錢辛苦、又慢、賺不多，雖然你在事業上是帶財又機會多的，但你不一定會看的準，看的好，故在工作上是表面運氣好，但得財方面有瑕疵的。你適合做薪水族的工作。做生意，逢辰年，必有破敗損耗現象，不吉。

貪狼化忌在寅、申宮入官祿宮時，你是癸年生的人，在寅宮時，在你的福德宮中有武府、擎羊，是『刑財』格局，天生財少，適合的工作，宜做保守的、有專業技術的工作較好。你在工作上的運氣不佳，會有糾紛是非，也會做不長、宜做上班族，拿月薪生活才會平順。你們都是命宮中有破軍化祿坐命辰、戌宮的人，你們天

生不會做事業，但心大、喜歡做，會借錢來做，易揹債及倒債，一生多不順，也會連累家人。

貪狼、陀羅在寅、申宮入官祿宮時，你會天生愚魯，做事蠻幹，也會做與殺伐、粗重、粗俗、破爛的工作，做軍警業、屠宰業或低下、職位不高的工作。你在工作上也運氣不佳，常拖拖拉拉，或有笨事、錯事發生。夫、官二宮又形成『廉貪陀』、『風流彩杖』格，故也會和色情行業有關。你更會在事業上或因桃花色情之事，而遭罷黜，有官非，故要小心。

貪狼、祿存在寅、申宮入官祿宮時，你是甲年或庚年生的人。你在事業上的好運只有一點點、不多，會保守，貪只貪一點點，貪到自己能享受到的一點點就好了。**官祿宮在寅宮時**，你是甲年生的人，會有破軍化權在命宮，有廉貞化祿在夫妻宮，你本性強勢，但內心愛享福、愛享受桃花。你會在事業上有一點成就。以賺錢為重，但會以自己的喜好為賺錢上的考量。你的事業還是不會做的太大。**在申宮**，你是庚年生的人，你的福德宮是武曲化權、天府，但田宅宮中是太陽、太陰、陀羅，你天生能掌財權，也能享受大財富，但有財沒庫，留存不住，是故也會保守、想衝，但受制於自己的想法，也會一生起伏、享受的財並不多。

貪狼、文昌或貪狼、文曲在寅、申宮入官祿宮時，表示你會頭腦不清、政事顛倒之事有罷黜或起伏、失敗的現象。**在寅宮時**，文昌、文曲居陷，貪狼居平，你會做粗活、職位低的工作、頭腦不精明、計算能力也不佳，你的知識水準不高、沒有運氣，還想靠好運來發展，很不實際。**在申宮時**，你對數字和錢財的計算能力較佳，也會做文質性質的工作，能精明幹練，但仍會是非不清、輕重緩急弄

不清楚而遭災。

貪狼、左輔或貪狼、右弼在寅、申宮入官祿宮時，你的福德宮中有另一顆右弼或是左輔星與武府同宮，表示有人在天生自然的福份上幫助你享受財富，享受物質生活，也會有人在事業上幫助你好運多一些。因此你幼年時代父母會給你優渥的生活，成長工作後，也有左右手會幫助你賺錢、工作機會多，所以你一生是個好命的人，也容易在事業上有成就。你可以做老闆或機構負責人。但也要小心，有人幫助你在事業上貪心，因此你會更忙碌。

貪狼、火星或貪狼、鈴星在寅、申宮入官祿宮時，你在工作上有暴發運，會在寅、申年爆發。這是『火貪格』、『鈴貪格』的格局。在寅宮，就是寅年暴發，因火、鈴居廟、暴發較大。在申宮就是申年暴發，因火、鈴、貪皆居平陷之位，暴發會較小。你的工作

是有一票沒一票，一樁一樁的工作型態。也會熱鬧時，工作很多，冷清時，工作機會少，工作來的速度很快，做起來速度也很快。你亦適合做股票、期貨等投機性質的買賣工作，會較合你的心意，你天性是賭性堅強的人，因此在人生中或工作上所下的賭注也很多、很大。你一生是大起大落型的，起伏很大，也容易起落分明、做做停停、有斷續現象。工作也會不長久。

貪狼、天空或貪狼、地劫在寅、申宮入官祿宮時，在你的夫妻宮有另一顆地劫或天空星和廉貞同宮，表示你結婚後，有配偶有家庭，你才會成長，沒有結婚你會永遠長不大，也不會關心自己的將來，也沒有人生目標。亦表示你在內心中如果用心謀劃自己的將來或做事方法，你在事業上就會有進展。不用心計劃的人，頭腦不實際，就會一事無成。你在事業上是『運空』或『劫運』形成格式，在你的內心是『官空』的形式格局，是故你容易太天真、頭腦不實際，工作易中斷，或中途改行，經驗和成就就不能累積，因此容易一事無成。

貪狼在辰、戌宮入官祿宮時，為居廟位，你是破軍坐命子、午宮的人。你的事業本身就具有『武貪格』暴發格，因此你會在辰年或戌年暴發事業上的好運，會暴發錢財，或是經由職位權力的獲得，輾轉再變成財富，讓你富貴同高。官祿宮有貪狼居廟時，表示在事業上是強悍而又貪心的，也表示在事業上的運氣極好、機會挺多，而且貪心權力、貪心錢財形成你對人生奮鬥的原動力。你一生雖操勞一點，但所享受的財福也是高人一等的。有此官祿宮的人適合武職、軍警業，或需爭鬥、競爭、明爭暗鬥的行業。你會具有聰明、伶俐的身手和頭腦，化繁為簡來努力打拚。有此官祿宮時，你

更是會運用人際關係和人緣桃花來達成你事業上的目標。凡是有貪狼在官祿宮的人，你不會做極精密，或需要手工精細的工作，你適合也喜歡做大方向或大目標的思考及應用的工作。所以管人的工作，以及分配分層負責的工作對你最適合。因為你不喜歡，也做不好旁枝末節、複雜的工作。

貪狼化權在辰、戌宮入官祿宮時，你是己年生的人，在你的夫妻宮有武曲化祿，表示你有富有的配偶幫忙，自己內心也重視錢財，有非常實際的價值觀，在事業上能準確的掌握好運，也能掌權力、有地位。你的夫、官二宮形成最強勢的『武貪格』暴發運，因此必會具有較高的人生成就。但是在你的命宮或遷移宮中有祿存進入，因此你也會保守、小氣，有些孤獨、有此官祿宮的人多半往政界發展，或做大企業的老闆，能管理較多的人才。

貪狼化祿在辰、戌宮入官祿宮時，你是戊年生的人，在辰宮時，會有陀羅同宮，表示你在事業上會做財多一點，但粗俗、不細緻的工作或不太用腦子的工作，有時候財也會慢進，但財祿還是不錯的。你也會有暴發運，易暴發錢財，你的遷移宮有『廉相羊』、是『刑印』格局，無法掌權管人，容易受欺負，所以你會小心翼翼，以不得罪人的方式來賺錢，或是以仰人鼻息的方式來賺錢，職位也不高。**在戌宮**，你的命宮是破軍、擎羊，而夫妻宮是武曲、陀羅。表示本命是『刑破』、『刑耗』格局，也形成『廉相羊』為『刑囚夾印』，而夫妻宮是『刑財』格局，你本身內心的財就少，再加上自己是性格懦弱又陰險的人。雖然官祿宮有貪狼化祿，但本身的財福少，故所賺的錢財反不如官祿宮在辰宮時為多。你也容易做看人臉色的工作。

貪狼化忌在辰、戌宮入官祿宮時，你是癸年生的人，在你的命宮有破軍化祿。你一生事業不順、暴發運不發，事業起伏多變，也做不長久、耗財凶、容易因事而揹債，也易一事無成，拖累家人。因為也會有祿存進入你的命、遷二宮，你是小氣、保守又自私的人。若做有專業技能的工作，做薪水族，尚可溫飽，有衣食之祿。否則為不工作，或工作做不久之無用之人。

貪狼、擎羊在辰、戌宮入官祿宮時，你是乙年或辛年生的人。乙年生的人，官祿宮在辰宮，辛年生的人，官祿宮在戌宮，你們在事業上是『刑運』的格局，運氣不太好，你會保守、活動量低，做事計謀雖多，但多無法實行，無法身體力行去達成，是故工作有斷斷續續、做做停停，或中途改行的問題。你也會在工作中遇到爭鬥多、競爭多的狀況，而失去機運。你適合做與爭鬥、血光、醫療、

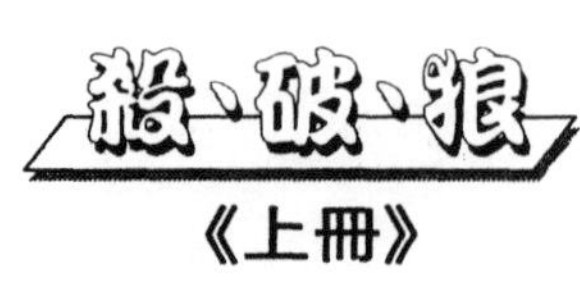

決斷性的工作。你的『武貪格』暴發運，雖有擎羊為破格，但仍會暴發，且有小血光時暴發更大。且以在武曲之年暴發的錢財較多，在貪狼、擎羊能暴發的好運較小。

貪狼、陀羅在辰、戌宮入官祿宮時，你是丙年、戊年、壬年生的人。**在辰宮時，丙年生的人**，你的遷移宮是廉貞化忌、天相、擎羊，是『刑囚夾印』帶化忌的格局，你的環境中多是非及官非，你也易有傷殘現象，或常受開刀之苦，也會美容動手術，因為外在環境和身體的關係，你的事業發展不大，你也會頭腦不清、懦弱，做不了什麼事，容易做一些粗俗、低下的工作或靠人過日子，賴以維生。做事的時間也不長久，常停頓、或拖拖拉拉。

在辰宮，戊年生的人，官祿宮是貪狼化祿、陀羅，你的遷移宮也是『刑囚夾印』的格局，環境也不好，你會懦弱做不了什麼事，但

賺錢的機會仍有一些，也能賺到一些錢，但錢財進帳會拖拖拉拉，也會工作易中斷，做不長久。你會做低下但收入還不錯的工作。

在戌宮，是壬年生的人，你的遷移宮也是廉相羊『刑囚夾印』格，你也會懦弱，或身體有傷災，你的夫妻宮是武曲化忌，而福德宮是紫微化權、天府。因此你特別愛享福，但金錢的價值觀不好，易賺不義之財，或做偷雞摸狗之事，即使工作也是粗俗低下的工作，也做不長久。你是個頭腦不清的人，一生一事無成。

貪狼、文昌或貪狼、文曲在辰、戌宮入官祿宮時，你會有政事顛倒、糊塗、職位被罷黜的人生經歷。**在辰宮**，文昌、文曲居旺，你還對錢財精明，有數字觀念，也會有暴發運，工作以文職為主，雖糊塗仍會有發的機會。**在戌宮**，文昌、文曲居陷，你會做沒有文化水準的工作，你的金錢價值觀很差，計算能力差、為人較笨，會賺粗俗、低下的錢。但也會有暴發運。

貪狼、左輔或貪狼、右弼在辰、戌宮入官祿宮時，在你的夫妻宮中有另一顆右弼或左輔星和武曲同宮，表示配偶會在錢財上幫助你。也表示在你的心裡你非常清楚能找到好幫手、幫你賺錢，在工作上也會有人、事、物會促成你的好運，你天生具有領導力，在工作有幫助，因此你能成為老闆和主管型的人，事業的發展很快，也會更快速的促進『武貪格』暴發運的暴發速度與暴發錢財的層級，而容易成為富翁，你適合做和人際關係有關的工作。即使做投機生意，也會為你帶來更多的錢財。

貪狼、火星或貪狼、鈴星在辰、戌宮入官祿宮時，你的官祿宮就坐在『武貪格』加『火貪格』或『鈴貪格』上，是雙重爆發運格，辰、戌年都會暴發，速度快、又暴發得大。你的工作型態是一段一段的，或是一票一票的，熱門時賺錢多，冷清時，賺錢少，你在事業上常有突發的好運，能得財也能升官。在工作上你會做奔波勞碌、爭鬥多、快速、衝動的工作。因此易做武職或須稍加勞力的工作，不太會做文職，你也常休息等待的時機，而不一定工作。在**辰宮時**，火、鈴居陷，其暴發運不如在戌宮時強，也暴發的較小。**在戌宮時**，火、鈴居廟，故意外之財多，暴發的威力大，所得之財富多。

貪狼、天空或貪狼、地劫在辰、戌宮入官祿宮時，是『運空』或『劫運』的格局，你會天生聰明，但不實際。因為會有另一顆地劫或天空星和廉相同宮在你的遷移宮之中，表示在你的周圍環境中是『官空』、『福空』、『印空』或是『劫官』、『劫福』、『劫印』的格局。因此你會勞勞碌碌、做事不實際、做做停停及一生起伏多端，起因來自於你的腦中有怪異思想，沒辦法和現實環境結合，你也容易改行或換工作，在工作上抓不住重心，更容易失業或不工作。也會有錢財窘困的時候。你看事情不是太樂觀，就是太悲觀，常和現實生活有差距。也容易異想天開而遭騙。你是既不瞭解別人，也不瞭解自己的人。

紫貪入官祿宮時

當紫微、貪狼在卯、酉宮入官祿宮時，你是武破坐命巳、亥宮的人。因貪狼居平、紫微居旺，這是一種『主貴』的格局，又因你的本命武曲、破軍是『因財被劫』的格式，故你對錢財會清高、不實際，在工作上會往地位高、權力高、名聲高的方面努力及貪心。有『陽梁昌祿』格，且格局純正的人，會做文職，以薪水族為佳，

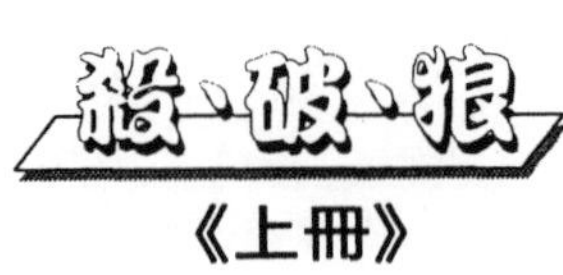

沒有『陽梁昌祿』格的人，或只有『陽梁昌』而沒有祿星的人，以武職為佳。因為官祿宮中有紫微，代表公職、公家機關，所以工作以公職或公家機關中領薪水較會穩定，且有升遷機會。做私人企業機構的工作易不穩定或易中途離職或爭鬥多。命宮中有武曲化權或武曲化祿的人，也宜做軍警機關之財務、出納、聯勤之業務可為公家管錢、管財務，會管得好，但為自己管錢，仍能管的不多。命格中有武曲化忌、破軍的人，會一生錢財不多，金錢觀念不好，更要往事業上發展，重名不重利，才能稍有成就。**紫貪入官祿宮時**，你會把事情做的漂亮但不精細，你喜歡用人際關係和桃花有關的方式來工作，也會拍馬屁來升官。

紫貪、擎羊在卯、酉宮入官祿宮時，你是甲年生或是庚年生的人。**官祿宮在卯宮時**，你是甲年生的人，命宮在亥，命宮中有武曲化科、破軍化權，你在事業上爭鬥多、不太順利，也會職位不高，在晉陞上有不順利的狀況。你本性強悍，但做事有原則，打拚力道強，喜掌權，也會有強力要破耗的情況。你喜歡管事掌權、掌財務，也可能會搶這方面的工作做，但逢到重要的關口，你仍會在工作上懦弱下來，或自己有把柄在別人的手中而軟弱下來，因此事業會不順。你適合做軍警業，但職位無法繼續高升，會中途離職。做文職會職位更低，做做停停，一生不順利，做生意，必有敗局而揹債。

官祿宮在酉宮時，是庚年生的人，你的命宮有武曲化權、破軍在巳宮，你喜歡管理財務、管錢，適合在軍警業中管帳務，會管得很好。但會因政治爭鬥太多，即早退役，晉升也會不順。做文職的人，所能賺的錢不多，雖會打拚，也喜歡改行轉業，一生事業多阻礙、不吉，也會中年時代辛苦，有事業危機，一生較辛苦，所得不多。女子有紫貪、擎羊在官祿宮的人，易在酒店、色情場所上班，也會做做停停。

紫貪、祿存在卯、酉宮入官祿宮時，你是乙年和辛年生的人，**官祿宮在卯宮時**，是乙年生的人，官祿宮中有紫微化科、貪狼、祿存，表示你在事業工作上很保守，只賺一點點衣食之祿。但你在工作上會很有方法來增加自己的地位和名聲，事業運還不錯，以文職較佳，也以薪水族較佳。**官祿宮在酉宮時**，是庚年生的人，你會做保守、但帶著一點財祿的工作，足夠衣食之需。你會兢兢業業的工作，你的家庭不富裕，也易受朋友攻訐及流言傷害，你的父母宮是太陽居旺化權，但你會對老闆忠心耿耿，也會在同一家公司機構待上一、二十年的時間，不會輕易換工作。

紫貪、文昌或紫貪、文曲在卯、酉宮入官祿宮時，你會有些糊塗和政事顛倒的事，升遷並不見得很快。也會中途因糊塗之事或判斷錯誤而阻礙了前程。你易做文職。有『陽梁昌祿』格具全的人，可在學術機構任職。沒有『陽梁昌祿』格的人，或『陽梁昌祿』不完全的人，亦會做武職，但要小心罷黜之事。因為你的官祿宮有文昌時，你的命宮會有文曲和武破同宮，當你的官祿宮有文曲時，而你的命宮有文昌和武破同宮，因此你是個窮命的人，會一生財窮。並且**當官祿宮是紫貪、文昌在酉宮文昌居廟時**，你的命宮有武破、文曲在巳宮，文曲也居廟，你是口才好、財窮之人。但在工作上仍會精明、幹練、計算能力好，但是窮儒色彩的人。**當官祿宮在酉宮是紫貪、文曲時**，你的命宮在巳宮，是武破、文昌，你會外表斯文、美麗，窮且精明、計算能力好，會用口才來工作。**紫貪、文昌或紫貪、**

文曲在卯宮為官祿宮的人，你外表長相較普通，略是斯文的樣子，多半以口才來工作。

紫貪、左輔或紫貪、右弼在卯、酉宮入官祿宮時，你的命宮會有另一顆右弼星和武破同宮，表示你本命就是『因財被劫』的命格，當有平輩貴人來幫助你打拚、辛苦時，也同時有人幫助你破耗、更窮。而你在事業上也會有人來幫助你升官、好運多一些。因此你是個喜歡名位，會不計一切代價爭名奪利的人，但在錢財上無大進展。你所爭的只是虛名而已。你會在工作上較順利、升官較容易，也易受眾人愛戴，但不能搞錢貪財，否則會讓人背棄。

紫貪、火星或紫貪、鈴星在卯、酉宮入官祿宮時，你在事業上有暴發運，這是『火貪格』或『鈴貪格』在事業運上，以在酉宮，火、鈴居廟為暴發較大，升官較快，又職位高，也得財較多。在卯

宮時，暴發力稍弱，你適合做投機事業，但會有起伏。你的工作性質常是一件一件的工作，身邊熱鬧時、忙碌時有工作、也有錢賺。身邊冷清時，沒工作，也沒錢賺。你的性子急、性情古怪、略有孤僻、不喜歡和人多嚕嗦，無法做精細的事務，做軍警業武職最好，會有較高的成就，做文職會辛苦，好運不長。暴起暴落的速度快。

紫貪、天空或紫貪、地劫在卯、酉宮入官祿宮時，在你的財帛宮會有另一顆地劫或天空星和廉殺同宮，表示你在工作或賺錢上有怪異、不實際的聰明，會做一些沒財利的事情，或並不十分賣力去賺錢及工作。你會做做停停，工作不長久，或做一些有名無利的工作。做與宗教有關的工作，會做得久一點。你一生不富裕，但有工作時，才會有錢可生活。

武貪入官祿宮時

武曲、貪狼在丑、未宮入官祿宮時，你是廉破坐命卯、酉宮的人。武曲、貪狼皆居廟位，你在事業上有好運。你的事業運就坐在『武貪格』暴發運上，因此在丑、未年能暴發大財運，具有大財富。但這種大財富多半是經由事業的努力及好運轉換而來的，常不是直接暴發錢財而來的。你本身是個膽子大、性格強硬、肯吃苦拚命、破祖離鄉、白手成家的人。為人衝動、自信心很強、凡事敢於嚐試，故東闖西闖，一定會闖出名堂。你是幼年窮困、運不好，要到三十歲以後才會發的大。宜做武職或開創性的行業，做業務員為企業開疆拓土也很適合，目前有一些大企業老闆也是廉破坐命的人，他們也多半是自己做業務而起家的。如安泰人壽的潘燊昌就是廉破坐命的人。

官祿宮是武貪的人，也適合做政治，大陸前副主席朱鎔基也是廉破坐命的人。因為武曲星也代表政治，因此武貪是在錢財上有好運，也在政治上有好運。但此人一定要有『運』來助，會有大起大落的人生。運好時，富貴皆有，運衰時，貧無立錐。

武曲化權、貪狼在丑、未宮入官祿宮時，你是庚年生的人，官祿宮在丑宮時，你的夫妻宮有陀羅會相照官祿宮。而官祿宮在未宮時，官祿宮中有陀羅和武曲化權、貪狼同宮。你在事業上會賺到大財富，能主掌財運。亦能得到大富貴。但是你會有一些拖拖拉拉的現象，或腦子有點笨，常自因煩惱而轉不出來，也會有些耗財。你的機會多、機運好，對錢財、政治有掌控力，瑕不掩瑜，因此仍會有大成就。你的暴發運也是非常強的暴發運，也會因人、因事而

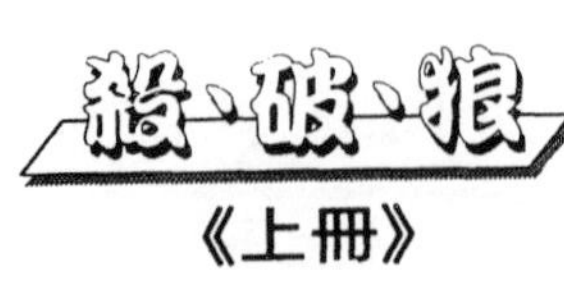

貴。你幼年及年青時運不好、家境窮，但你會白手起家創造大財富，中、晚年享福。但你會一生勞碌不停。你是憑運氣而富貴的，所以更要注意運氣的升降問題，才能常保富貴。

武曲化祿、貪狼化權在丑、未宮入官祿宮時，你是己年生的人。**官祿宮在丑宮時**，你的夫妻宮會有擎羊進入，相照官祿宮。在未宮時，你的官祿宮中有擎羊和武曲化祿、貪狼化權同宮。表示你是具有智謀的人，能運用智謀掌權、掌握好運而得到富貴。但你的人生多半以富為主，在事業上也能得到極高的名聲。你的暴發運會在丑年或未年發生，為最強之暴發運。有擎羊獨坐的那一年較不會發生。你是意志力極端強悍的人，會以專業的能力成就自己的大事業，你也會幼年貧苦，中年暴發以後較順遂和富貴。但你一生多辛勞、煩惱多、勞心勞力。

武曲化科、貪狼在丑、未宮入官祿宮時，你是甲年生的，命宮中廉貞化祿、破軍化權。**官祿宮在丑宮時**，會有陀羅和武曲化科、貪狼同在官祿宮，你會做職位不太高，但有特殊方法賺錢的工作，也有暴發運，但工作會有起伏，斷斷續續，或中途改行的狀況。前立法委員林瑞圖先生具有這樣的官祿宮。**而官祿宮在未宮時**，你的命宮有擎羊，夫妻宮是陀羅星，本身有『刑印』格局易懦弱、多刑剋、身體不佳、事業上雖有暴發運，會自命清高，但內心想的、又有些笨、有些錢你不愛賺，所以只有等待暴發運才會有好一點的日子過，一生多在窮困之中。

武曲、貪狼化祿在丑、未宮入官祿宮時，你是戊年生的人，你的財、福二宮會有祿存和紫殺同宮，表示你在事業上有好運、機會多，也能暴發財富，但你天性小氣、吝嗇、打拚的能力也不強，只有對自己的事愛做、也只努力一點點，因此你常會在工作上找機會賺錢而已，不見得愛做大事。工作可滿足你的貪慾，你也會在工作時較圓滑、投機取巧，但工作以外的時間頑固、強悍、吝嗇。

武曲化忌、貪狼在丑、未宮入官祿宮時，你是壬年生的人。你會頭腦不清，有錢財問題，一生錢財不順，也沒有暴發運，得財較少。你會工作斷斷續續或不工作。也會在有工作的時候，東想西想，去做別的事，做事不用心。在沒工作時，財不順時，又想來工作。你更在工作上投資不順、耗財多、易一生一事無成。若做有專業技術的工作、做上班族、薪水族，也能生活平順，否則一生窮困。

武曲、貪狼化忌在丑、未宮入官祿宮時，你是癸年生的人。你的暴發運不發，在事業上機運不佳，亦會頭腦不清、聰明度差，一生事業不順，要做有專業技能之上班族，領月薪可糊口。**官祿宮在丑宮時**，你的官祿宮中有擎羊和武曲、貪狼化忌同宮，你常無工作或做做停停，工作上競爭爭多、機會不好，也易遭開除或貶職而失業。你也易因人緣不佳而離職失去工作。**官祿宮在未宮時**，你的夫妻宮有擎羊，財帛宮有陀羅和紫殺同宮，表示你內心多煩惱、多計謀，但也是『刑財』格局，在賺錢上能力不好，易做事拖拖拉拉、做不好，事業也不順。

武貪、擎羊在丑、未宮入官祿宮時，在事業上是『刑財』、『刑運』格局，事業上多爭鬥，會讓你的好運和錢財變少。有此官祿宮的人，以做武職較有發展，能強悍、多計謀，但事業有成敗起伏，也會有不順利的時候，但暴發運仍會發。

官祿宮在未宮，丁年生的人，你的福德宮中有陀羅和天府同宮，表示你天生略笨，做事拖拖拉拉享不到福，命中財少，破耗較多，一生多起伏不順，事業層次較低，一生多勞碌，暴發運仍會發，會發的略小。

官祿宮在未宮，己年生的人，你會有武曲化祿、貪狼化權、擎羊在官祿宮中，福德宮中也有陀羅和紫殺同宮，你在事業上多計謀，能賺大錢，具有較大的偏財運、暴發運，但耗財多，本身享受的少。也會在事業上有成就，但起落分明。一生是大起大落、很勞碌的形式。你善於競爭、爭鬥，做武職較佳。是主貴的格局。做文職有好的時候，壞的時候更多。

官祿宮在丑宮時，會有武曲、貪狼化忌、擎羊入宮，事業不順、機會少，流年逢丑宮，會有性命之憂，且會因傷殘或車禍之意外事件，形成性命不保，這種格局是好的暴發運不發，若突然暴發了，

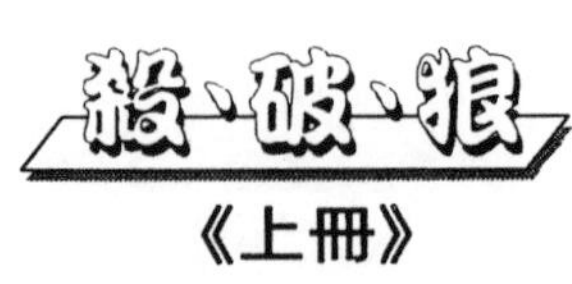

必帶有災害、不利，但能得到賠償金而致富，自己本身可能傷重死亡，也不一定能享受得到。

武貪、陀羅在丑、未宮入官祿宮時，你是甲年和庚年生的人，甲年生的人，官祿宮在丑宮有武曲化科、貪狼、陀羅。庚年生的人，官祿宮在未宮，有武曲化權、貪狼、陀羅，前面都已講過了，請參考之。

武貪、文昌、文曲四星同宮於丑、未宮為官祿宮時，表面上你看起來聰明、能幹、伶俐、秀氣，但你是頭腦不清、政事顛倒的人。但你也容易成為貪污腐敗之官吏，有一天會為這些貪污之事敗露而失敗。你也會有暴發運來增高你人生的架構，你暴發在丑、未年，耗敗在卯、酉年，因此最後你的人生如一場夢。

武貪、左輔、右弼四星同宮於丑、未宮為官祿宮時，表示你在事業上有極大的好運，有平輩的力量來幫助你暴發運增大、增高。你具有領導力、暴發運極強，會因人而貴，也會因自己之力量改變自己與身旁人之命運。你會具有大富貴，但婚姻狀況不太好，會有多次婚姻、六親無靠的現象，在你身邊得到利益的多半是外人，最後也會離你而去，你自己最親的人未必能得到好處。

武貪、火星或武貪、鈴星在丑、未宮入官祿宮時，這既『雙暴發格』也同時是『刑財』格局，火星、鈴星會刑武曲財星之財，但亦能增好運。是故你多半是因強勢的運氣來升官或有功勳、有名聲，才有錢財的。而且是名聲大過於財富的。你也會脾氣古怪，有怪異的聰明，行事作風也古怪，以武職為佳，暴發力最強，一般來說，都是做較粗糙的工作，無法細緻、精細的工作。但再加有擎羊同宮時，就能做精細的工作了。

武貪、天空或武貪、地劫在丑、未宮入官祿宮時，在你命宮中會有另一顆地劫或天空星和廉破同宮，這表示你原本就腦袋空空，有特異超群不實際的思想、自然在事業上的好運和財運都成空。這更表示你的聰明才智是超出現實生活的，也是背經離道的，是故暴發運也不一定會發，多半不發，成空。你在事業上是想做就做，不想做就不做。但多半時間是空閒在那裡的。你會接近宗教，或人生努力了一半而突然轉向宗教，你最後總會走上宗教或哲學的道路。也可能一生空有好運而不工作，或在宗教團體中工作。

廉貪入官祿宮時

廉貞、貪狼在巳、亥宮入官祿宮時，你是紫破坐命丑、未宮的人。因為廉貪雙星俱陷落同宮，故代表在事業上智慧不高、運氣不好、人緣不佳、機運不多，找工作不容易。以武職軍警業為佳。在工作上多半做些職位不高、有名無實的職位。職位低時能掌到權、職位高時則無權。有此官祿宮的大多數人，更多半是藍領階級的人，多半是員工，而無職級名稱。你在工作上易做卑微、低下的、侍候人的工作。自命清高的人，也會不想工作。因為你們多半家世不強，又易生在支離破碎或窮困家庭之中，知識水準不高的原故。如果能多讀書，或具有折射的『陽梁昌祿』格，則能因讀書致貴，仍能打拚出一片天下。但本命有紫破、文昌、文曲同宮的人，是窮命、性喜濕色，外表長得美麗，並不能具有『陽梁昌祿』格，也無工作上的精明度，只喜歡享福，或靠人過日子，也沒有事業運。

廉貪入官祿宮的人，表示工作的智慧不足，想貪的東西也貪的不對，與現實生活有差距，故只能以勞力來賺錢。你們多半貪一些

殺、破、狼
《上冊》

情色和物質享受的東西。紫破坐命者是淫奔大行的人，夫妻宮多不正，故易和情色有關，福德宮是天府，愛物資享受，所以影響其人一生的成就。若命格八字好一些，命格主貴，不重錢財，也不貪淫色的人，會有出息、有成就。

廉貞化祿、貪狼在巳、亥宮入官祿宮時，你是甲年生的人，你的命宮有紫微、破軍化權，也會有陀羅在命、遷二宮出現。你的財帛宮是武曲化科、七殺，也會有擎羊在夫、官二宮出現。所以你是外表長相氣派、但強力要打拚、要破耗之人，你會錢財不順、感情不順，在事業上易有感情、色情糾紛，你會用自己特殊喜好、享受來工作。女子此命者，易在酒店、色情、聲色場所上班。男子有此命格者，易在政界，或經營和癖好、享受有關的行業工作，亦有在古董店或經營集郵、錢幣、模型，或經營賭博性質、聲色場所的事業。你一生會起起伏伏，常是重新開創的格局。

廉貞、貪狼化權在巳、亥宮入官祿宮時，你是己年生的人，雖然你的財帛宮中有武曲化祿、七殺，但命、遷二宮有擎羊進入，是『刑印』格局，因此你在工作上好掌權，但又掌不到權，所以你做薪水族，賺一點衣食之祿就不錯了。做武職時，你也是常想管事、掌權，而管不到，別人不讓你管，或不服你。你在升官的運氣上也是掌握不住好運的。因此做好自己的職位，少惹一些是非為妙。否則在工作中是常惹是非和爭端的。

廉貞、貪狼化祿在巳、亥宮入官祿宮時，你是戊年生的人，在巳宮時，有祿存同宮，在亥宮時，有祿存在夫妻宮，你是生性保守多疑的人，和平輩的兄弟、朋友會處不好，會較孤獨，在工作上職位雖不高，但會有些財祿，也算衣食之祿。你只是過平常小老百姓的生活，未必有大成就。

廉貞化忌、貪狼在巳、亥宮入官祿宮時，你是丙年生的人，在巳宮時，還有祿存在官祿宮中。在亥宮，祿存在夫妻宮，你是保守、小氣，事業不順，多官非的人，頭腦也有問題，彷彿很笨，又有自己獨特的聰明，你未必工作，或有工作但做做停停，更會做一些奇怪的工作，或做一些自找麻煩的工作。

廉貞、貪狼化忌在巳、亥宮入官祿宮時，你是癸年生的人。你的命宮有紫微、破軍化祿，也會有擎羊在命宮或遷移宮出現，是『刑印』格局，你會懦弱，常無工作。有工作時，破耗更多。會為找錢來破耗，一事無成。你的口才好，常找人投資，要自己創業，但天生不實際，總是有敗局時，又一走了之，不敢負擔責任，而連累家人、朋友。你不工作反而是好的。否則會為眾人所唾棄。

廉貪、陀羅在巳、亥宮入官祿宮時，在寅宮，你容易做不高級、低下、鄙俗的工作，你也會因色情之事斷送前程。或工作與色情有關。也表示你的腦子笨、內心險惡、好貪淫色之事，一生做不了什麼像樣的工作，或一生一事無成。也會一工作就多是非，或斷斷續續。

官祿宮在巳宮，丁年生的人，有擎羊、天相在你的遷移宮為『刑印』格局，故你會懦弱的無能，和朋友、同事多是非，會做低下或色情的工作，或不工作。

官祿宮在巳宮，己年生的人，你的官祿宮中有廉貞、貪狼化權、陀羅，請看前相關說明。

官祿宮在亥宮，癸年生的人，你的官祿宮中有廉貞、貪狼化忌、陀羅，請看前面『廉貞、貪狼化忌』的部份。

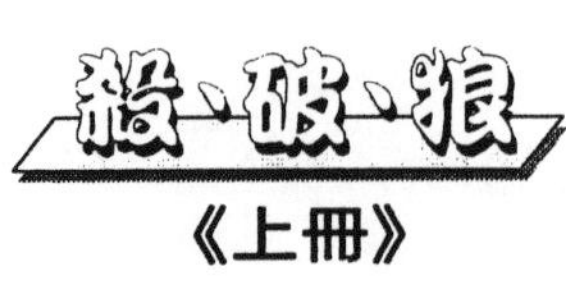

廉貪、祿存在巳、亥宮入官祿宮時，是丙年、戊年、壬年生的人。你會在工作上做保守、低下、能糊口的工作，工作較無發展，也不會有多大出息。

官祿宮在巳宮，丙年生的人，有廉貞化忌、貪狼、祿存在官祿宮中，請看前『廉貞化忌、貪狼入官祿宮』的部份。

官祿宮在巳宮，戊年生的人，請看前『廉貞、貪狼化祿入官祿宮』的部份。

官祿宮在亥宮，壬年生的人，因財帛宮有武曲化忌、七殺，命宮有紫微化權、破軍，所以你是主貴的格局，不愛錢，少製造錢財是非，能有衣食之祿的工作，有折射的『陽梁昌祿』格的人，能為寒儒之人，在事業上會有成就。如果一味追求錢財，則一生無用，也錢財多是非、窮困，只拚個衣食溫飽而已。

廉貪、文昌或廉貪、文曲在巳、亥宮入官祿宮時，你是個糊塗之人，會政事顛倒，言語油滑不實在，也會因桃花問題一敗塗地。在巳宮時，你還表面看起來斯文、精明，在亥宮時，桃花問題嚴重，你也容易賺桃花、色情的錢，格調不高。

廉貪、左輔或廉貪、右弼在巳、亥宮為官祿宮時，在你財帛宮有另一顆右弼或左輔星和武殺同宮，這表示有人在賺錢上幫你愈來愈辛苦、又勞碌、賺不到錢，也幫你在工作上會愈來愈低下、運氣不好，或沒有工作。所以大致講起來，你是沒有工作能力，只能靠人生活的人。會做幫傭、僕人、守院、不太有用的管理員之類的工作，你的職位不高、賺錢不多，會辛苦勞碌，一生一事無成。

廉貪、火星或紫貪、鈴星在巳、亥宮入官祿宮時，是具有『火貪格』或『鈴貪格』之暴發運格的工作運。你會在事業上具有好運突然暴發的機會，一生中有一、兩次的可成名或賺錢的機會，但是工作時期仍不長久，也會起落分明好的時候很短，運差的時候較多。你會在巳、亥年有好運。**以官祿宮在巳宮**，火、鈴居旺時，事業暴發的力量較大，運氣也較好，會有名聲或財富的獲得。**在亥宮時**，暴發運小，也持久力差，所得的名聲和財富是最低層次的暴發運，只有一點點。你所做的工作仍是有一票、沒一票的在做，熱鬧時，有工作，冷清時無工作。工作也是不細緻、沒有專業型技術的方式。更會偶然得到工作機會，但不久即失去，工作時間是不長久的。

有一母親替女兒算命，說是有一星探找到她女兒要為她出唱片，捧為明日之星，要算她的星途。此女即有此官祿宮。我告訴她，這種機會很多，但不長久，也易後繼無力。這位歌唱新秀在出現媒體數月之後，旋即失去音訊。

廉貪、天空、地劫在巳、亥宮入官祿宮時，是根本沒工作能力，也不會工作的形式。你會靠人生活，你的思想怪異、獨特、不實際。在巳宮時，你彷彿特別聰明，具有哲學思想、喜好宗教，是一個多說不做之人。在亥宮，你根本不工作，靠人生活悠閒度日。

請繼續參閱下冊內容！

下冊目錄

第九章　『殺、破、狼』在大運、流年、流月行運時對人的影響

命理生活新智慧・叢書

《上、中、下、批命篇》四冊一套

◎法雲居士◎著

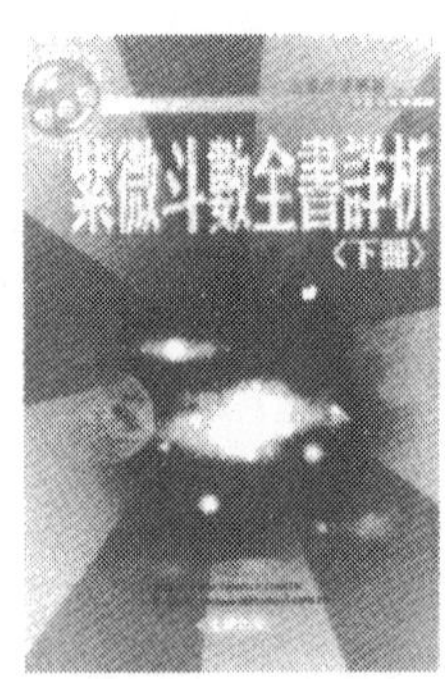

『紫微斗數全書』是學習紫微斗數者必先熟讀的一本書。但是這本書經過歷代人士的添補、解說或後人在翻印上植字有誤，很多文義已有模糊不清的問題。

法雲居士為方便後學者在學習上減低困難度，特將『紫微斗數全書』中的文章譯出，並詳加解釋，更正錯字，並分析命理格局的形成，和解釋命理格局的典故。使你一目瞭然，更能心領神會。
這是一本進入紫微世界的工具書，同時也是一把打開斗數命理的金鑰匙。

法雲居士⊙著

簡單、輕鬆、好上手！
三分鐘會算命。

讓你簡簡單單、輕輕鬆鬆，
一手掌握自己的命運！

誰說紫微斗數要精準，就一定複雜難學？

即問、即翻、即查的瞬間功能，
一本在手，助您隨時掌握幸運時刻，
趨吉避凶，一翻搞定。算命批命自己來，
命運急救不打烊，隨時有問題就隨時查。
《三分鐘會算命》就是您的命理經紀，
專門為了您的打拼人生全程護航！

法雲居士⊙著

一般坊間的姓名學書籍多為筆劃數取名法，這是由國外和日本傳過來的，與中國命理沒有淵源！也無法達到幫助人改善命運的實質效果。

凡是有名的命理師為人取名字，都會有自己一套獨特方法，就是--納音五行取名法。

納音五行取名法包括了聲韻學、文字原理、字義、聲音的五行來配合其人的命理結構，並用財、官、印的實效能力注入在名字之中，從而使人發奮、圓通而有所成就。納音五行的運用，並可幫助你買股票、期貨及參加投資順利。

現今已是世界村的時代，很多人在小孩一出世時，便為子女取了中文名字、英文名字及日文名字，因此，法雲老師在這本書將這些取名法都包括在此書中，以順應現代人的需要。

桃花轉運術

法雲居士⊙著

桃花運是人際關係中的潤滑劑，在每個人身上多少都帶有一點。這是『正常的人緣桃花』。

但是，桃花運分為『吉善桃花』、『愛情色慾桃花』、『淫惡桃花』。亦有『桃花劫』、『桃花煞』、『桃花耗』等等。桃花劫煞會剋害人的性命，或妨礙人的前途、事業。因此，那些是好桃花、那些是壞桃花，要怎麼看？怎麼預防？或如何利用桃花運來轉運、增強自己的成功運、事業運、婚姻運？

法雲老師利用多年的紫微命理經驗來告訴你『桃花轉運術』的方法，讓你一讀就通，轉運成功。

紫微斗術全書
(原文版)

法雲居士⊙著

這是一本學習『紫微斗數』原文版的工具書，也是學習『紫微斗數』的關鍵書，雖然此書是由古人彙集而成的，其中亦有許多誤謬之處，但此書仍不失為一本開拓現代紫微命理學問的一本好書。

現今由法雲居士重新整理、斷句、訂正部份錯字，將之重印、再出版，以提供給紫微命理的愛好者，多一份溫故知新的喜悅。

您可配合法雲居士所著『紫微斗數全書詳析』一套四冊書籍，可更深切地體會、明瞭紫微斗數的精華！

如何推算大運、流年、流月

上、下冊

法雲居士⊙著

全世界的人在年暮歲末的時候，都有一個願望。都希望有一個水晶球，好看到未來一年中跟自己有關的運氣。是好運？還是壞運？

這本『如何推算大運、流年、流月』下冊書中，法雲居士利用紫微科學命理教您自己來推算大運、流年、流月，並且將精準度推向流時、流分，讓您把握每一個時間點的小細節，來掌握成功的命運。

古時候的人把每一個時辰分為上四刻與下四刻，現今科學進步，時間更形精密，法雲居士教您用新的科學命理方法，把握每一分每一秒。在每一個時間關鍵點上，您都會看到您自己的運氣在展現成功脈動的生命。

法雲居士利用紫微科學命理教你自己學會推算大運、流年、流月，並且包括流日、流時等每一個時間點的細節，讓你擁有自己的水晶球，來洞悉、觀看自己的未來。從精準的預測，繼而掌握每一個時間關鍵點。

VENUS PUBLISHING CO.
金星出版
命理生活新智慧・叢書